青春战疫

共青团上海市委员会 编著

上海三联书店

编委会

序

王 宇

2020 年初，新冠肺炎疫情突然爆发并迅速蔓延。面对突发和汹涌的危机，面对病魔和死神的威胁，在以习近平同志为核心的党中央坚强领导下，在市委市政府和团中央的带领下，上海青年挺身而出、逆行而上，成为战疫一线的先锋队和主力军。他们驰援武汉、守护城市、加班生产、无偿献血……一个个感人故事展现出他们的青春力量与责任担当。

在今年五四青年节到来之际，习近平总书记寄语新时代青年时指出："青春由磨砺而出彩，人生因奋斗而升华。面对突如其来的新冠肺炎疫情，全国各族青年积极响应党的号召，踊跃投身疫情防控人民战争、总体战、阻击战，不畏艰险、冲锋在前、真情奉献，展现了当代中国青年的担当精神，赢得了党和人民高度赞誉。我为你们感到骄傲！"

渐渐拨开疫情的阴霾，我们迎来了春暖花开。这是青春在党和人民最需要的地方所绽放的绚丽之花。为了纪念这份感动，留下这份真情，共青团上海市委员会遴选了典型青年人物和故事，撷取上海各大主流媒体的战疫报道，汇集编写出版了此书，全方位、多角度地展现了上海青年在这个春天的抗疫故事。

一个民族有一群仰望星空的人，他们才有希望。青年传承的是根脉，面向的是未来。在青春战疫的考验中，上海青年在大风大浪袭来时那一声声响亮的"我上！我可以！"，不但高亢在此时此刻，也必将回响在实现中华民族伟大复兴中国梦的历史进程中。

（作者为共青团上海市委书记）

青春战疫

目　录

第一章　最美逆行者

除夕夜他们出发，
扶危渡厄，医者担当！

抗击疫情，他们出发了！

　　新型冠状病毒感染肺炎疫情牵动着每个人的心。1月23日下午，按照国家卫健委统一部署，上海组派医疗队援助湖北应对新型冠状病毒感染的肺炎疫情。一方有难、八方相助。湖北，武汉，是全国新冠肺炎疫情的重点地区，急需全国各地支援。时间就是生命，当接到命令的那一刻，上海援助力量以秒为单位，多家医院重症医学科、呼吸科、感染科等科室的医生护士和医院感染管理科人员第一时间报名参加，短短几小时，136人的队伍迅速组建，支援武汉，抗击疫情。

　　1月24日，除夕夜，上海136名医务人员组成的第一批援鄂医疗队，紧急驰援武汉，这些白衣天使带着战胜疫情的决心和上海人民的嘱托，坚定逆行向前。

与时间赛跑，与生命赛跑，我准备好了

　　除夕夜，1月24日傍晚六点，年夜饭正吃到一半，32岁新华医院

心内科男护士刘立骏接到来自医院的紧急电话：马上到医院集合后，出发武汉！

刘立骏说，从报名那一刻起，心里就做好了立刻出发的准备，他立即收拾了行李，随时准备出发。事实上，刘立骏去年援滇半年，11月底刚刚从云南回来。从交大医学院护理专业毕业以后，刘立骏做了11年护士，从心内导管室到重症监护室，刘立骏面对了很多重症心梗病人、血液病病人。这次到湖北，将直接面对危重的新型冠状病毒肺炎病人，刘立骏对自己的专业知识和队伍很有信心。"我们一定能做好我们的事情，尽好职责，为这次抗击新冠肺炎贡献自己的力量，我们一定能平安地去，也会平安地回来。"

当好管家　让战友安心守前线

同样第一批出发援鄂的还有上海市第一人民医院急诊危重病科护师张明明。

"2003年非典时期，我正在念初中，当时是别人保护我。现在是我回报他们的时候了。我希望我的家人都能支持我、理解我。身为一名党员、一名医务工作者，这是我应该做的选择。"

在第一批援鄂医疗队里，张明明的任务有些"另类"——此行援鄂，他将放下自己的护理专业，去挑战自己专业以外的医疗队助理工作。"我们的团队由52家医院的136人组成，大到医疗物资保障、分配以及人员管理安排，小到队员的生活用品、健康问题，都需要我尽最大的努力去统筹调配，以强而有力的后方支撑，让战友们能安心在'前线'坚守。"

张明明是在准备年夜饭时接到的紧急通知：上海第一批驰援武汉的医疗队当晚9时即将出发。他一时不知道该怎么面对怀有8个月身孕的妻子，解释为何突然要前往"第一线作战"。

张明明的老家在安徽，今年，由于妻子怀孕，两人特意留在上海过年。年三十当晚，接到电话通知那会儿，年夜饭还未煮完。仓促间，他将自己即将驰援武汉的消息告诉了妻子。"前三分钟她是蒙的，但还是无条件地支持了我的决定。"临行前，妻子生怕他饿着启程，赶紧给他包了10个饺子当作年夜饭。回想起当时的情景，张明明对妻子满怀愧疚。而高强度、高密度工作造成的"时差"，让他每天只有在

夜深人静时，才能用微信向已熟睡的妻子报一声"平安，勿念"。

从除夕夜开始，上海陆续派出医务人员奔赴武汉驰援，这些援鄂的战士们，他们职业都是医生、护士，但同时也是丈夫、妻子，为人父母、为人子女。面对疫情时，他们舍小家，顾大家，义无反顾地踏上出征路。他们说：战胜病情，是医护人员的天职，只有消灭了疫情，后方的亲人才能更平安。

内容来源：新民晚报　文：郜阳、曹刚

青年报·青春上海　文：顾金华

图片来源：上观新闻

上阵父子兵，
没有打不赢的仗！

　　全国抗疫斗争如火如荼，有一对父子跨越上海、武汉、山东三地作战，却互相隐瞒的故事让人泪目。

　　儿子叫马骏驰，毕业于山东枣庄科技职业学院护理专业，是徐汇区大华医院手术室一名"95后"男护士；父亲叫马著芳，是山东省济宁市微山县公安局鲁桥第一派出所一位从警30年的辅警。

"先斩后奏"主动请缨，父母点赞支持！

　　1月27日大年初三晚上7点，由50名护理人员组成的上海医疗队紧急驰援武汉，马骏驰便是其中之一。请战时，他发给护理部主任的报名微信中这样写道："我主动向您请缨，自愿去抗击新冠肺炎的第一线。首先我是一名男性，在体力和适应能力上会有一定的优势，其次我单身未婚暂无后顾之忧，这不是我一时冲动，只是觉得作为一名护士要有自己的职业存在感和自豪感，我也与爸妈商量了，他们表示支持。"

　　事实上，小马报名时并未告诉远在山东老家的父母，当他们知道时，

儿子已在奔赴武汉前线的路上了。每个孩子都是父母的心头肉，但是面对儿子的"先斩后奏"，深明大义的老马给他点了一个大大的赞！

辅警父亲隐瞒病情，嘱咐儿子加油！

此时，远在山东的老马，也正奋战在抗疫第一线。1月26日年初二，老马没有回家，和战友们一起走村入户开展排查，张贴县公安局疫情防控公告，向村民们宣讲病毒的防范知识……大年初三、初四，老马连续两个通宵值守在接处警的岗位上。年初五一早，他顾不上休息，又立即投入到疫情随访工作中去。

1月29日年初五的深夜，年方46岁的老马倒下了，突发脑溢血！他被紧急送往济宁市人民医院重症监护室抢救。然而，在被推进重症监护室的那一刻，意识模糊的老马却用微弱的声音嘱咐妻子："不要告诉儿子，不要影响他的工作。"妻子早已泪流满面，但还是答应了。

这时，正在驰援武汉的小马还在利用下班时间，给父亲发微信，却不知此刻父亲正在跟死神搏斗，而母亲，一边守着父亲，一边以他的名义嘱咐儿子："注意安全，加油！"

就这样，直到2月4日，也就是正月十一，小马下班后刷朋友圈时无意看到了"微山公安"发布的《马著芳：来自重症监护室的嘱咐》这篇报道时，方才知道父亲在抗击疫情连续值班后突发脑溢血住院抢救。

"妈妈为了不让我工作分心，怕我有感染的风险，所以已经瞒了我

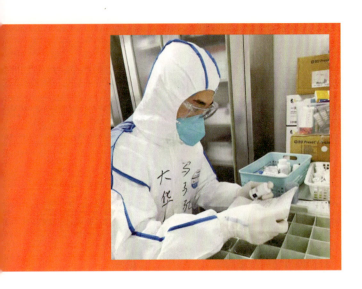

一个星期，知道真相后，我大脑一片空白。"所幸的是母亲告诉他一个好消息：父亲现在病情稳定，已经从重症监护室转到普通病房，这才让小马安下心来。

上阵父子兵，没有打不赢的仗！

"我现在能为他做的，就是做好自身防护的同时认真把工作干好，不能再让他们为我担心。"小马也希望能早日打赢这场没有硝烟的战争，早日回家。

对于全力支持自己工作且站在了抗击疫情的第一线的父亲，马骏驰表示："在这世上，没有一个人，可以是旁观者。我的父亲是一名工作了30年的普普通通的协警，在2003年非典时，他主动请缨到检查站去工作，站在了抗击非典的一线，而现在又站在了抗击新冠肺炎的第一线，这就是榜样的力量。"

马骏驰的弟弟今年14岁，还在上初中，他说，在家看电视知道很多人为了抗击疫情贡献着力量，自己为爸爸和哥哥能加入到这场战斗中而感到骄傲。同学们知道后，都纷纷表示羡慕。现在他能做的就是乖乖在家，让爸爸安心养病，让哥哥放心工作。身体正在恢复的老马在视频里跟小马说："咱们都上阵父子兵了，就没有打不赢的仗！这场战疫，我们一定会胜利！"

　　老父亲教会儿子的是以"责任和担当"立身。尽管身患重病，但为了让儿子少些牵挂安心工作，父亲也一直都瞒着自己的病情。"大家"精神不仅体现在国家的身上，更是小家中的"亲人们"的"大家"付出，让我们感受到赤诚、火热的家国情怀，他们都是"最可爱的人"！

　　　　　　　　　　　　内容来源：青年报•青春上海　文：郭颖

方舱医院里的检验师

位于武汉客厅的方舱医院运行已有一周多的时间。从无到有，医护人员面临的难题和挑战正一个个被攻克。由于方舱没有"三区两通道"的实验室条件，检验组做出了一个大胆的决定：向金银潭医院检验科实验室借用一块工作区域。于思远是第一批率先前往开辟道路和流程的检验师。"进入金银潭一定要做足防护准备，我是先锋队员，一定要让战友们吃下一颗'定心丸'。"

慎重考虑，向金银潭医院借场地

于思远是同济大学附属东方医院国家紧急医学救援队暨中国国际应急医疗队（上海）的一名医学检验师。"我们负责检验人体体液、血液、排泄物、感染微生物等标本，通过客观准确的化验指标，为一线医生提供新冠肺炎的治疗依据。"于思远说。在他的日记里，详细记录了2月7日这紧张又充实的一天。

当天，第一批患者进入方舱医院，虽然只开了A舱，但已有400余名患者进入方舱。"这对我们检验组13名队员也是极大的挑战。"于思远迅速建立了方舱医院检验组联络表和第一版排班表，联系厂家安装调试检验仪器。

然而，一个新的难题摆在眼前：方舱没有"三区两通道"的实验室条件，这对医务人员和患者而言有着极大的安全隐患。检验工作又是抗击新冠肺炎不可缺少的重要部分：检验手段为新冠肺炎的诊断与治疗提供重要的参考依据，为新冠患者和一线医生提供科学、实事求是的报告，帮助判断病情的进展与治疗效果。"在疫情蔓延的当下，我们13名检验组成员经过慎重考虑，果断决定向金银潭医院检验科实验室借用一个小区域，为方舱患者进行血液检验。"这是距离武汉客厅最近的一家医院，只有1公里左右路程。

金银潭医院是湖北省、武汉市突发公共卫生事件医疗救治定点医院，收治了许多重症新冠肺炎的患者。2月7日下午，于思远作为检验组的先锋人员，与陕西队一名队员率先进入金银潭。出发前，他在东方医院的前线工作群中说："各位兄弟姐妹战友，我将作为几家医疗队检验组的第一批工作者进入金银潭医院开展检验工作，为检验组同僚开辟道路和流程。"一番言语朴素而简洁，同事们却深知这需要多大的勇气。

先遣部队，给检验组成员吃"定心丸"

做好了所有的防护和准备工作，于思远来到金银潭，为大家考察实验室场地、检测检验仪器运行、制定检验和方舱标本转运流程。"我的内心有些忐忑，但是时间紧、任务重，我来不及多想，就已经换上防护服和防护用具，踏入了素未谋面的金银潭医院。"在与陕西省人民医院的王银坤和金银潭医院检验科项主任的合作下，两个小时就把前期准备工作顺利完成了。"走出实验室的时候，我一边小心翼翼地脱掉防护服，一边在脑海里回想每一个步骤，晚上将它们编写成文件发给了大家，给检验组的同僚们吃下一颗"定心丸"。

飘扬的国旗，我为它努力拼搏过

回到方舱医院和同事们相聚，看着武汉客厅广场上飘扬着的五星红旗，于思远感慨万千："许多年后，我一定会再次来到这里，回忆起我与战友们奋斗的日子，看到飘扬的国旗，想起我曾为它努力拼搏过。"在前线，于思远郑重地向党组织递交了入党申请书。

这是于思远自出生以来，第一次来到武汉。他还记得，大年初一晚上从东北老家返回上海，临走时母亲对自己说的话："国家现在需要你，你要好好干，听从指挥！"于思远的母亲是一位老党员，她没有哭，只是远远地目送儿子，坚定的眼光中闪烁着担忧和不舍。"我转身过后泪水在眼睛中不停地打转。我今年27岁，这是工作的第三年，也是两年来第一次回到家乡。"只在老家待了一天，2月4日，于思远登上了去往武汉的高铁。

"有人说检验人是医生背后的'医生'，其实所有的医务人员都在默默燃烧自己、奉献自己，照亮每一位病人回家的路。不计报酬、无论生死，我无怨来到这里，无悔挥洒我27岁的青春！"

内容来源：央广网　文：杨静、杨笑波

援鄂医疗队里的"编外"医生

2月24日上午8点22分，一名女婴在上海市第八人民医院诞生，5斤6两。

女婴的父亲、瑞金医院赴汉医疗队血液科医生薛恺给女儿起了个颇有纪念意义的名字"薛佳依"，"佳依"代表着"+1"。因为薛恺此番驰援武汉是主动请缨、临时增补的，他是135个白衣战士中的"+1"，成为上海第三批驰援武汉医疗队瑞金医院的第136个白衣战士。

"多"出来的那一个

2月8日晚，驰援武汉的命令一出，瑞金医院微信群里响成一片，很快满额。考虑到报了名的薛恺2月底就要做父亲了，医院便选了其他人代替。未料到，薛恺坚持要去，出发那天一早便推着箱子就来了。

薛恺不是上海援鄂医疗队成员里的唯一一位"编外"。和他一样，上海第八批驰援武汉医疗队上海市第六人民医院感染科副主任医师王鹏原本也不在驰援医疗队名单中。

　　市六医院驰援武汉的医疗队原本是 50 人，领队是市六医院党委副书记、呼吸内科主任医师范小红，医疗队由 20 位医生、30 位护士组成。医生来自急诊医学科、呼吸内科、心内科、感染科等重点科室，30 位护士中超过七成都是"90 后"。但是，就在待命的 24 小时内，又多了一名队员。

　　"领导，我再次请求，让我去武汉吧。无论是做管理，还是做医疗，我都还能派上用场。"王鹏是一名有着十多年临床经验的感染科副主任医师，同时他也是上海市第六人民医院院感办主任。新冠肺炎疫情发生以来，王鹏一直工作在防控防疫的第一线，每每有兄弟姐妹们出征，他总是一遍又一遍叮嘱大家"防护高压不能忘"。这次，看着 50 人的六院援鄂医疗队整装集结，王鹏的心又一次按捺不住了。

　　"因为是半夜接到通知，短时间内就要求我们组建 50 人的医护队伍，所以最直接的就是从临床抽调符合专业需要的队员，并未考虑行政管理人员。"作为此次援鄂医疗队领队的六院党委副书记范小红坦言，她也是占了"天时地利"，凭借呼吸内科医生的身份毛遂自荐成了队长。

从集结队伍，到临行培训，再到待命出征，这看似漫长的24小时却让王鹏看到了"希望"。"目前还没有接到明确的任务，但从这两天的新闻看，武汉感染防控形势严峻……作为一支整建制的医疗队，对外联络、科学管理都是需要考虑的问题……"一方面是院党政领导的全盘考虑，一方面是王鹏一再的主动请缨，最终医院同意王鹏作为第51名队员随队出征。

只想做个勇往直前的普通人

出发当日拎着箱子来到集合点的"+1"薛恺，已和同事们在武汉同济医院光谷院区重症病区奋战了一个多月，他们每天都在隔离病区救死扶伤。薛恺还入选了光谷院区的"疑难病例讨论专家组"，研讨医疗中遇到的疑难问题。

身为血液科医生的他，为何对于这次驰援武汉如此执着。"国家有难，匹夫有责，当时没有想太多，也没有时间想太多，不知道血液科医生到武汉是不是会有用武之地，只想做个勇往直前的普通人。"

到了武汉，薛恺发现在那里大有可为，因为新冠会累及多系统，而血液系统问题往往又复杂又紧急又具有专科性，还有不少血液基础

疾病合并新冠肺炎的患者，所以在完成队内医疗任务的同时，他还多次受邀到兄弟医疗队会诊。

错过了迎接女儿出生，薛恺看着视频里这个小生命有些哽咽："爸爸在武汉打怪兽，妈妈在上海守护你，年迈的爷爷独自在无锡，大病初愈的奶奶在沪需要照顾，幼学之年的哥哥也需要人操心，虽然你妈妈是个妇幼专业的行家医师，但爸爸还是要拜托你做一个懂事的孩子，不要太淘气给妈妈添太多的烦忧。短暂的分离，是为了永久的相聚，特殊时期我们一起相互理解，同舟共济。"

薛恺的妻子也是医护工作者，她最能理解丈夫的决定。薛恺特别感谢妻子的支持："我一定会保护好自己，平安归来。"

眼下，已经给女儿起名为"薛佳铱"的薛恺最想等疫散花开的时候，带着女儿"再回醉美江城，看武大樱花浪漫，听黄鹤楼千古绝唱，吃热干面三鲜豆皮"。

内容来源：青年报·青春上海　文：郭颖、顾金华

援疆医生再出发：到祖国最需要的地方去

　　"连续在污染区的时间越长，对医务人员的风险相对来说可能会更高。"穿戴好防护服后的闷热不适与污染区的环境，和医务人员的工作效率及精准度息息相关。如何提高查房的效率及精准度，是摆在瑞金医院支援武汉医疗队分管医疗工作的杨之涛面前的一道难题，在2月9日赴武汉的飞机上他就已经开始盘算。

想方设法用最高效的方式查房

　　接管病房、收治病人、梳理医疗流程，逐步优化，环环相扣。对于感染专业的博士、急诊科医生杨之涛来说，在保证医疗安全与院感安全的情况下，结合当地医院的实际情况并梳理核心制度，是他首要完成的任务。怎样清晰地完成交接班、落实三级查房、安全地转运危重症病人、落实个体的诊疗计划……全都马虎不得。

　　"出发之前，我只知道武汉的病人非常多，没想到重症病人也很多。"在武汉同济医院光谷院区瑞金医疗队接手的病房里，两天内一共收治了 52 位新冠肺炎的重症病人，其中 15% 为危重症，60% 以上是老年病人，56% 的患者存在慢性基础疾病。

杨之涛计算过，52 个病人，仔仔细细查一次房、做完评估、下完医嘱需要 6 个小时。"在传染病房的查房，与常规查房完全不同，闷热的防护装备每四小时需要更换一次，更换一次的时间大约 30~40 分钟。"

杨之涛和两位医疗组长多次商议，经过一周的时间不断磨合优化形成了"病人查房一览表"。把 52 位病人查房需要的全部信息以表格形式罗列出来，每日更新。医生进入污染区查房时，看到病人再结合"一览表"，能快速对病情做出评估，将相应治疗方案传输到清洁区外。"52 个病人的病情不是一下子都能够记在脑子里，重症病人往往有合并症及急性器官功能损伤，用一张表格，医生能够快速了解病人目前存在什么问题以及现有的治疗方案。"

在目前的"战时状态"，医生的排班也要打破常规。"要合理地配置三十名不同专业的医师，打破原有职称，建立一套利于新冠肺炎综合救治的三级梯队。既要保证医疗安全，也要兼顾医生的休息。"杨之涛介绍道："现在所有医生都已经熟悉'战时'查房方式及工作

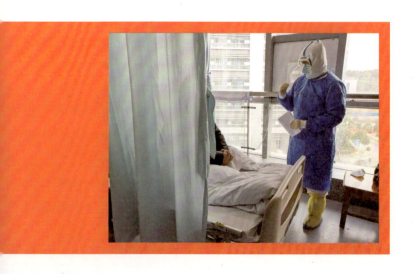

流程，接下来要做的就是将瑞金医院的'精准医疗'的理念与'精细化管理'的模式融入'战时状态'。"

两次援建角色不同，但身份使命相同

其实，从上海拉响疫情警报那天起，杨之涛就已经投入到抗疫第一线。

1月19日，瑞金医院重新改建发热门诊，前三天就诊的发热病人数直线攀升。作为医务一处副处长的杨之涛主动到发热门诊参与建设及协调工作。1月20日、21日两天，杨之涛连续参与接诊了两位武汉来的发热病人，两位病人在22日被确诊为新冠肺炎。这是瑞金医院确诊的第一、二例新冠肺炎，由于当时防护等级不高，医院立即对杨之涛和当班医务人员进行了医学观察。

在医学观察期间，杨之涛也没闲着，汇总上报发热门诊信息、参与发热门诊信息化建设、完善专家会诊流程……"在瑞金的抗疫工作以筛查诊断为主，在武汉的抗疫工作是针对确诊重症病人的救治，我们要探索如何以最高效的方式安全地完成救治工作。"

　　2017 年 2 月，杨之涛作为上海第九批援疆医疗队的一员赴新疆喀什工作整整一年半；三年后的 2 月，他奔赴武汉抗疫的最前线。"两次援建角色不一样，在喀什作为一名医生把瑞金先进的医疗技术和理念带到祖国的边疆，在武汉作为医务管理人员探索'战时状态'的医疗管理并不断优化。我一直没有忘记急诊科医生的身份，我将会和队员们一起入舱参与救治危重症病人。"

　　谈到支援武汉的初衷，杨之涛语气坚定，"到祖国最需要的地方去！"

内容来源：上观新闻　文：王倩、宰飞

这就是爱情：他们携手驰援战疫最前线

　　他们是一对"95后"情侣护士，在同一天出征湖北。出发前，他对女友说，"我们一起去湖北，一起回来，回来了我们就结婚！"。他们是一对医生伉俪，冒着风雪，先后被批准到最前线战"疫"。他对妻子折哲说，"我能想到最浪漫的事，就是和你一起并肩抗疫！"。而他们同样坚守在抗疫一线，"能和最爱的人一起并肩阻击疫情，心里很暖。"他承诺，等到疫情结束，春暖花开，要给妻子一场最浪漫的婚礼。

剪短了头发，你依然是最美的新娘

　　出征前，许多医护人员纷纷来到刚开业的"仁济TONY理发店"，剪短自己的一头青丝，轻装上阵。为了工作的方便，医疗队的女护士们自行设计了一种"抗疫"丸子头发型。她们把里层的头发全部剃光，只留外面薄薄的一层头发。平时头发披下来，看起来与常人无异；工作时把头发扎到头顶，光秃秃的头皮既方便戴帽子，又不容易造成污染。

　　来自肝移植监护室的于景海护士和消化科的周玲亿护士是一对"95后"情侣，原本打算在2月28日举行婚礼。可是，当得知护理部正在选拔支援武汉的护士时，他们俩毅然推迟了婚礼，双双报名奔赴武汉抗击疫情最前线。他们表示，能够一起参与到抗击新型冠状病毒肺炎疫情的任务中，并肩作战在武汉火线，这远比一场婚礼、一次蜜月更值得铭记一生。

　　为了做一个美丽的新娘，周玲亿长发原本已经长到腰部了。不过，出发前，她做出了一个重要的决定：剪成齐耳短发。周玲亿说，长发一方面不方便，另一方面也很容易造成感染。

　　不过，在男友于景海眼里，眼前的她仍然会是一个美丽的新娘。出发前，他握住女友的手说，我们一起去，彼此有个照应，等回来了，我们就结婚。

医生伉俪携手驰援武汉雷神山医院

　　"万众一心，众志成城，王将兴师，修我戈矛！"2月15日，冒着风雪，上海国家中医医疗队在虹桥机场集结，上海中医药大学附属岳阳中西医结合医院肿瘤一科副主任龚亚斌随队奔赴武汉雷神山医院

开展救治工作。

他的妻子折哲，是上海市中医医院肺病科（呼吸科）主治医师，这次也同样被选派为上海国家中医医疗队队员。夫妻两人分别在各自单位报名援鄂，又先后被批准到最前线救"疫"。

出征前，为了避免年迈的父母担心，夫妻两人"瞒报"驰援武汉的事情，谎称"在上海被隔离观察"，将年幼的孩子交给父母照看。如今夫妻双双出现在上海中医战队的雷神山病区救治病患。

奔赴武汉抗疫一线后，上海国家中医医疗队附属岳阳医院分队核心成员的龚亚斌克服环境寒冷、设施简陋等等困难，迅速调整好状态，投身病区开科准备工作。病区建设尚未完备，龚亚斌和队友们一起撸起袖子加油干。请领物资、搬运家具、铺床整理、物品消毒……大到电冰箱、文件柜，小到微波炉、办公用品、被褥床单，每件物品都是他和队友亲手搬运的。2月19日下午，龚亚斌所在雷神山感染三科七病区开始收治病人，一下午48张床位全部收满，是上海国家中医医疗队最早收治的一批病人。

"我们夫妻俩都是医生，疫情当前，正是国家最需要我们的时候"，提及送给妻子的情人节礼物，龚亚斌略显害羞却满怀自豪地说，"我能想到最浪漫的事，就是和你一起并肩抗疫！待疫情结束，春暖花开，人间皆安时，我们再一起欣赏武汉的樱花，一起享受胜利的喜悦！"

等到疫情结束，要办一场最浪漫的婚礼

来自天山中医医院的医生陈政博研究生毕业后在医院内科工作，妻子辛奇遥是他的大学同学，在徐汇区一家社区医院当全科医生。两人2019年8月领证，原本准备在2020年2月2日举行婚礼。正当小两口积极筹备婚礼之时，疫情袭来，两人第一时间投入到工作中。

陈政博在朋友圈发了一张婚纱照，两人身穿中式喜服，妻子笑靥如花。不过，配文是宣布原定婚礼取消，"对国家负责，对家人负责，也对自己负责。一切都会好起来的！"

2月2日，陈政博和辛奇遥在家人微信群中举行了一场特别的视频婚礼。小小的手机屏里，家人一起打开摄像头，凑成了九宫格。每个人的眼神都专注地望着，见证屏幕那端的婚礼。陈政博和妻子两手相握，特意举到屏幕前。在屏幕前，夫妻二人说出誓词：从今以后，无论安

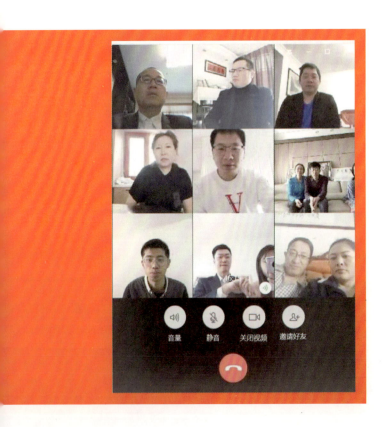

乐困苦，富足贫穷，有病无病，我都爱护你，尊重你，直到终身。之后，两个年轻人紧紧相拥。简单的婚礼后，他们又投入到各自工作中。

每天出门时，妻子会叮嘱道："穿好防护服，要学会保护自己！""有空就多喝点水，勤洗手。""口罩戴得时间长了，要记得及时换！"……此刻的碎碎念成了世间最动听的语言。陈政博已投入到发热门诊的一线工作中，辛奇遥则身穿防护服，在车站对来沪人员进行检疫，对体温高的旅客进行流行病调查。

陈政博说，治病救人是医生的天职，"能和最爱的人一起并肩阻击疫情，心里很暖"。他承诺，等到疫情结束，春暖花开，要给妻子一场最浪漫的婚礼。

内容来源：综合自青年报、中新网、澎湃新闻
青年报·青春上海　文：顾金华　图：常鑫

雷神山里有群上海中医女护士

在武汉雷神山医院，C5 和 C7 病区有些特别：在走廊和病房强烈消毒水气味中细细分辨，会闻到一些中草药气味。

2 月 15 日，上海国家中医医疗队 122 人奔赴雷神山医院，负责两个病区的患者治疗工作，医疗队成员分别来自上海中医药大学附属龙华医院、曙光医院、岳阳中西医结合医院和中医医院。这个医疗队有个有趣的巧合：龙华医院、岳阳中西医结合医院是清一色男医生和女护士组成的战队。

对这两个病区的医疗队的姑娘而言，她们每遇到一位新病人，都要这样为他们做入院宣教：您好，我们是来自上海最好的中医院的医护人员，请您放心，您将在这里接受中西医兼顾的治疗。

"上场战斗"的开端是这条走廊

对甄暐而言，印象最深的还是金银潭医院北三病区一条 20 多米的

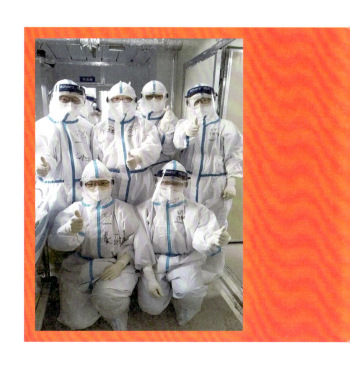

后走廊。

　　1 月 25 日她刚来这里时，每天都有刚刚离世的患者要推出医院移交到殡葬人员手中。而这一程最后的护送，在特殊时期成了一线护士们的工作。

　　上海医疗队里年长的护士会陪同年轻护士一起推着逝者的病床经过走廊，走廊有些窄，一路上还有许多治疗车、垃圾桶堆放着。年纪大的护士会一路不断提醒年轻护士，小心保护好逝者，不要让床磕碰到这些器物，让患者走得从容一些。

　　克服对死亡的恐惧和忌讳，是这里的女医护人员上场战斗的第一件事。

　　在上海的中医院一线队员中，龙华医院呼吸科护士长甄暐是个特例，她比大部队早上场半个多月，目的地金银潭医院。

　　甄暐是上海首批支援湖北医疗队护理组组长，到达武汉的第二天，她就和来自上海 50 多家医院的队友们接管下了金银潭医院北三病区。

　　"我们收治的大部分是重症和危重症病人，算临时 ICU。"甄暐之所以加上"临时"二字，是因为医疗队刚进入时，这里的硬件没有达到重症监护室的标准，但是治疗护理却必须完全比照 ICU 实施。

　　好在首批前来的护理队队员中，高年资、有经验的护士不在少数，甄暐就鼓励年长的护士随时带教年轻护士。她还和护理团队的骨干成员一起建立了危重症的专项护理小组，比如气管插管护理组、ECMO护理组、床旁血透护理组，每个护理组中吸纳四五名熟练这项业务操作的护士，其他护理队员也可以从旁观摩支持。

　　另一方面，甄暐也时刻关注着女队员们自身的状况和潜在风险：一位年轻护士因为穿着防护服工作时间过长，体力透支，一下子没忍住吐在了 N95 口罩里，口罩湿了。甄暐想起这件事就觉得后怕，叮嘱所有护士姑娘：一旦进舱之前，身体有任何不适，都要提前汇报。

是该自己上场的时候了

　　2 月 20 日，雷神山 C7 病区接收第一批 48 位病人。岳阳医院年轻护士王文盼负责引导入院的患者病房在走廊的尽头。"小姑娘，麻烦您一定慢些走路。"一位腿脚不好的患者有些担心。

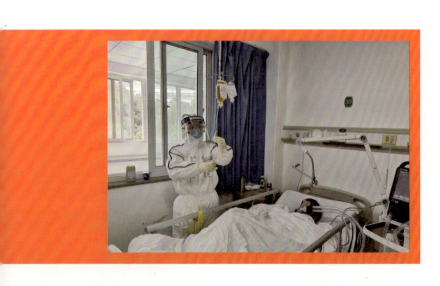

王文盼自觉走到了患者身后可以随时搀扶他的位置，笑着说："我不会催您的，慢慢走。"有一次为患者留咽拭子，王文盼一连走了好几个病床，后来喘不过气了，一测心率120多下。"穿着防护服，一定不能着急。"她休息一会儿后重新起身。

动作缓缓地做，做惯了咽拭子的患者也很配合，尽量屏住不咳嗽，直到完成全部流程，他们才会背对着王文盼捂嘴咳嗽——这是降低医护人员感染风险的预防措施。

1994年出生的王文盼是岳阳医院神经内科的护师，是队伍里年龄最小的护理人员之一。"其实之前有顾虑，害怕自己年资不足，护理不到位。但是看到比自己年龄小的护士也去了，我就赶紧报名。"王文盼说。

隔着两层医用手套，静心用手指感受血管弹性，迅速将针头刺入患者静脉……一气呵成的动作让王文盼如释重负。患者都夸这位小姑娘"技术很老练"，她心中升起了久违的雀跃。"这次没白来，是该自己上场的时候了！"她默念。

岳阳医院的队伍里有22位女医护，出门前大多没有带任何化妆品。王文盼犹豫了一下，还是往包里塞了一支口红、一根眉笔。但是这些东西，她带来后从没动过，直到有一天大家张罗着要拍一个给患者舒缓心情的动漫视频。王文盼这才匆匆画了几笔眉毛。

她还是队伍里的"Tony老师"，因为和做过美发行业的妹妹学过一些皮毛，二月二龙抬头那天，她给队伍里不少同事都理了发。"顾客"都很满意，唯独王文盼自己的理发事宜被搁置。

王文盼在一次下班坐车途中时，忽然默念了几遍这辆接送医护人员的公交车线路：908路。她说她想下次再来武汉时再坐一趟这辆公交车，看一看到时坐在驾驶座上的，是不是还是这几位眼下的"武汉故人"。每次都是匆匆上下，来不及彼此寒暄一句。

内容来源：上观新闻　文：杨书源、宰飞

雷神山的"灵魂画手"

    在武汉雷神山医院感染儿科重症监护室病区的走廊里，一幅幅正能量满满的抗疫励志漫画让冰冷的白墙顿时变得很温暖，上海交通大学医学院附属仁济医院"90后"护士庄佳影与程菲连夜赶工，心意满满。

    "小笼包遇上热干面，一条江系上两座城。"在大家的朋友圈里，一张画着上海小笼包与武汉热干面顺利"会师"的原创漫画到处刷屏，原来这是96年的上海市第一人民医院护士邹芳草在雷神山医院用画笔描绘自己的驰援心情。

    在战疫一线，这些"隐身"于上海援鄂医疗队内的"灵魂画手"们用画笔带给患者们面对病毒、战胜病毒的勇气和力量。

白墙是冰冷的，画是暖心的

    在武汉雷神山医院感染儿科重症监护室病区的走廊里，惊现一幅幅正能量满满的抗疫励志漫画。几个漫画版的投身抗"疫"一线的白衣战士，旁边配以一句句话语："哪有什么白衣天使，不过是一群孩子，换了一身衣服，学着前辈的样子，治病救人和死神抢人罢了""疫情就是命令、防控就是责任""武汉加油！"

雷神山医院感染二科是仁济医院援鄂医疗队接管的病区。这条走廊是仁济医院援鄂医疗队的医护人员、工作人员每天通向重症病房的一条道路。白墙是冰冷的，画是暖心的。所有医生、护士在"上班"路上看到这一组组漫画时，心里都亮了。

温暖治愈系的几组抗"疫"励志漫画是由上海交通大学医学院附属仁济医院援鄂医疗队队员、血液科"90后"护士庄佳影画的。仁济医院援鄂医疗队队员、泌尿外科"90后"护士程菲配写文字。谁能想到，这组出现在一线病区里的漫画是两位护士在辛苦护理重症病人后，连夜赶画出来的。从晚上九点半到深夜十二点半，没有画笔，她们就用医用记号笔。没有铅笔打底稿、画框架，所有的漫画都是一次成图。

93年的庄佳影今年27岁。"我想让简单的墙板富有情感，我们来了，便把这里当成了'家'，在这里勇敢面对病毒，也必将战胜病毒。"庄佳影和同事们一同筹建了雷神山医院重症病区以后，仁济医院援鄂医疗队就投入了紧张的工作。从上海的血液科护士到雷神山医院的重症病区护士，庄佳影每天穿着防护服，连续工作几小时护理新冠肺炎

重症病人。白班、晚班，轮着转，这样高强度的工作是难以想象的辛苦。不过工作才3年的她却很乐观："来之前就想好来吃苦的。一开始到武汉会紧张、担心，现在一点也不怕。进出重症病房穿脱防护服有感控老师全程看着，很安心。虽然我一直在血液科做护理工作，但是以前轮转时去过重症监护室，到武汉以后并不感到陌生。"

这样一个"以'艺'抗'疫'"之举来自一次偶然的念头。庄佳影在网上看到一些鼓舞士气的抗疫小视频，深受启发，于是"90后"的护士们就一起策划了一次走廊暖心之作。无论是画上一组励志抗"疫"漫画，还是坚守在重症监护室帮助病人战胜新冠病毒，庄佳影每天的心愿都没有变："快点度过这个艰难的时期，经济复苏，都太太平平，该吃吃该喝喝，国家繁荣昌盛，经济不断发展。"

雷神山的每一幅画都有灵魂

走进"网红小笼包漫画"的诞生地，上海市第一人民医院支援湖北医疗队武汉雷神山的驻地，不少"大白"（身着防护服的市一医疗队员）身上都有来自邹芳草创作的Q版小笼包，并附有"小笼包加油！""单身小笼包求蒸笼！"等俏皮话语。

"知道自己要前往武汉支援的那一刻，内心戏还是很多的。兴奋

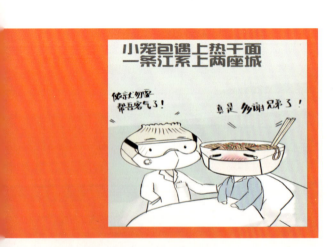

于自己也能当一回战士的同时，也暗下决心要用画笔描绘自己在武汉的故事。"市一版"网红小笼包漫画"原作者，"隐身"于本批医疗队内的"灵魂画手"，96年的护士邹芳草在临行前一晚，将画图工具平板电脑装进了行李箱。

2月19日，医疗队抵达武汉雷神山的第一晚，小邹画下了一幅"出征照"。"第一晚只是小试牛刀，我想记录一下我们市一156人大部队的出征画面，就用平板画了白大褂版和迷彩服版的护士姐姐、医生哥哥，没想到从那一晚开始就一发不可收拾，现在每晚都被身边的人催稿。"小邹笑着说。

"隔离病房内四处可见的白，记录本上密密麻麻的病例文字记录，我希望通过线条的勾勒、色彩的变化能记录下雷神山病房里生动的每一幕，也给我的'战友们'换一种心情，舒缓一下情绪。"小邹说，每次进舱前也会有不当班的同事为他们留下工作照，但是时间久了就会变成手机相册里的一串数据，只有画下来，才能被记住，成为永恒。

每一次运笔作画前，她都会在脑海中再次回味一天中印象最为深刻的一件事或一个场景。每日唠叨却又无微不至照顾他们生活的"队妈""队爸"，穿全套设备时要牢记一百遍的注意事项，变身奥特曼与病毒大战的同事"大白"，纪念市一医疗队在驻地的第一次巴林特

小组……原本或是严肃、或是枯燥的每日工作细节在小邹的笔下都变成当日亮点被她一一画了进去。

有意思的是，每一幅漫画日记上还配有相应文案，由同为市一医疗队成员的86年护士朱立颖操刀完成，十岁的年龄差并没有成为这一对美小护心灵沟通的阻碍。

"我相信每一幅画都是有灵魂的，第一次看到小邹的画我就感触颇深，为漫画配文案成为了我每天工作结束后最放松的一刻。"小朱说，现在越来越多的队员都知道了他们的战疫漫画日记，也会积极献上自己的当日灵感。

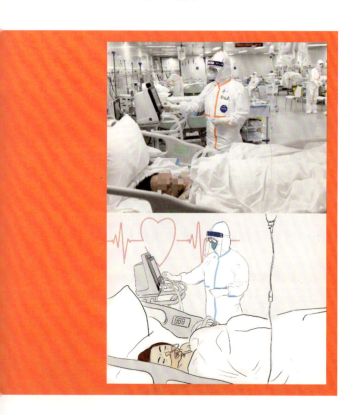

内容来源：青年报·青春上海　文：顾金华

文汇报　文：蔡诗诗、李晨琰

"蹦极运动员"身上的那根"绳索"

从医生办公室到隔离区，隔着三重门。每穿过一重，都离病毒更近一些。

每天，医生、护士会穿上防护服，戴上口罩和护目镜，依次推开这三重门，进入病房。这里，是医务人员的战场。

从清洁区通往隔离区的路上，有三扇门，用以阻隔被污染的空气，医护人员称这个区域为"缓冲区"。

工作日下午，缓冲区的门紧闭着。门后面，是医护人员与病毒紧张对抗的现场，门前面，一个小姑娘静静地站着，正盯着这扇门出神。

一阵风从门的另一头吹来，门微微一颤，竟吹开了一条小缝隙。风带起空气里的微尘，穿过缝隙，吹到她的脸上。陈翔皱起眉头。她意识到，一旦忽视这个小细节，会引起多大的蝴蝶效应。

医疗队中不可或缺的角色

生于 1994 年的陈翔是复旦大学附属中山医院感染管理科的一名医生。作为非一线救护人员，院感医生在很多医疗队的人员配置中并不是优先考虑的人选，但在疫情中，他们的角色不可或缺。

医院感染管理科，顾名思义，主要工作是对医院里发生的各种感染进行预防和管控，包括患者与患者之间以及医生与患者之间的传染。

当一批批医护人员奔赴前线救治病患，谁站在身后守护着他们的生命安全？院感医生就是这样一个特殊的角色。有人这样比喻："如果说一线医务人员所进行的是一场极限蹦极，那么院感医生就是蹦极运动员身上的那根绳索。"

第一次进污染区，陈翔仔细观察了医护人员的工作流程，当时由于条件艰苦，队员缺乏经验，很多设施和操作都不符合规范。"封闭的护士站作为一个治疗区域，并不是完全清洁的，进出必须穿防护服；药品领上来以后，从病房的通道上下进出比穿过清洁区更安全；逃生通道的门必须封上，另外再新设一个逃生通道，否则很容易感染……"千头万绪，都在她的脑子里细细运转着。在隔离病区，一个小小纰漏所带来的影响是无法预计的。

2月17日下午，一名护士在隔离病房里不小心剪伤了手指，这个突如其来的消息让陈翔忧心忡忡。"防护服非常闷，在护目镜、口罩等重重遮挡下，人的视线会受到很大影响。虽然护目镜都采用了防起雾措施，但时间久了还是会起雾。"

陈翔立即找到了护士长沟通。"这个护目镜能不能彻底干透再给护士们用？我戴的时候就感觉还有一点湿。"护士长也面露难色："我们现在四小时轮一次班，供应室一天才集中供应一次设备，晾干时间不够，周转不过来……"两个人开始紧急讨论解决方案。

预防和管控没有止境

而陈翔和其他院感医生要守护的"门"，还不仅限于病房。

有几天武汉下了雪，气温在0到6摄氏度之间徘徊。医护人员下榻的酒店房间却一律不开空调。"若使用中央空调，一旦有一个人出现疑似症状，整个医疗队都要受影响。"除了病区防控，医护人员生活区的管控也是院感医生的工作内容。队员从医院回到房间，如何进房门，工作服和个人衣服如何切换，都要进行统一规范。

　　陈翔还主动给下榻酒店的工作人员和接送医疗队的公交车司机做起了培训。"这些人的工作也有一定风险，但他们很多人都是临时接到命令过来的，没有经过专门培训，心里很害怕。我教他们如何做手卫生、戴口罩和消毒设备等基本防控操作，他们便放心了许多。"

　　陈翔说："只有到最后一刻，所有人都没有感染，我才能真正放下心来。"感染的风险是永远存在的，不管防控工作做得多充分，执行过程还是很难把控。"我感觉自己怎么做都是不够的。"说完，她又匆匆进入隔离区忙碌起来。

内容来源：综合自上观新闻、上海人民广播电台、看看新闻

文：陈思宇　图：赖鑫琳

任何时候都不放弃对世间的热爱

　　3月5日，武大人民医院东院，上海复旦大学附属中山医院支援湖北医疗队队员刘凯医生在护送病人做CT的途中，停下来，让已经住院近一个月的87岁老先生欣赏了一次久违的日落。

　　落日余晖下的两个身影，病人和医生，这个温暖人心的瞬间被拍下来后，感动无数网友。这个珍贵瞬间让许多人感受到安宁和温暖的情感，有人说，任何时候人们都不会放弃对世间的热爱。

两人都沐浴在夕阳下，都挺高兴

　　87岁的老先生入院时是重症患者，在上海医疗团队的救治下，身体情况不断转好。那天下午四点多，刘凯推着他去做一个CT检查随访，在回病房的途中，和煦的夕阳恰好洒在病人和医生身上。

　　"我看老先生挺高兴的，就问他要不要看一会（夕阳），他说好。"于是两人停下来。

刘凯说，对于老先生而言，他已经一个月没有看到阳光。其实对他自己来说，每天早出晚归，一直呆在病房，也很少看到太阳。所以当两人沐浴在夕阳下时，其实都挺高兴的。

"您觉得怎么样？"停下后，刘凯问老先生。老先生答说："夕阳蛮好。"

看了三四分钟，刘凯知道这个老先生的病情还不稳定，室外温度不高，就推着他回到病房。刘凯说，回去后老先生心情很好，很快入睡休息了。

刘凯是 2 月 7 日抵达武汉的中山医院第四批援鄂医疗队队员，医疗队一百多名医护人员由资深专家和年轻骨干组成，到武汉后承担了重症患者的救治重任。

作为一名"呼吸治疗师"，重症监护室是刘凯的主战场。"2003 年非典的时候，我觉得能维持呼吸治疗的人很帅，便在考入四川大学华西临床医学院后果断选择了这个专业。"

为了监护一名 ECMO 治疗病人，睡眠过少的他甚至在监护室外席地睡着。这一幕被同事记录下来。

老先生曾是小提琴手，与上海医疗队相处从沉默到开朗

照片中87岁的老先生曾是音乐学院教授，还是爱乐乐团的小提琴手。

上海医疗队刚去时，这位老先生病情很重，对所有人不理不睬。总是沉默地躺在病床上，有时盐水吊完也不打铃通知护士。每次医生进去查房，都看到发给他的食物原封不动地放在桌上。

老先生的家人住得很远，武汉全城的交通停运，家人来送东西很不容易，中山医院医疗队便承包了所有的生活照料。

早前有一天，医疗队队长罗哲与医生查房，走到老先生病床前，询问他近两天好不好，身体有没有不舒服。

老先生只说了一句话："我想回家。"医生理解老先生想回家的心情，但当他说出这句话，两位医生都察觉暗含的意思——老人恐怕想要放弃。

罗哲没有正面回答老先生的请求，而是问道："老先生，您原来在乐队是不是指挥家？"

老先生抬起头，眼神亮起来。"不是，我不是指挥家，我演奏乐器。"

罗哲看到老先生精神一振，继续说："等你身体再好一点，回去再演奏乐器。"

简简单单一番对话，老先生轻松了。

打那以后，医生和护士每次进到病房，都和老先生攀谈一会家人的近况，他渐渐打开心扉，治疗中身体有何种反应、有哪里不适，都一五一十地及时告知医护，医生根据情况及时调整治疗方案。他的孩子很关心父亲，常来电话，医生则及时把病情通报到家属。

糕点、水果、各类生活用品、营养品，都送到老先生以及其他病人手中。之后，老先生病情不断转好，他开始主动进食，吃水果和营养液。临床上，原有气急和缺氧状况均已得到明显改善。更可喜的是，胸部 CT 和血液指标显示，他的病情正在全面改善。

20 多天的相处，老先生不但病情越来越好，和医护人员的关系也越发融洽。

中山医院医疗团队负责的是武大人民医院东院 20 和 22 两个病区，患者皆是重症及危重患者。"现在绝大部分患者病情已经稳定下来，有一些患者已经出院。"刘凯说。

有个重症病人，最近已经转为轻症，马上要出院了，他就把所有医护人员的名字都记在了一张纸上。还有许多病人出院时告诉这些上海医护人员们：等疫情过去，请大家吃热干面。

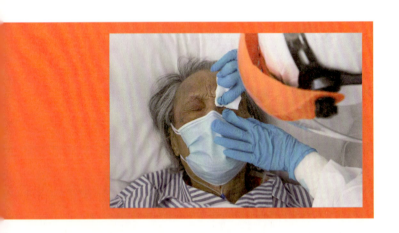

内容来源：澎湃新闻　文：李佳蔚、陈斯斯
刘凯陪老人看夕阳照　摄影：甘俊超
护士长为看夕阳老爷爷擦拭眼泪照　摄影：赖鑫琳

希望有一天，能接过父辈们手中的旗帜

面对突如其来的疫情，他第一时间请战驰援武汉；在武汉前线，"90后"的他成为"插管冲锋队"的一名队员，多次为危重症患者成功进行气管插管……

新冠肺炎疫情猛然来袭，没有人可以置身事外。在这场全体国人参与的没有硝烟的战役中，有这么一群"90后"，他们以一言一行追求信仰，用一笔一划写下成长。3月6日，他们在武汉前线火速入党，来自上海交通大学医学院附属瑞金医院麻醉科的缪晟昊正是此次"火线入党"者之一。从这一刻起，他身上多了一个"共产党员"的称号，也多了一份责任。

一线需要我了，我就上！

抗疫一线，是考验入党初心的大熔炉。

90年出生的缪晟昊长着一张娃娃脸，平时的他更像一名校园里走

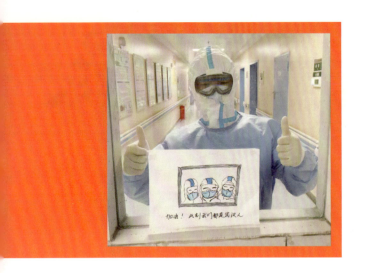

出来的大学生。然而，就在他的身上，却时刻透露出一种坚韧。

今年的元宵节，对于瑞金医院的医务人员来说，着实难忘。晚上10点，缪晟昊接到医院发来的报名通知，要组建一支130多人的医疗队伍驰援武汉。收到通知的那一刻，缪晟昊没丝毫犹豫就报了名。24小时不到，人员集结完毕。"其实早就准备好了，疫情一线需要我了，我就上！"缪晟昊成了科室第一位报名的人。第二天，瑞金医院的这支医疗队出发驰援武汉。

在同济医院光谷院区，成立了一支20人的插管小分队，队员是来自同济医院及各地支援武汉的麻醉科医生、护士，有着5年麻醉科工作经验的缪晟昊就成了其中一员。这支队伍被称为"插管冲锋队"，队员两人一组，每组12小时待命。

担任"插管冲锋队"队员，意味着成了距离病毒最近的人，任务更是艰巨。气管插管操作只有十几秒，它容不得差错，因为患者的生死系于一线。

犹记得插管冲锋队在武汉的第一根管子

对于缪晟昊而言，在武汉第一根管子让他记忆深刻。那是在应急医疗队的插管小组成立后的第二天，缪晟昊成为这支小分队的插管第一人，因为是第一次，一切特别地小心。当天晚上接到电话后，缪晟昊紧急穿好防护服进入病房。患者是一位中年男性，已处于浅昏迷状态，氧饱和度仅有 70% 左右，氧饱和度是血液中氧含量的指标，正常人氧饱和度在 95% 以上。

"当时感觉就是留给我们的时间不多，必须马上建立有创通气。"在和队员眼神交流后，大家一致决定用瑞金麻醉的急插管麻醉诱导用药方案。方案定下来后，缪晟昊就站在患者的头端，一手拿着剪刀，另一手拿着喉镜。麻醉药一起效，剪开患者加压面罩的绷带，赶紧打开口腔。当把患者口腔开以后，缪晟昊心里马上就咯噔了一下，密密麻麻全是干涸的血块和痰液。痰是插管的大敌，因为它会遮蔽视线，让医生无法看到声门。

凭着经验，缪晟昊判断痰下面一点的位置应该就是声门口所在的位置。气管导管伸进去以后。"隔着两层手套，手感没有问题，一个点头，一旁青岛大学附属医院的医生把导丝一抽，呼吸机一接。再抬起头，护目镜上已经全身雾气和水。一摸患者胸廓，有起伏，听着监护仪氧饱和的声音蹭蹭往上走，这是世上最美妙的声音。"缪晟昊说，瞬间感觉松了一口气，整个过程不到一分钟。

回过神，背后冰冰凉凉，里面的衣服全湿透了。缪晟昊说，这第一次插管特别重要，成功以后确实让所有冲锋队的队员们有了更大的信心。"每一次紧急插管就好像飞机的紧急迫降，我们要在病人窒息前帮他插入气管导管接上氧气，就如同在飞机坠毁前让它平安着陆。"

希望有一天，能接过父辈们手中的旗帜

3月6日，缪晟昊和几位同事在武汉抗疫前线庄严宣誓入党。为什么会想到"火线入党"？缪晟昊说："并不是现在才想入党，而是这个念头一直在。"工作中的他，也一直以这个目标为动力。

比起身边的老党员，缪晟昊始终觉得自己做的还是很少。"我们这些"90后"，是在这些"60后""70后"的老党员的羽翼下长大的。他们或许经历过饥饿和贫乏，但是依然坚守在教育、医护的岗位，他们将守信、正直、善良的价值观教给了我们。跟他们这一代人吃过的苦，以及对国家做出的贡献相比，我们所做的根本就微不足道。"

"一个党员就是一面旗帜"，灾难来临的时候，人们难免惊慌失措，但总有那些旗帜会屹立不倒。缪晟昊说，申请加入党组织，他想高举着这面鲜红的旗帜前进，希望终有一天，可以接过父辈们手中的旗帜。

内容来源：青年报·青春上海　文：顾金华

那个痛哭的麻醉师，
其实很爱笑

华山医院麻醉医师魏礼群在武汉光谷 ICU 因病人抢救无效而痛哭不已，同事在边上帮他举起一张纸，上面写着"对不起，他很难过，尽力了！"。

这个 27 岁的麻醉医师哭得像个孩子，华山医院副院长马昕和李圣青教授无论怎么劝，也劝不住他。"他是我值班期间离开的第一个病人。很难过，一条人命。"魏礼群说。但平时的他其实很爱笑，会和同事开玩笑，喜欢在朋友圈发各种无厘头的表情包。"可以说我是个好玩的人吧。"他这么自我评价。照片中映射出的医者仁心背后，魏礼群是个平凡的"90 后"男孩，有着大部分这个年纪的人应有的深情、热血。

在疫情发生前，插管这个名词让人有些陌生。在新冠肺炎诊疗中，医护人员会为呼吸困难者实施气管插管术。直径 7 毫米的管道，被喻为救命稻草。

人类打喷嚏时，口腔飞沫就像疾驰的动车组列车，速度可达每小时 177 公里。病毒，藏身于新冠肺炎患者的飞沫中。而实施气管插管

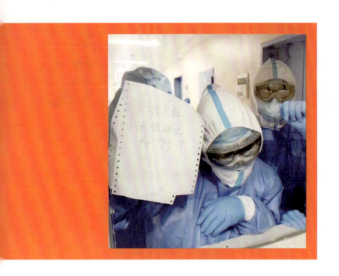

术的医生，距患者仅 20 至 30 厘米。

同济医院光谷院区共有 6 位来自上海的麻醉科医务人员，他们分别是华山医院的罗猛强、洪姝、曹书梅、魏礼群，和瑞金医院的缪晟昊、谭永昶。

"麻醉医生是属于外科类的。像气管插管、深静脉穿刺，还有动脉的穿刺，这些我们都比较擅长。"魏礼群说。和本就受人关注的专科医师不同，平时让人在无影灯下沉睡的麻醉师，此时成为了前锋。在日记里，魏礼群颇为热血地记录下了这些"插管冲锋队"队友的日常。从插管队成立至完成近 50 例气管插管之际，他在日记中写道：在这里我们是一个团队，是一个集体，是同一个战壕的亲密战友。

从接管病区第一例插管术实施以来，他们不断在讨论调整方案。小到一块纱布的使用、插管姿势的调整，大到护目镜的防雾处理、插管时机的把握，他们要精确到秒。"我们穿了三级防护，操作起来没有那么便捷，但插管的速度要求要很快，因为这些病人的氧储备很差，如果速度不够快的话，氧饱和度一降下来，病人的心跳可能就会因此停掉。"魏礼群表示。

魏礼群认为，麻醉行业没有那么热门，但是很重要。他把自己的

入行原因归结于兴趣——本科学的就是麻醉，现在研究生读的还是麻醉，因为比较喜欢，所以就一直坚持下来。"我们徐州医学院麻醉比较有名气。"他自豪地说。

身在前线的魏礼群抽空给爱妻写了一封家书，一个"爱你的群哥"的署名，让这封家书着实煽情了一把。

今年，魏礼群在家人团聚的元宵节接到通知前往武汉，与家人分开。一直与妻儿分隔两地的他，陪伴儿子的时光仅有 11 天而已。"这是一年里我呆在老家比较长的时间了。我还在读研究生，平时只有周末回家。"刚刚结束规培，魏礼群成为了华山医院的一名医生。而他的妻子在徐州带孩子。

"抱歉，没能及时回你。"情人节那天，魏礼群接到"插管冲锋队"成立的消息，需要冲进病房里。"当时我在污染区，没有办法接手机。"魏礼群回忆。

内容来源：新民晚报　文：左妍、张泽茜

图片来源："对不起，他很难过，尽力了"　摄影：马昕

武汉同济医院光谷院区"插管冲锋队"

部分成员合影　摄影：赖鑫琳

生命"摆渡人"在武汉

上海支援武汉的医疗队中，有 8 个人的身份相对特殊，他们是上海市医疗急救中心派出的 120 医疗急救队员。

不同于其他援鄂医疗队的整建制开展工作，他们基本属于单兵作战。8 个人，5 辆负压救护车，承担着协和、同济、金银潭、雷神山、火神山以及各个方舱医院之间的危重症、轻症患者的转院工作，被称为武汉病患的"摆渡人"。

不吃不喝 穿上纸尿裤

每辆救护车小小的空间，对武汉新冠肺炎病人来说，是一个个摆渡生命的"方舟"。"我们是中国红十字援鄂重症患者转运车队里唯一兼顾武汉急救中心和院内转运任务的。"队长刘轶吐了口烟，望了眼远处正狼吞虎咽的队友，"我们的任务更加繁重"。在上海急救中心，刘轶是机动班的驾驶员。38 岁的他从部队转业后，已开了 14 年急救车。

在上海出现首例确诊病例后，他就开始接送这些病人了。来到江城的第三天，中国红十字会一名负责人找到他，"云南转运车队在同济医院的压力太大，你们能否分担一些？"刘轶代大家做了决定，"没问题！"

他们的驻地，离华南海鲜市场也就 500 米。从队员房间窗口往下看，是密密麻麻的救护车。一墙之隔，就是武汉急救中心。从收到指令换上防护装备，到等候内蒙古援鄂医疗队的跟车护士，再到点亮警灯出车，时间不超过 20 分钟。

侯敏杰当天执行的是院内病人转运任务，从下午 1 点到三点半。驻地离医院超过 30 公里，出车一次，需要四五个小时。"知道今天轮到自己，很早就不吃不喝了，还穿上了纸尿裤。"

救护车内被队员们划分成三个区域：驾驶舱是清洁区，车外是半污染区，医疗舱是污染区。驾驶舱和医疗舱间的玻璃窗被封箱带封得严严实实，"再小的细节，也不能放过"。但事实上，这个界限很难把握，遇到危重症病人，侯敏杰也要下车帮忙抬担架、接患者。

从驻地到医院，见到的路障比车都多。在武汉空旷的街道上飞驰，侯敏杰无暇欣赏这座城市的景色。疫情期间的救护车，就像个移动的

窗口。从这个窗口向外望去，你能看到这座城市生病时的痛，也能看见不屈服的人们从未放弃希望。

你若怕它　它就不怕你

在武汉期间，刘轶习惯用"命令"这个词来描述每天接到的工作安排。清晨睁开眼，用过早餐，一天的工作就开始了。为驻地房间和公共区域消毒、清点物资、检查队里的五台负压救护车……每一项都马虎不得。有队员专门负责检查车辆的负压值是否正常，疫情期间，这事关乎大家安全。与此同时，驻地隔壁的武汉急救中心一派繁忙，收集信息、安排车辆调度……"一般会在下午向我们下达命令。"刘轶还是习惯说"命令"这个词。

在来武汉"满月"的那天，刘轶翻了翻手里的笔记本，出车491次，转运患者1885名，行驶里程7132公里。他心里清楚，本子上的每个数字，都意味着危险和希望。刚刚抵达江城，武汉急救中心照顾援鄂医疗队，都挑些轻症病人交由他们转运。随着"应收尽收"的执行，这座城市向疫情发起总攻，分派任务时已没有时间和精力区分轻重症了。

"病人是担架抬上车的，需要吸氧，吸氧量已经开到最大值了。"刘轶回忆起最惊险的一次任务。转运途中，医疗舱里的跟车护士告诉他，病人的意识开始模糊，心电图显示心率不齐。好在那时，救护车已经驶入火神山医院，正排队在门口等待交接。刘轶立即用扩音器喊话，请求尽快安排。"没过多少时间，几名医生跑过来，将病人推到重症监护室。"刘轶长吁了一口气，"他的生命体征还在。"加上来武汉前在上海转运新冠肺炎患者，刘轶和队员们清楚，这个病恶化起来速度非常快。在确保安全的前提下，他们脚下的油门，会踩得更重些。

与时间赛跑　同死神抢人

穿着防护服连续工作 5 小时人会迅速疲劳，这是对体力的一大挑战。穿着防护服开车更是一项挑战，疲劳伴随缺氧，从而导致反应变慢、易困，这对驾驶员而言极度危险。但对于这群急救小分队的队员来说，经常会面临穿着厚重的防护服把患者"摆渡"到 30 公里外的定点医院的任务。加上洗消、联络、转接等各个环节，这样的长距转运通常要耗时 5 小时左右。

为了让自己时刻保持清醒，阮盛时不时会重重咬下舌头或嘴唇让自己保持清醒。为了防止护目镜起雾，他会把空调开到最低，把风对着

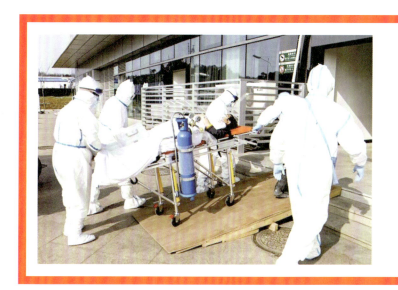

自己吹，紧紧握着方向盘的双手被冻得刺骨疼。这位曾参与过 H1N1、H7N9 等传染病转运工作的"80 后"急救队员用"上刑"来形容穿着防护服长时间工作的感受，但深知这份艰苦的他却第一时间报名援鄂。

阮盛最惊险的一次任务，是转运一位重症肺炎患者的途中，病人突发主动脉夹层，还有消化道出血。与时间赛跑，同死神抢人，全程 29 公里，阮盛只花了短短 18 分钟。这 18 分钟是阮盛与团队放弃短暂的休息时间，开着车一次次反复模拟计算出的最佳路径，大到哪里转弯，小到减速条分布。

院内的转运也繁重异常。由于医院人手紧张，很多危重症患者只能用担架抬。这时候，驾驶员就必须下车帮忙抬担架、接患者。身高 1 米 7，体重不到 120 斤的阮盛，经常要穿着防护服抬着比他还重的患者上下隔离病房的二楼。最多一次，他 5 小时内转运患者 67 人次，那天他感觉自己快休克了，腰都直不起来。

内容来源：新民周刊　文：金姬
新民晚报　文：郜阳
摄影：赖鑫琳

医者仁心的本能，让年轻的他们义无反顾

在上海援鄂医疗队中，有140多名"90后"党员。走近他们，会发现，原来他们那么生动、独特。一如习近平总书记在给援鄂"90后"的回信中所说的那样，不畏艰险、冲锋在前、舍生忘死，彰显了青春的蓬勃力量，交出了合格答卷。

冲锋在前　4次递交"请愿书"

为了能上前线，出生于1996年的华山医院护士夏从容前前后后投了4次"请愿书"。

第一次医院发出"召集令"时，夏从容就第一个在群里报了名。"因为我是党员啊，"她觉得理所应当，"万一有需要，人手不够的时候，我愿意顶上去。"这之后，医院每一次发"召集令"，她都会报名。第二批、第三批，就在她以为自己没希望的时候，终于在华山医院派出第四批赴鄂"战队"的时候，夏从容"中选"了。

　　那时她已经在发热门诊工作了两个星期，刚回到科室病房上第一天班，她就接到了电话。"觉得这个电话就该我接到，我都报了那么多次名了！"第二天，她就开开心心地收拾了行李上了前线。但她还是没敢把消息透露给在安徽黄山的父母，只告诉了在上海的舅妈和表姐。"怕父母担心，回去时再跟他们说好了。"

　　比她提前5天抵达武汉的"90后"华山医院医师张红阳一开始也抱着这样的打算："与其出发时让老人担心，不如等我凯旋后再告诉他们，那时他们就只有喜悦了。"直到市红十字会的一通慰问前线医护人员家属的电话打到家里，在河南的父母才知道儿子去了武汉一线。"我妈就来怪我了，说她的觉悟就这么低吗？但我听得出她还是担心的，一直在叮嘱我。"

　　"儿子是党员，肯定要冲在前。"张红阳安慰母亲。和夏从容一样，即使在家人眼中永远是没长大的孩子，在党和人民需要的时候，这些"90后"党员依然会说一声："我上！"

　　医者仁心的本能，让年轻的他们义无反顾。对生命的敬畏，才让他们能够战胜对死亡的畏惧。

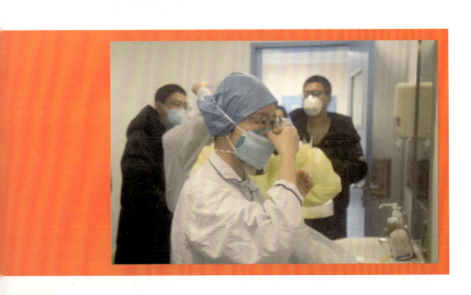

坚守到底　放弃回家选择继续留守

同济医院光谷院区收治重症患者，ICU病区也是最后关闭的病区，这也意味着夏从容将会是最后一批回上海的队员。本可以回家的张红阳也决定一起坚守到底。

张红阳在上海的家里养了两只猫，一只叫浆糊，一只叫对联。离开家后，他最挂念的就是这俩小家伙。还有点儿担心该续租的房子，"房东该找我了。"他笑着说。

张红阳2月4日跟随华山医院第三批支援队赴鄂，在武汉红山体育馆方舱医院服务。方舱医院胜利"关舱"后，本来可以回家撸撸久违的猫，也不用挂心交房租的事，但他和其他20位左右的医护人员还是选择了留下。

"我们商量了一下，都选择志愿留下来继续帮我们第四批在光谷重症ICU的医生们的忙，因为他们那边比我们其实更辛苦，我们人虽然不多，但能多帮一点是一点。"

来到ICU病房，也让张红阳感受到了面对重症患者的艰辛。"病人的状况一直不断，监护仪'滴滴滴'的警报就没停过。这跟方舱的轻症病人情况完全不一样。我们还能和病人聊聊天，这里医生都没办法跟人做交流，就是跟仪器打交道。"

尽管如此，他也没有后悔做出留守的选择。"我在方舱坚守到胜利了，也一定会在这里坚守到底。"他说。

在方舱刚开始穿防护服工作的时候，张红阳是第一个顶上去的。"我是党员，又年轻力壮。"本来应该 4 小时一轮换，但由于交接的问题，那次他从下午 6 点一直干到第二天凌晨 2 点。

在最累最辛苦的时候，是信仰的力量让他撑了下来。"坚持才会胜利。"他说。随着医院越来越完善，效率也越来越高，他也收获了胜利的喜悦。很多出了院的病人和他加微信，走的时候还很不舍地要拍照。张红阳会期待每天查房时看到病人的笑容，他记得有一位 60 多岁的张阿姨，想早点出院回家，每次都会和他撒娇。"就感到特别亲切，让我想到了自己妈妈。"张红阳说。

他坚持到了送走方舱的最后一批病人，也期待着和同伴们共同迎来 ICU 病房关闭的那一天。

"90 后"党员 他们有"90 后"的独特个性

和张红阳一样，夏从容也感受过这种喜悦。"原先在病房外，看病房里一排过去所有的病人都是毫无生气地躺着，边上一堆机器，监控里传来的都是各种仪器的报警声，但是今天，我们有病人出院了！"3 月 19 日病人出院时，夏从容满是抑制不住的开心。

看着一个 50 岁的中年男人在里面蹦蹦跳跳收拾行李，这个 24 岁的小护士和同事开玩笑："感觉像自己儿子长大了，就有一种老母亲的感觉，看到自己照顾的孩子终于能健康地站起来了，太欣慰了。"

这样的玩笑让全病房都乐了。"90 后"们的"没心没肺"，在这时候却带来了积极乐观的力量。"我们领导也说，你们真的是在什么样的环境下都能自己给自己找点乐子。"夏从容大笑道。

他们觉得在防护服上写名字太无聊，"我们想要展现自己的个性！"防护服就变成了个人画展，比赛到现在还没结束，每个人会画上自己最喜欢的卡通画、卡通人物。会在用于管道支撑的手套上画上加油笑脸，还写上"最可爱病人奖"等等。"你想，万一那个病人一睁眼看到一个最可爱病人奖，不是会很高兴吗！"在病房里，像夏从容这样的"90后"就成了"气氛担当"，用乐观的笑容让吃苦也变得更好受，让病痛变得不那么沉重。

乐观、积极和个性，让这些"90后"在风雨尘土中也依然能展现出青春最蓬勃的力量。

内容来源：青年报·青春上海　文：刘晶晶

宁可缺席考博，
也不缺席抗疫

ECMO（体外膜肺氧合），被誉为危重症患者的"救命神器"。在火线上有这样一支 ECMO 医护团队，他们直面死亡，一次次从死神手下抢救生命。

新冠肺炎疫情发生以来，复旦大学附属华山医院组织了四批抗疫医护团队前往武汉，来自呼吸科的"90后"邹海很荣幸地成为了其中的一员，管理 ECMO 实施抢救。

救命远比考博重要

"我不能选择自私，考试可以再考，但患者生命只有一次。"邹海仍然记得选择从医的初心使命，收到华山医院呼吸科主任李圣青教授在科室微信群里发出的支援武汉信息后，虽然有过一丝纠结，但片刻后，他还是递交了请战书。

"我自愿加入援鄂医疗队！党和国家有需要，我理应冲锋在最前线；我 27 岁，还年轻，有体力有精力还能吃苦耐劳；我未婚，没有老人和孩子的牵挂，是最合适的人选……"

面对武汉疫情危险程度尚不明了、感染风险极高的情况，邹海并没有丝毫犹豫，只是纠结会错过复旦大学呼吸专业博士研究生的考试。从医以来，他始终没有放弃继续深造，充实自己为患者提供更精准有效的诊治，这是他的心愿。

来到同济医院光谷院区 ICU 病房，接收的全是新冠肺炎危重症病人。ICU 病房设有 30 张床位，全部住满，基本上所有的患者都是危重症型新冠肺炎。"最严重的时候，ICU 病房内两位医生值班，说这边的患者'不行了'，一位医生马上冲过去；但是，另一床的病人也不行了，又一名医生又飞快冲到那床去……有的患者前一秒还在吃包子，后一秒病情就突然急转直下，还没等我们反应过来，心电图就成直线了，确实让人感觉有些崩溃。"

为了使救治效果达到最优，邹海主动要求冲在了最前面——采集咽拭子标本、调试呼吸机、深静脉置管、管理 ECMO——这些工作内容常规操作起来就颇具难度，而如今身着密不透风的防护装备来进行，更是一种挑战，一个班次下来，全身被汗水浸透。

机器报警都会很紧张

ECMO 技术俗称"叶克膜""人工肺"，其原理是将体内的静脉血

引出体外，经过特殊材质人工心肺，旁路氧合后注入患者动脉或静脉系统，起到部分心肺替代作用。

然而，置管仅仅是第一步。ECMO从置管到拔管的这段时间，病人们必须由ECMO护理团队专班守护，每小时测定凝血时间、机器流量和观察转数，以及观察氧气瓶够不够。

"插管成功，并不意味着就能救活患者，ECMO的管理是个精细活儿，稍有不慎就不是救命而是致命。ECMO医护团队非常重要，只要机器一报警，大家都会很紧张。"邹海说，由于危重症患者治疗周期长，往往交班时都不能恢复正常，随时可能出现意外情况。因此ECMO的每位队员都会24小时绷紧神经，时刻保持警惕。这个"守"的过程很艰难，如果救不活，大家都会很受打击。

"上了ECMO，队员们都时刻牵挂着。即便回到酒店，也很难入睡，手机一刻不敢离手。每一位患者的病情变化都让人揪心。"几天前的一个晚上，从晚上8点开始，邹海的微信群"ECMO护心小组"的信息就没停过，之前状态一直稳定的病人出现了血小板进行性降低，初步判断可能出现了肝素诱导性血小板减少症。

"尽快输血浆，暂停肝素泵。""数字又显示缺钾了，尽快补钾。"……治疗建议一条接一条发到群里，参与队员几乎都在群里在线支招。一直到晚上十一点半左右，这位病人情况相对稳定了，微信群才开始静下来。

邹海说，这样危急的情况时有发生。有次半夜一点，某位病人心脏骤停，所有医生都在第一时间到齐了，包括不值班的。生命大于一切，没有人有怨言。

武汉前线老党员都争着进ICU病房

3月22日，邹海在武汉火线入党了，成为了一名光荣的预备党员。那一刻的激动，他说会一辈子铭记在心。

"对我影响最大的老党员，是我们的队长李圣青教授，也是我们临时党总支的书记，她曾经是一名军人，也总是以军人的标准在严格要求着我们。她最朴实的言语中却时刻透露出在国家有危险的时候，我们必须挺身而出。"

邹海说，在武汉前线，很多老党员都争着进 ICU 病房，进 ICU 就意味着被感染的几率更大。虽然一批又一批危重症患者出院了，但是 ICU 病房的工作从来没有轻松过。

"在这场战斗中，我真正感受到了党的号召影响力如此之大，我也想成为一名党员，和那些老党员一样，用我自己所学到的知识，回报我们的人民，正如党章上所写的——全心全意为人民服务。"邹海说，老党员们都在潜移默化中影响着他，在武汉一线的他也迅速成长了。为人民服务，绝不仅仅是念念口号而已，必须要落在实处。

内容来源：青年报·青春上海　文：顾金华

跪地救人的这位医生
在武汉的 55 天

他因一张跪地为患者诊疗的照片，收获无数网友的评论和点赞。都说"男儿膝下有黄金"，他这一"跪"整整 10 分钟，却让一位危重症患者从呼吸困难慢慢转向呼吸顺畅。他就是上海第三批支援湖北医疗队队员、上海交通大学医学院附属仁济医院重症医学科副主任医师余跃天。

一路"打怪"，每个人工作量几乎都翻番

1 月 28 日，由 148 人组成的第三批上海援鄂医疗队火速集结飞赴武汉，余跃天就是其中一人。队伍到达后的第二天，便进入武汉市第三医院工作。

"来之前其实充分做好了心理准备，这将是一场硬仗。但到了之后还是傻眼了，送来的患者数量多，并且其中大多是重症和危重症患者。"余跃天所在的仁济医院重症医学科，工作量原本就很大，但到

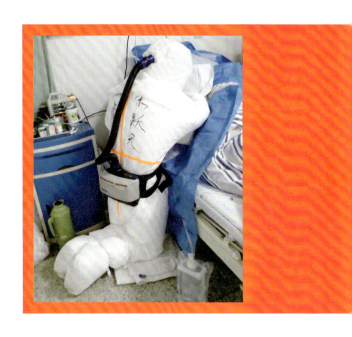

了武汉后却发现，这里的困难还是超出了他们的想象。

　　紧急培训、互相鼓励之后，队员们开始投入这场艰难的战斗。"武汉三院的ICU病房最初设定为25张床位，队员们进去后就没有过空床，哪张床空了，马上就有新病人收进来，基本都是危重症。"包括余跃天在内的12位援鄂医生及武汉三院10位医生，同时还有近80位护士，分早、中、夜三班救治这些患者，最长的夜班需要穿着防护服在ICU病房连续工作12小时。一旦进入病房工作，基本不喝水不吃东西，忙到彻底忘了时间。当大家脱下厚重的防护衣时，里面的衣服已经全部湿透。

　　最初ICU病房设在11楼，因为需要用呼吸机的病人实在太多，氧气供应跟不上，在改建了医院整体供氧系统后，将ICU病房搬到了1楼。调整后，医疗队的任务更重了。医院从原先设定的300张床位迅速增加到了600张，ICU病房从25张增加到35张床位。"但是医护人员的配置仍旧不变，这意味着每个人要承担的工作量几乎翻番。防护物资紧缺，不同医院的防护物资只能匀着用；穿着防护服进了ICU

工作，就不能出来，忙得没时间同时也怕防护物资不够。"余跃天说，那段日子说不苦，只是安慰家人的话。

医疗队一路"打怪"，不断攻坚克难。在治疗的过程中，他们对新冠肺炎这个疾病的认识，越来越加深；在队长及医疗组长带领下，治疗方案也由最开始的 1.0 版慢慢完善。截至他们离开武汉时，治疗方案已经修订到 4.0 版，这对新冠肺炎患者的救治工作将有极大帮助。

那一跪，只是选择最适合的方式救治患者

3 月 6 日，余跃天的那张照片温暖了很多人，也让很多人记住了他。"跪着为病人做胸腔引流术，是为了确保用水平位置管的方式，有利于患者安全和置管操作顺利。照片收获了很多点赞，但作为医生，我觉得自己没什么特别，每个医生都会选择最适合、最有效的方式救治患者。在这场没有硝烟的疫情防控攻坚战中，每一个生命，都值得尊重，都值得去拼搏！"余跃天说。

余跃天所在的团队救治过不少特殊病例，每一个病例都凝聚着团队的心血。有一位 85 岁高龄危重型新冠肺炎患者，合并高血压、冠心病及糖尿病等慢性病。按照以往经验，高龄合并有众多基础疾病的患者，往往起病急、进展快、治疗困难，死亡率高，是很大的挑战。

让大家印象深刻的是，当时是这位患者的儿子把她送来了医院。"住院前要签字，她儿子就问能不能把住院这个期间所有的字都签掉，我们就觉得很奇怪。后来她儿子解释说，回去后他就要被医学隔离观察两周，"所以把老妈交给你们了，相信你们，我对上海很信任"。余跃天说，这种发自肺腑的信任感，队员们都能感觉到。

经过多学科团队整整两周的抢救，这位患者终于转危为安，成功治愈出院。"出院当天，老人用颤颤巍巍的手，亲笔写下感谢信，这也是我们上海第三批医疗队重症病区的第一封感谢信。"

对"责任"两个字的领悟深刻

谈到这 55 天来的收获，他说，那就是对"责任"这两个字领悟得越来越深刻。

"作为医疗队员，就有一种责任，在你身上时刻体现出上海医护工作者的精神风貌。"余跃天说，刚到武汉时，并没有那么高的思想觉悟，觉得就是去帮人看病。但是到了武汉后却发现，他并不仅仅代表着自己，他的一言一行都代表着整个上海医疗队员的形象。

余跃天有两个儿子，大的 6 岁，小的才 3 岁。他的爱人是瑞金医院急诊科的一名医生，和他一样忙碌在抗疫战斗的一线。这段时间，两个孩子只能分开居住了，双方老人一人带一个。

回到上海后，余跃天第一时间和家人好好视频聊了会天。在视频中，孩子们告诉余跃天："有些想爸爸了，还在电视上看到了爸爸，觉得好光荣。"聊完天后，余跃天还不忘完成任务——把一份总结报告抓紧赶出来，这份报告将把他之前在武汉的救治经验记录下来，可以分享给更多的地方和更多的人。

晚上，余跃天在朋友圈发了一条信息："报平安，安全抵沪，过去的 55 天，能和这样优秀的团队、优秀的战友一起战斗，是我的光荣。感受到了善良、真诚，和无尽的情意。感恩相聚，让我们彼此都变得更好。惟愿岁月无恙，共享时光静好。"

内容来源：青年报·青春上海　文：顾金华

摄影：王瑞兰

出征双满月，"95 后"
无时无刻不被感动

"今天夜班，我需要护理 6 位病人，其中 2 位重症，4 位轻症……"3月 23 日，上海首批援鄂医疗队队员、上海中医药大学附属岳阳中西医结合医院 ICU 护士顾羚耀和队员们一起，出征武汉已整整两个月。"我在武汉读了四年大学，对这个城市有深厚的感情。"这位"95 后"的上海小伙 2014 年至 2018 在武汉科技大学护理系上学，毕业后进入了岳阳医院 ICU 工作。

"今天最高兴的事，和我同一天进病房的患者出院了；而振奋人心的事，则是我大学同一寝室被感染的同事痊愈了，再次投入了战斗。"这位"95 后"上海大男孩觉得，朋友圈到处都是樱花盛开的照片，武汉的春天已经来了，而这场战疫应该也接近尾声了！

不一样了　武汉的第一个夜班这辈子忘不了

再次踏入金银潭北三病区 ICU，顾羚耀已经不大记得这是他上的第几个班。随着支援"战友"的增加，病人数量的减少，他的上班时间已经由原先 8-12 小时，减少到了 6 到 8 小时左右，而现在一个班只需要 4 小时。

但是，1 月 26 日，抵达武汉后的第一个夜班，顾羚耀说"这辈子忘不了"。那天他吃完了中饭，没敢喝水，怕到时候 8 个小时憋不住要出来上厕所，当时的情况下节省一套防护服也是好的。下午 4 点，他从酒店出发去金银潭医院北三病房上班。上了层层隔离的电梯，穿上厚厚的隔离衣，套上防护服，带上各种防护用具，走进病房，进行床边交班。

第一次进病房，这位上海小伙傻了眼。"当时病区有 31 位患者，全是重症患者，绝大多数无法自理。我需要同时护理 8 位重症患者，由于是隔离病房，没有护工阿姨，除了繁重的治疗外，每两个小时一次测体温、翻身，以及全部的生活护理也都需要我们完成。病人们大多数需要无创呼吸机辅助治疗，大约每隔 10 分钟就需要护士帮助喝水。"

病房完全与外面封闭，护士们只能通过一个窗口接受药品与物资，通话也完全依靠对讲机，时刻准备呼吸机的使用，已经变成了每个人的任务。

武汉的夜晚格外冷，为了保持空气的流通，病房里的窗户基本全开着。顾羚耀说，即便他是男生都觉得冷，那些护士姐妹真心不容易。

"连续 10 多个小时没有喝水吃东西、没有上厕所，忙到彻底忘了时间。"那一晚，直到凌晨 3 点半，顾羚耀才和小伙伴们一起走出病房。脱下厚重的防护衣，摘下厚厚的面罩、眼罩、手套、鞋套……来到武汉，一切都变得不一样。见面打招呼的方法也不是招招手，而变成了互相喷洒消毒剂，这大概也是一道这辈子也难忘的风景线。

两个月了　和他同一天进病房的阿姨出院了

刚开始的那段日子，这位乐观开朗的上海男孩，却坦言心理压力很大。

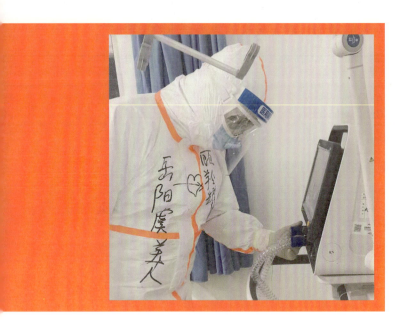

他在日记中曾经写道："按下门禁密码，走上安静的楼层，穿上厚重的防护服，打开一层又一层的隔离门，连呼吸都变的困难起来。推开最后一层隔离门，开始交班，今晚又是一个漫长的夜晚……"但是，一切都在往好的方向发展。"越来越多的战友来支援我们，物资却不再那么紧缺，这里的重症病人病情也在往好的方向发展。"

3月23日一早，顾羚耀就收到了一个好消息：和他同一天进病房的一位患者，终于要出院了。

"和我同一天进病房，所以印象特别深刻。被救护车送来的那一天，这位50多岁的阿姨处于昏迷状态，送进病房后立即上了无创呼吸机，一直到凌晨三点多，病情才相对稳定下来。"一个多星期后，阿姨才慢慢清醒过来。"阿姨离开时，一直在说谢谢。她一直和我们一起战斗了快两个月，为她高兴，也有些不舍。"

支援武汉，顾羚耀觉得这是一份责任。他在武汉读了四年大学，对这个城市有着特殊的感情。"和我的大学同学一起并肩作战，保卫这座城市，我义不容辞！"

想女友了　爱情的魔力让他们勇敢前行

　　爱情，总带有一种神奇的力量，在这场战疫中，让你我勇敢坚强地一起前行。

　　离开上海武汉快两个月了，同行的潘老师问顾羚耀：在武汉想不想家？率真的小伙子不假思索地就说"想女友了"。听到这个回答，大家都乐了。

　　驰援武汉前，顾羚耀没敢告诉女友，就偷偷地报了名。直到除夕夜出征的那一天，他才忐忑地发了条短信给女友。飞机落地的那一刹那，听着东航机组广播里播着："待疫情结束后，我们接你们回家！"打开手机看到女友发来的"注意安全，我等你回来"，瞬间所有的担忧都烟消云散。后来，女友也如愿作为市内援助公卫中心的队员奔赴前线。

　　"世上最贵的床是病床，世上最好的药是健康，活着不是为了生病，而是为了生命。"这是顾羚耀写在日记中的一段话，一场疫情，让这位"95后"的小伙子多了很多感慨。

　　　　　　　　　　内容来源：青年报·青春上海　文：顾金华

在武汉突然"错位"的人生

驰援武汉的近两个月时间，谢亚莉觉得过得有点不真实：准备过年让双方父母见面聊婚事的，怎么就一声不吭去了武汉支援一线？不爱说话的自己，竟主动去陪病人聊天？带足了晕车药、安眠药，却基本没用上？在"真是没想到啊"的突然"错位"的人生里，一位"90 后"党员的自觉担当、忘我冲锋，就被完整地勾勒了出来。

没想到沉默寡言的父亲如此深情

"90 后"姑娘谢亚莉是上海市第六人民医院的呼吸内科护士，作为第三批上海援鄂医疗队的成员，1 月 28 日前往武汉市第三医院。被不少上海市民关注，则是因为她和她父亲的"两地书"。

在谢亚莉援鄂之后，六院工会联系上她的家人，问"有没有什么需要帮助的"，她的父母和妹妹才知道她去了武汉。她父亲就给医院手写了一封信，"回来后请给几天假期，让女儿亲手给爸妈端一杯热

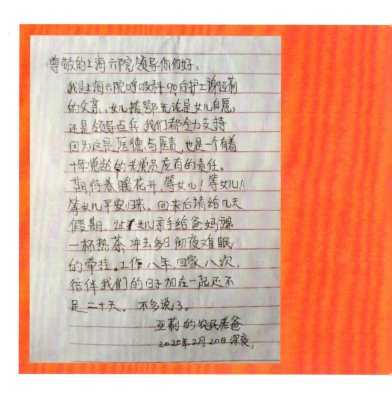

茶，冲去多日彻夜难眠的牵挂"，而她则回复"我一定平安归来，等我，等我！"

最平凡莫过人间烟火，老父来信却让谢亚莉在武汉感慨万千。"因为我很独立，出发的时候，根本没有跟家里讲。加上我爸平时跟我话少到几乎没有，所以这封信让我真的非常意外。"

父亲来信让她意外，也让她在事后有了点对家人的愧疚："我和男朋友打算今年结婚的，双方父母还没见过，原本定了大年初三让他们来上海见个面，酒店、餐厅都订好了，但24日报名、28日出征，我把会面取消了，酒店餐厅也都退掉了，也没告诉他们实情，只说怕到时候疫情导致交通不便。"

没想到病人能认出防护服下我的眼睛

谢亚莉是在武汉疫情最严重的初期阶段去的，在武汉市第三医院支援ICU，担任了重症病房的护士。重症病房都是比较严重的病人，很少能有交流的，但谢亚莉却碰上了一位。"我真没想到，我爸话少，能给我写那样的信，也没想到我自己话也少，还能天天主动跑去跟那位阿姨聊天，去安抚她。"她说。

她说的这位六七十岁的阿姨，一开始颇为"难缠"。老太太原来病得很重，一直在抢救室，后来经过治疗稍微有缓解，就转到了她所在的病房，但老太太坚持转去普通病房。

为了证明自己可以去普通病房，阿姨拿掉氧气面罩，指给谢亚莉看，"你看我都不喘了"。谢亚莉怎么安抚都没用，第二天早班的时候，她看到包括科室主任、主治医生等专家们来查房，她赶紧再让权威证明"你还不能转病房"，才终于让阿姨消停。

"其实她的心情我都能理解，病人很怕，觉得只有通过去普通病房，才能证明自己真的逃过一劫了，虽然主任们也告诉她还得再观察，但她真的变得有点消极了。"看在眼里，谢亚莉每天上班一有时间，就主动过来陪她聊天——让她惊奇的是，平时话不多的自己，不知怎的，就跟这位阿姨聊了那么多的家常。"我还给她满科室地找苹果，因为她说昨天发的苹果好吃，特别想吃。"

让谢亚莉哭笑不得的是，这位阿姨认定了自己。"重症病人不能下床，大小便都是通过尿不湿，她就像个小孩子一样，每次要大小便都要跟我说一下，大概是不太好意思。"有一次，这个阿姨大便之后她正好在忙别的病人，另一个护士经过想帮她换，她却坚持"再等等"，一直等到谢亚莉忙完别人来给她换。

"我问她为什么不及时换掉，非要等我，她说'我就喜欢你'。"谢亚莉觉得不可思议，ICU一天有6个班次的护士，每个班上海8人武汉4人，一共七十多个护士，而且每个班都是上其中的4个小时，不停轮换，更何况还穿着严严实实的防护服，她怎么就能认出自己？

阿姨说："我看眼睛的。你跟我聊天，我看到你眼睛，你不说话我也能认出你——眼神可以看出来一个人的，我能看出来你特别善良。"

没想到安眠药根本没派上用场

驰援武汉前，听取先遣队员的建议，谢亚莉也往自己的箱子里塞了一些纸尿裤，怕没法上厕所，但带得最多的，是晕车药和安眠药、眼罩、耳塞，"我是个坐什么交通工具都能晕车的人，飞机、地铁、大巴统统都晕"。

结果，到武汉后，她又意外了。医疗队入住的酒店，虽然离医院不太远，只有一两公里，但也需要坐接驳大巴过去。疫情高峰期时，每天接驳班车就跟运载战士一样，一批一批送到战场，谢亚莉根本"没精力"晕车，一上车就想着接下来的防护措施、病人情况，还没想明白就到了医院，赶紧冲进去准备。

事实上，过去的近60天，她几乎一直在研究怎么更高效、更人性化地照顾这些感染的病人。"就像抽血和打针，因为我们在ICU里面都戴了三层手套，平时摸动脉静脉的感觉都不准了，我就一直在琢磨怎样才能扎准——病人们已经很可怜了，我想让他们尽量少受罪。"

心无旁骛，让她"自己也没想到，准备的晕车药都没用上"，一

直到回上海的飞机降落的时候，她才真正放松了下来，觉得是离开战场了，也正是这时候，她才想起来自己应该是晕车一族，"象征性地"晕了一下，"嗯，降落时稍微感觉到了点儿不舒服"。

和晕车药一样没派上用场的，还有安眠药。工作强度大加上不停倒班，以及长时间在防护服里的辛苦，让谢亚莉每次回到酒店都能"倒头就睡"，"吃饱了，睡眠质量还特别好"。

前线的工作，让她冷落了男友，"也不知道今年疫情发展如何，婚还结不结得成了"。但经历了苦难，她还是那个坚强又不失乐观的"90后"姑娘，"我们这一组的护士，有1974年有1980年的，都没结婚，相比下来，我还年轻！"然后她忍不住笑，笑声灿烂，似乎从未经历过那些难熬的日夜，似乎生活就本该如此轻松，不慌不忙。

内容来源：青年报·青春上海　文：陈宏

留下三个 0 和一个 100%

4 月 9 日下午，武汉雷神山医院最后一个普通病区 C2 病区正式关舱，这也意味着，负责该病区的上海市第六人民医院支援湖北医疗队（以下简称"六院医疗队"）已顺利完成使命。

直至关舱，这个病区实现了患者"零死亡"，出院患者"零复阳"，医务人员"零感染"，患者回访调查显示，C2 病区医护人员获得的满意度达 100%。

"我们交上了一份满意的答卷。"撤离前夕，上海六院医疗队领队范小红如是说，对驰援武汉的每个医护人员而言，"这是人生一段难忘的经历"。

4 月 10 日，六院医疗队乘坐飞机返回上海。自 1 月 23 日首位"逆行者"驰援武汉，上海陆续派出 9 批、11 支医疗队、1649 名医护人员出征，随着六院医疗队的凯旋，上海援鄂医护全部回归。

"心情真的不一样，非常喜悦。"4 月 9 日上午 10 点，六院医疗队护士徐庆宝送走了 C2 病区最后一名出院病人。

C2 病区的第一个病人是他接收的，如今最后一个病人又是他送出。

回想当初，他来武汉的时候是瞒着家人的。接到援鄂任务后，他最先递交了请战书。原本，他 3 月份要和未婚妻拍婚纱照，5 月份举办婚礼。一切都因疫情延后了。

"等回去隔离出来，想赶快和未婚妻结婚。"这个 1991 年出生的青年，是医疗队不多的男护士，此时已很想念家人，迫不及待想和未婚妻"扯证"，"婚礼的话，可能还要再等一等"。

六院医疗队有 51 名医护人员，2 月 19 日出征，在雷神山医院奋战50 多个日夜，累计收治新冠肺炎患者 116 名，其中重症 28 名、危重症19 名，治愈出院 107 人。

2 月 19 日抵达那天，大巴车从机场去往酒店。"武汉生病了。"范小红在大巴上感慨，到现在她还记得当时的那股心酸。武汉大街小巷看不到一辆车，路上没有人影，整个世界仿佛按了"静音"。

这些天来，每天往返医院和酒店的路上，一遍遍地看，她发觉窗外一点点"热闹"起来，有了车水马龙的迹象。之前从酒店到医院车程 30 分钟左右，现在偶尔堵车，医疗队搭乘的公交得开 40 分钟。

雷神山医院的景象正好反过来。刚来时，各地医疗队纷纷进驻，患者一批批收治进来，医院还有建筑工人、管理人员、公安民警、志愿者、物业等等各类人员，浩浩荡荡的，一派忙碌景象。范小红说，大家的

忙碌只为同一个目标，而现在，这个目标就快实现——雷神山医院变得很"冷清"了，绝大部分病人已治愈出院，医疗队也陆续撤离。

"这是一座特殊的医院，马上要完成它的历史使命了。"范小红说。

4月8日，当零点的钟声敲响时，陈小华听到楼下的鞭炮声，走到窗边，烟花窜上夜空，在黑夜中炸开，他的心中生出一种久违的喜悦。

"武汉的疫情控制住了。"陈小华说，回望50多天的艰苦鏖战，武汉经历生死考验，许多事仍历历在目。他是 C2 病区的科室主任。除了诊治，她还肩负科室医疗质量管理之责，至今他连续作战，没有休息一天。

他和其他医疗队员要了解每个患者的病情，逐一制定治疗方案。有合并糖尿病的患者，要动态监测其血糖；有肾病患者，便要检测指标，定期透析治疗。

医疗队之间的合作也很关键。陈小华介绍，六院 51 名医疗队员，一开始派出 12 名队员参与雷神山 ICU 病区的救治，剩下的 39 名队员和上海市第五人民医院医疗队混编，负责 C2 病区，彼此协作。4月5日五院医疗队撤离，整个 C2 病区完全交给了六院，这个病区还接收了其他病区转移过来的许多病人，日常诊治继续开展。

护理工作无微不至。50多岁的张阿姨患有脑血栓，肢体活动不灵活，说话也不清晰，还插着尿管。有天晚上，徐庆宝给张阿姨喂晚饭，一小碗稀饭加两个菜，喂了一个半小时。患者吃饭要拿开面罩，一拿开，血氧饱和度数值就往下掉，所以吃一口饭，要戴一会儿面罩。徐庆宝始终有耐心，坚持喂完了饭。

这个细心的青年还意外看到，老人手机上有大量未接来电，询问她，才知道她已不知如何解锁。徐庆宝试着去打开手机，"滑动的密码和我的一样简单，就是一个'L'，一次就试中了"。

电话回拨过去，找到了张阿姨失联的家人。徐庆宝帮他们开视频通话，没说几句，手机两头的人都哭了，徐庆宝自己也哭，眼泪打湿了面罩。如今，这位张阿姨也已经康复出院。

种种医患故事数不胜数，离开武汉前，病人越来越少，范小红却紧张起来。她说，最近几天，每天凌晨三四点醒来，睡不好。为什么？"越到最后时刻，越不能掉以轻心，要站好最后一班岗，脑子不停地在想事情。"

4月7日一天，C2病区14名病人治愈出院，是最后一大波出院患者。这些病人从诊疗、核酸检测到安排出院，范小红都参与其中。

直到最后一天，陈小华也照旧前往病房。该病区剩下5名病人，此前从其他病区转过来，大都合并有基础疾病，几次核酸检测都是阳性。他们被转入雷神山医院最后一个ICU病房，由中南医院医护团队接管。

陈小华说，只要还有病人没出院，治疗就要继续，患者的每一分钟，医生都要负责任。离开前，他给其中一位患者申请了"恢复期血浆"，把患者情况对后续治疗团队作了说明。

4月9日下午2点，消杀后的C2病区被贴上封条。当日下午雷神山医院为最后一批外省市医疗队举行撤离仪式，范小红上台发言，她表示，C2病区的关闭，标志六院医疗队圆满完成医疗救治工作，即将返沪，他们将在解除隔离后在上海投入新的工作。

"在这场灾难面前，武汉人民的坚毅、乐观，以及建筑工人、维修队、保洁、志愿者等各类人员的大爱与付出，因为你们，医疗队才可以无后顾之忧。谢谢你们。"范小红说。

内容来源：澎湃新闻　文：李佳蔚

发现上海"一号病人"的医生是他！

1月15日，当新冠病毒疫情还没有扩散的时候，同仁医院呼吸内科的于亦鸣在发热门诊敏锐地捕捉到了几丝隐约的线索，火眼金睛地发现了上海的"一号病人"。

看似偶然的一次发现，满含着做了13年呼吸科医生的于亦鸣一份份积累。"我们不仅是看病，也是在看病人。"于亦鸣说，他平时看病喜欢察言观色：观察病人、思考疾病。

在上海，正是一个个像于亦鸣这样负责的医生在发热门诊做好"守门人"，使得新冠肺炎病人第一时间得以发现，尽早治疗，尽可能阻挡了上海新冠病毒扩散。

几丝隐约的线索让他警觉

"那天坐诊发热门诊是一个偶然。"进入流感季后，作为呼吸科医生的于亦鸣被派来支援发热门诊。1月15日17点，于亦鸣坐诊发热

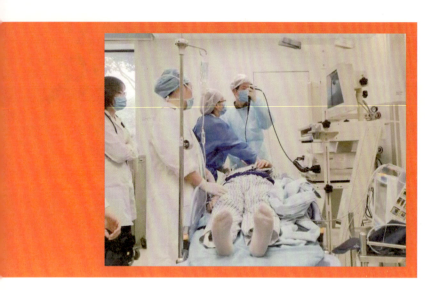

门诊。"正值流感季，病人比较多，晚饭后发烧病人络绎不绝，一直忙个不停。"

"一号病人"出现在晚上十点多。"这位老太太在家人的陪同下走进发热门诊的时候让我印象很深刻。"于亦鸣说，老太太精神不太好，有感冒咳嗽的症状。"我当时问了老太太一句是从哪里来的？我发现老太太有丝丝紧张，说是武汉来的。"

和"一号病人"面对面的时间不长，几丝隐约的线索突然出现在了于亦鸣的脑海中："来自武汉""连续多日发热咳嗽""精神萎靡"，于亦鸣突然警觉起来。"作为呼吸科医生，我也一直在关注新冠病毒，但是那时候还没有扩散开来。当这位老太太说自己武汉来时，因为职业敏感性，我的脑海里突然就想到了新冠肺炎这个疾病。"

于亦鸣追问这位阿姨，是否去过华南海鲜市场。得到否定回答后，于亦鸣还是不放心，立刻给武汉阿姨安排了胸片检查。

晚上 22：30 左右，影像学表现进一步印证了于医生的猜想，患者的两侧肺部呈现多发渗出病灶，这是"非典型肺炎"的"典型"征象。于亦鸣一边安慰这位病人，告诉她没有多大问题，只是需要留在医院

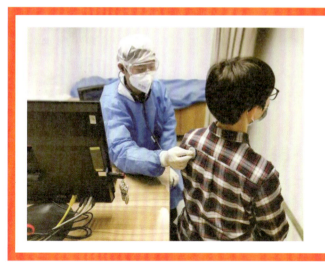

观察一下，一边马上向总值班和医务科报告。经过 5 天时间，1 月 20
日晚，国家卫生健康委确认上海市首例输入性新型冠状病毒感染的肺
炎确诊病例。

得知确诊信息第一反应：幸亏没有漏诊

当确诊这是个新冠肺炎病人消息传来的时候，于亦鸣已经居家观
察了五天。于亦鸣说当时的第一反应是，"幸好没有漏诊，没有给大
家造成更大的危害"。

为了做好防护，在发现疑似病人以后立即就居家观察了。于亦鸣
坦言，整个过程中已经做好防护，但是依然会有点担忧，担心会传给
同事、传给家人，"儿子已经送到山东外婆家，我太太也是医生很理
解我"。于亦鸣就自动成为了上海首批居家观察的人，一个人一个房间，
餐具分开一套。

14 天过去了，于亦鸣解除了警报。于亦鸣说，这个病人真的只是
一个偶然，凭着呼吸科医生的职业本能有一种感觉，"我看病一直喜
欢多问问、多想想。每个病人我都会习惯性地观察一下的表情样子、

言行举止，甚至是陪同他看病的人"。

不过这段时间，于亦鸣也思考了很多："做医生，埋头读书不如抬头看人。我更加知道了，问诊重要性，需要对每个病人认真负责，不漏过一点蛛丝马迹。"

居家观察后，他又报名驰援武汉后备梯队

居家观察后，于亦鸣回到同仁医院上班，第一时间志愿报名加入驰援武汉的后备梯队，他说"国有难，召必应，战必胜"。在疫情全面爆发后，呼吸内科更是成了医院最忙碌的科室之一，本来冬季就是呼吸疾病高发的时节，又要对发热门诊进行支援，参与疑似病例的会诊筛查，于医生和他的同事们白天、黑夜连轴转。

"80后"的于亦鸣医生身上不仅有上海男人典型的温文尔雅、体贴善良、守规矩懂道理，也有拼劲和韧劲……

同仁医院呼吸科的同事们说，病人和家属都喜欢和于亦鸣交流，其他医生遇到难缠的病人，于医生出马一定能搞定。

于亦鸣是医院呼吸科里的唯一的男医生，他总在别人需要的时候挺身而出。十余年的临床一线工作，让于医生对于呼吸内科常见的胸腔闭式引流、支气管镜检查等操作驾轻就熟。

女医生们遇到穿刺困难，都会习惯性地找"小于哥"帮忙。很多恶性肿瘤或结核性胸膜炎患者，常常需要反复抽胸水，只要经于亦鸣治疗过，就一定从此认准了他，他若是正好休息，人家就非得等到他来才肯做。"我是男人，我不干谁干！"他还承包了呼吸内科所有男病人的导尿操作。

内容来源：新闻晨报　文：陈里予

决不放过蛛丝马迹的城市"隐形侠"

流调青年，是谁？这是一群城市"隐形侠"，是防疫界的"侦探"，是传染病防控"守坝人"。他们分布在市、区两级疾控中心。

他们做什么？针对上海2500多位疑似新冠肺炎病人进行流行病学调查，在海量信息中抽丝剥茧，排查可能感染的蛛丝马迹和传播方式，发现疫情发生的特征，为政府决策提供重要依据。

其中，上海市疾病预防控制中心的新冠疫情防控现场调查处置青年突击队成员是专办"疑难杂症"的流调青年。

他们有着初心和情怀：为人类的健康服务。

突击队长：郑雅旭——除了应急流调，还要思考如何防控

上海市疾控中心1号楼最高处的"+1"层，是新冠肺炎现场工作组的临时办公室。紧凑的桌椅，桌上放着念慈庵、火腿肠，泡面纸箱搁在办公室一角，凑近一瞅，空了。

郑雅旭办公桌背后的橱柜间隙中，卡着躺椅、靠垫，如果忙到没空去市疾控中心对面的三湘大厦休息，她就会拉出躺椅，枕着靠垫，眯 20 分钟，继续奋战。

郑雅旭是市疾控中心传染病防治所党支部书记，也是疫情防控现场调查处置青年突击队队长。她和 20 多位同事从 1 月中旬忙碌至今，24 小时应急值班，流行病学调查是他们工作的一部分。

传染病防控就像筑坝，坝筑得及时、坚固，才能减轻下游医疗救治的压力，而预防疾病传播和流行最高效的办法之一，就是流行病学调查。

她说，流调的主要内容包括病例基本信息、发病诊疗和报告情况、相关活动情况、可疑暴露史情况、实验室检测情况等。

郑雅旭始终记得刚进大学时，一位老教授所言："预防医学是不被公众所关注的，但你们今后的工作，是为整个人群的健康服务。"这句话深深刻进了郑雅旭的心里，这是份责任，也是工作的意义所在。

制表高手：宫霄欢——时间、地点、住哪，都含在表格中

宫霄欢是市疾控中心团委委员、中心传染病防治所急性传染病防治科主管医师。1 月 16 日他们接到长宁区疾控中心的电话，对方说，

从武汉来沪的陈阿姨因发热、乏力、咳嗽等症状，在家人的陪同下在同仁医院发热门诊就诊，高度疑似新冠肺炎。

一个多小时调查，穿着防护服的宫霄欢也闷出了一身汗。抽丝剥茧、层层递进，终于搞清陈阿姨从发病前14天至发病后就诊入院期间的活动情况。宫霄欢手上拿着的统计表，是调查的"利器"。

她说，统计表是提前设计好的，发病前14天，每天根据日期排列上午、中午、下午分别去了哪里，当天晚上住哪里，午饭、晚饭在哪里吃，乘坐什么交通工具。针对一个病例，基本有两三张统计表。

也是从那天起，宫霄欢进入了夜以继日的战斗状态。这名"85后"上一次回家还是2月13日，家里有她不到2岁的宝贝儿子。没法顾小家，因为宫霄欢需要为城市的安宁、市民的健康工作。"这是我们的职责，希望疫情能够及时防控住，疫情来袭时，你我荣辱与共。"

提问达人：肖文佳——从他人角度考虑，出其不意问出细节

上海目前（3月4日）确诊病例数为339例，经肖文佳之手的流调报告就有近100份。眼中布满血丝的肖文佳，也好几天没回家了。

上海"一号病人"调查肖文佳参加了。搭档宫霄欢直言："佳子

的提问有一手。"让人回忆 14 天前做了什么，是一件有难度的事。刚询问上海"一号病人"时，她想了半天回答："我也没去什么特别的地方，就在家做家务，陪陪孩子。"

"那你有没有去小区周围？或是去跳过广场舞？"肖文佳出其不意地问出了这一问题，对方才点头补充："对，有和其他人一起跳过广场舞。"

细致，设身处地从他人的角度考虑问题，是开展流行病学调查不可缺少的一环。肖文佳说，可能对方每天都在做这些事，对她来说就是生活的样子，而线索往往就藏匿其中，"所以一般我们会多为对方考虑，可能会做什么事，再提供一些细节，帮助他们回忆"。

神笔侦探：毛盛华——纸张、白板都是他记录可疑点的阵地

在开展流行病学调查、对密切接触者进行排查并开展追踪管理时，毛盛华除了仔细询问外，还喜欢写，写下确诊患者的行动轨迹，写下大量筛查后的可疑点，再根据逻辑关系一个个排除。有纸张写纸张上，有白板就写白板上。

这名"85 后"从复旦大学公共卫生学院毕业后，就进入了市疾控中心，是传染病防治所的业务骨干。

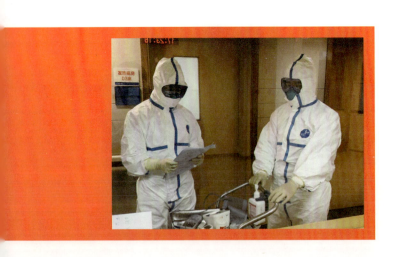

自 1 月 16 日上海发现"一号病人"后，他们正式进入流调模式，这一天起，毛盛华便没有在家睡过觉。他是密切接触者管理组组长，要去所有需要他去的地方。

2 月初的一天深夜，毛盛华跟着市疾控中心新冠肺炎现场工作组副组长潘浩来到某区疾控中心，现场探讨一件比较复杂的案例，对方没有任何疫区旅行和接触史。

白板成为了毛盛华记录的阵地。"11—14 日，无外出"，"15 日，家→南站→金山→南站"，白板上分日期写下确诊患者的行程，确诊之前的 14 天，每天上午、下午的行动轨迹都要排查。"20 日，Z 开头的火车路过武昌，老先生要坐车，交集可能在过道里。"

"您是走地道的，还是走外面的通道？"毛盛华又给对方打了电话询问。他说，有时候问了一连串问题，对方根本想不起来，这时候，需要"侦探"来判断方向，"有些想不起来并不是关键点，我会根据对方想清楚的方向寻找可疑点"。

凌晨 0：30，他又回到了单位，在食堂吃了碗馄饨，继续打开了电脑。

而这，是他六周来的常态。在毛盛华看来，他们其实是一群城市的"隐形侠"，"藏在人后默默工作，不为人所熟知才说明工作到位了"。他也相信，能坚持做这份工作的人都有一份初心和情怀，就如当年进校时校歌所唱："为人群的健康服务。"

内容来源：青年报·青春上海　文：周胜洁　图：施培琦

第一位走进市公卫中心
隔离病房的医生

　　这场疫情来势汹汹，让人有些措手不及！作为上海新型冠状病毒肺炎患者的定点收治医院，复旦大学附属上海市公共卫生临床中心（下简称"市公卫中心"）第一时间紧急启动应急保障。

　　上海市公共卫生中心呼吸科副主任医师王梅，成为了新型冠状病毒感染的肺炎疫情爆发后，第一位进入市公卫中心 A3 大楼隔离病房的医生。

她成为第一位走进市公卫中心的医生

　　1 月 20 日下午四点半左右，王梅当天工作接近尾声时，突然接到了来自医院的紧急电话。"第一批新型冠状病毒感染的肺炎确诊患者将收治到我们医院，马上就要进入隔离病房工作。"王梅没来得及多想，简单地收拾了下，便随即前往隔离病房。

　　隔离病房，专为确诊新型冠状病毒感染的肺炎患者治疗的病房。

在接到电话前，王梅早已做好了心理准备。之前，在医院发出前往隔离病房工作的集结号时，她第一时间就报名了。"没想太多，觉得这是一种责任。"

从当天下午开始，王梅穿上了厚厚的防护服，正式进入 A3 大楼的隔离病房工作。从那一刻开始，吃住全部在应急病房大楼内。

作为第一位走进市公卫中心的医生，王梅坦言，这是一件需要勇气的事情，毕竟第一次面对一种陌生的疾病，说完全不害怕，那是假的。"不过我抗压性挺强，相信自己能够更快适应这种封闭式的环境。医院给我们提供了很好的保障，我有信心去抗击这场疫情。"

每一位患者都有一份个性化治疗方案

进出隔离病房，需要穿脱防护服。由于防护服为一体式，穿、脱极不方便。如果出来喝水一次，就要脱掉防护服，再次进入需换上新的防护服，一套穿脱防护服以及消毒的流程走下来，起码要 20 分钟以上。所以，每次进入隔离病房后，王梅基本上就不会喝水。

主战场在隔离病房。在这里，王梅需要对确诊患者进行病情观察，和患者谈话、安抚他们的情绪；每天和专家组一起对这些患者情况进行讨论，为每位患者制定详细的个性化治疗方案。此外，对于新接收

的患者，要给他们进行检查、病情判断等。"不敢有一点马虎，要保护好自己，更要保护好患者，希望他们都能健健康康走出这里。"

王梅觉得，和自己相比，更辛苦的是护士们，她们需要更长时间待在隔离病房里，给患者抽血化验、挂盐水，很多护士脸上压痕明显，甚至出现了红疹和破皮："不过，大家都很乐观，很有信心，不断有新的医生护士加入我们队伍中，我们不是独自在战斗！"

强大的支持让我们一定能打赢这场仗

在隔离病房，让王梅最开心的是，看到病人肺部渗出部分被慢慢吸收了，病情没有往前进展，白细胞、炎症指标趋于正常了，最关键的是病毒检测阴性了——这些都是新型冠状病毒感染的肺炎患者被治愈的标准；如果两次核酸检测均为阴性，就意味着基本解除隔离、痊愈出院。

虽然看不清他们的脸，但是很多患者还是会对王梅他们说声"谢谢"；有患者还会说："请你们一定要保护好自己……"王梅说，因为这种疾病的特殊性，患者出院时他们不能亲自去送，但是有的患者离开隔离病房后，会要求转达谢意。这声"感谢"，让所有的医护人员觉得，再辛苦也值了。

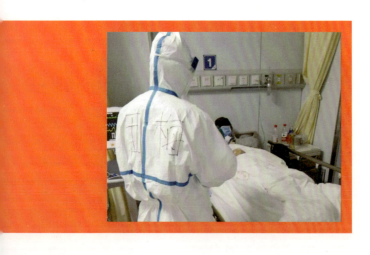

　　自王梅进入隔离病房工作后，市公卫中心陆续又有不少医生和护士来到了这里。他们吃住全在里面，1－2周后出来再进行隔离观察，两周后轮换。大家都很有觉悟，根本不需要动员，随时待命。

　　王梅的两个女儿分别为9岁和6岁，虽然这个春节她没能陪伴孩子，但是家里人会在电话里告诉她，孩子们都很好，要她保护好自己。

　　而在医院，为了尽量减少一线医护人员的感染风险，市公卫中心专门派医院感染控制科专家作为监督员进入病房，全面督查医生和护士的操作细节、管控风险。"在我们的吃住方面，更是给了最好的保障，比方说变着花样给我们准备一日三餐，光每天提供给我们的汤品种都会不一样。"

　　王梅觉得，无论是医院或是家人的支持，又或是来自患者的感谢，这些都时刻温暖着他们，激励着他们。她相信，在这么多强大的支持下，他们一定能打赢这场战！

　　这个世界，总有一些坚守感动着我们，总有一些善良温暖着我们。像王梅这样的一群无惧无畏的白衣天使们严阵以待，日夜守护着这座城市的健康和安宁。

内容来源：青年报·青春上海　文：顾金华

我要守护的是人心

　　"陈医生，我昨天晚上睡得很好，我是不是马上可以出院了？"当陈俊再次走进隔离病房时，新型冠状病毒感染的肺炎患者张女士（化名）对她做出了一个胜利的手势。在第一次新型冠状病毒核酸检测中，张女士的检测结果为阴性；如果下一次检测仍为阴性，即意味着她将可以解除隔离、痊愈出院。这让陈俊的心情也跟着好了起来。

　　陈俊是上海市精神卫生中心临床研究中心办公室主任，大年初一下午，上海市卫健委传来了要在传染病诊疗机构提供心理援助的信息，陈俊和多名同事在第一时间报了名。"当时没多想，觉得这是医生的责任。"很快，陈俊接到了通知：大年初二一早出发，进入公卫中心的 A3 大楼工作。

给患者带去"心理安慰"

　　陈俊坦言称，入驻公卫中心后，身上的责任并不轻松。

考虑到隔离病房的环境和新型冠状病毒感染的肺炎患者的身体状况，精神检查过程压缩至约 15 分钟。这段时间里，精神科医生与患者近距离接触。

"在隔离病房，不少患者出现了焦虑、害怕的情绪，但是有明显精神症状的患者只是少数。"陈俊说，有的患者担心"这个病治不好"，还有的患者担心"怕睡着后就醒不过来了"；极少数患者会出现抑郁，觉得是自己把病传染给了家人，和家人打电话时忍不住哭泣。"在这个特殊时刻应激状态下，出现情绪紧张和焦虑都是正常反应，经过对症的药物治疗和心理疏导，改善效果普遍良好。"

30 岁出头的张女士就是一名新型冠状病毒感染的肺炎患者。陈俊第一次接触张女士的时候，张女士告诉他，常常感觉到手麻脚麻，还睡不着觉。

"我就问她在担心什么，她告诉我担心家人，也担心睡下去后就再也醒不过来。"陈俊耐心地告诉张女士，已有研究表明，新型冠状病毒传染性不低于 SARS，致病性重症和死亡明显低于 SARS！陈俊还告诉张女士，不少患者已经痊愈出院了。怕张女士睡不着，陈俊还给她配了安眠药。

经过心理疏导，第二天，当陈俊再次见到张女士的时候，张女士很高兴地告诉他，前一晚并没有吃药，并且手脚也不麻了，心理上也不再那么害怕。第三天，张女士更是带来了好消息，在接受第一次新型冠状病毒核酸检测中，她的检测结果为阴性，这意味着距离成功越来越近。

守护忙碌于一线的医护人员

除了给患者们带去"心理安慰"，陈俊此次来到公卫中心，还有一个重要任务，就是守护这群忙碌于一线的医护人员。

"对于这个陌生的新型冠状病毒，大家都有着自己的恐惧，而连续多天的一线工作，也让一些医护人员身心疲惫"，陈俊说，一线医护人员可能出现这些心理问题，比方说"面对大量患者感到压力、紧张和害怕""对家人的愧疚"等。

在得到允许后，陈俊在公卫中心专门辟出了一间茶室，作为医护职工的"心灵减压室"，并把个人微信二维码附在宣传海报上，供有需要的医护职工和自己单独联系。

陈俊说，隔离病房环境特殊，长时间待在里面的患者和医护人员都可能出现心理问题，有专门人员在，对他们是一种保障。"不少医护人员会来找我聊天，我就用谈心的方式，对他们进行疏导。"

陈俊一直觉得，医护人员更加让人感动。"面对的是看不见的病毒，工作风险高、强度大，他们偶尔在休息时会宣泄一下，但整体心态还是积极向上的。如果患者出现状况，他们都会立即冲上去，不少人主动提出要进隔离病房替下疲惫的同事，这些都令我感动。"陈俊说。

"我很明确，我要守护的是人心"

在此次新型冠状病毒感染的肺炎疫情防控中，上海是全国最早向隔离病房派驻精神科医生的城市。作为"先锋"，陈俊将在公卫中心工作两周，之后由其同事接替。1月30日晚上，陈俊通过视频和家人

聊了几分钟。"因为要待上一个月，两个儿子都交给家里的老人了，有点内疚，所以每天希望给他们报个平安，告诉他们我很好。"

一天的工作结束后，陈俊在笔记本上记下了这段话：

"现在是深夜，我写下了这些文字。我不是想标榜自己，只是希望记录一些心得和体会。听说病房里来了精神科医生，很多患者都主动要求聊聊天。我觉得这非常棒，这是社会文明进步的展现，人们除了关注自己的身体健康，也越来越关注自己的心理健康。我们总是在守护一些东西，但有时连自己都不知道具体是什么。但现在，我非常明确，那就是人心。"

内容来源：青年报·青春上海　文：顾金华

沪上"90后""男丁格尔"：
我来守护上海

大年三十那天，普陀区中心医院急诊科男护士张哲玮在医院当班，同事王冬麟和刘金金作为上海首批援鄂医疗队成员，当晚出发驰援武汉。张哲玮在王冬麟的朋友圈写下留言："加油！等你们回来！"

整个春节，这名"90后"护士一直坚守岗位，为发热的病人治疗，也接诊过高度疑似最终排除的病例，"如果医院里出现了确诊病例，那我就是第一个顶上的"。

接诊疑似病例，他第一个顶上

"患者80多岁，120急救车送来时已是昏迷状态，腋下温度38.7℃，移动式胸片机拍出片子发现，肺部严重感染。各种症状都显示是个'新冠'高度疑似患者。"

1月27日晚饭后，120救护车呼啸而来停在了医院急诊门口，老人被推进了急诊室。情况紧急，张哲玮马上汇报给了护士长，在她的协调下，张哲玮毫不犹豫地穿上了隔离衣，戴上护目镜，将患者推进了专门的房间进行隔离，他为患者进行了抗感染治疗，上呼吸机，检查血项，将样本送至发热门诊检查。

经过了各科医生会诊，最终确认是大面积脑梗，"脑梗会造成神经性中枢热，体温会升高"。

从病人送医到排除疑似，前后花费了一个半小时。"还好不是。"刚刚松了一口气的张哲玮还没来得及坐下歇一会，在留观室住了2天的一位70多岁老伯又有了突发情况，医生对比了这位老伯26日和27日两天的肺部片子后，发现肺部发生了病理性改变，病变发展迅速。老伯又被送到了急诊，进了隔离房。

面对又一位疑似病例，张哲玮再次"全副武装"第一个顶上，继续为患者进行了一系列的抗感染治疗，直到他22：30下班，在经历了重重会诊、多次核实检查，最后终于也排除了。

张哲玮说，自疫情发生以来，那天是他上班最紧张的一天，内心也会慌乱，但他是护士，别人不上他必须上，下班后觉得特别疲惫，不过庆幸是虚惊一场。

兄弟驰援湖北，他说守好上海

当年毕业时，张哲玮可以成为一名药剂师，也可以成为"白衣天使"，

从小就觉得医护工作者是一个崇高的职业，让他选择成为一名护士，2012 年来到了普陀区中心医院，先后在 ICU、SICU、CCU 和急诊抢救室工作。

在医院的支持下，他和王冬麟、王剑云等几名男护士一起创建了男丁格尔青年突击队。他们都被安排在急、难、险、重的外科重症监护室、综合重症监护室和急诊抢救室。

当这次疫情发生后，医院发出号召，招募医护人员驰援武汉，第一批先吸收了 ICU、SICU 和 CCU 这三个监护室的人员报名，于是好兄弟王冬麟成为了上海第一批援鄂医疗队的成员。

好兄弟驰援湖北，张哲玮就守护好上海。节后恢复门诊的第一天，张哲玮被安排在早班，一早 7 点半就到岗，一直工作到下午 3 点半。

特殊时期，上班前戴好外科手术帽和医用外科口罩，做好自我防护准备。张哲玮与夜班护士进行病人交接，观察患者用药、病情情况，还要和早班医生沟通，了解治疗方案。

接诊的四位病人，其中有两位病人发烧，一位脑梗，一位肺部感染。根据医生医嘱，他为病人们推针、上盐水、做心理宣教，监测生命体征，还随时准备接收新的 120 病人。

由于医院地处曹杨地区，老年人较多，冬季感冒发烧的病人一般

又比其他季节多，急诊的压力不小，忙了2个多小时，张哲玮一刻不停，连早饭都没来得及吃。

上班之余，张哲玮也看了不少驰援武汉的医护人员的新闻。看到结束任务的医护人员脸上、鼻子上留下的深深印痕，张哲玮由衷敬佩他们。但他深知，无论在武汉，还是在上海，防控防疫第一线都需要医务人员的坚守。"最近上班时，我感到肩上的担子更重了，上班时一根筋紧绷着，就怕漏查了。心里虽有些负担，但更敦促我在工作中倍加认真。"

除了救治病患，小张还是一位"宣教员"——他尽其所能向家人、病人和病人家属宣传防疫知识，传递疫情可防、可控、可治疗的战疫信心。

"看到那么多人都在努力，真的很感动，我们医护人员都在全力以赴抗击疫情，如果国家需要，我也会第一时间去支援武汉。"这位守护上海的大男孩如是说。

内容来源：青年报·青春上海　文：周胜洁　图：常鑫

在集中隔离点客串"酒店客服"是种什么体验？

　　她是一名社区医院的普通护士，疫情面前，她选择了坚守在一线抗疫。然而，每天面对未知的被隔离观察人群，稍有不慎就会有交叉感染的风险。

　　"作为一名医护工作者，我不怕；但是，作为二宝的妈，我难免有着自己的顾虑。"闵行区新虹社区卫生服务中心的"90后"护士侯玉婷，为了避免给孩子们带来危险，当入驻闵行区的一家集中隔离点后，她选择了不回家，用这样一种方式把自己"隔离"了起来。

心中的牵挂：想让孩子知道，妈妈打败了大怪兽

　　"每天看着增长的数字，我心中也焦虑万分，我自愿放弃休息时间，家人我已安顿好，可以天天上班，不管白天晚上，不计报酬，不计时间！直到疫情结束，我愿意与大家一起抗击在一线，共同守护好我们的家！"2月9日，侯玉婷给医院的领导发了这样一段短信。虽然有些

于心不忍，领导还是接受了侯玉婷的请求。

投入抗疫一线，就意味着自身的风险在加大。不过，家中 2 岁和 4 岁的孩子却始终是她的牵挂，她害怕将这种风险带给孩子们。

2 月 10 日，侯玉婷工作所在的集中隔离点，住进了 6 位新冠肺炎确诊患者的高度密切接触者。这次她做了一个决定，暂时不回家了。一方面可以更好地在这里工作，一方面也能更好地保护自己的孩子。

因为防护用品紧张，所以在次日这 6 位新冠肺炎高度确诊患者的密切接触者转运到了另一处隔离点集中统一管理。之后侯玉婷又马上申请到另一处集中隔离点工作，继续抗战在一线。

晚上，视频那头，有时候孩子会奶声奶气地喊着"妈妈，妈妈，找妈妈"。侯玉婷听着十分心疼，她不知道这场没有硝烟的战"疫"还会持续多久，但一旦决定了，绝不会退缩。

"身边会有人问我，你怕吗？说实话，我也怕，因为我也是孩子们的母亲，有太多的事情等着我去做，但正因为这样，我才更加不能退缩。"

和侯玉婷坚守在这个集中观察点的，还有一位刚做父亲的公卫医生申龙威，这个"95 后"爸爸家中孩子才 2 个月多。侯玉婷说，疫情就是命令，大家只有一个愿望，早点打赢这场仗，让父母觉得他们的女儿长大了，也让孩子们知道妈妈打败了病毒大怪兽。

客串酒店客服：在这里，他们成了换被套"达人"

集中隔离点的工作，到底是怎样一种状态？"我在报名时还只能想象，直到真正走进来了，才体会到这是一种怎样的状态。"侯玉婷说，在这里，他们和疾防、街道社区、公安等组成了一支队伍，24 小时驻点保障入住人员的身体状况，满足他们的生活需求。

这几天来，侯玉婷的状态总是穿着防护服，戴上护目镜和手套后，和同伴一起分发分袋包装的饭菜。她要通过两扇门，门背后是在此集中隔离观察、有湖北旅行史的 6 名返沪人员。

侯玉婷说，最忙的是每天的傍晚，汇报新收治观察人员信息、进入污染区给观察人员送餐、送生活用品……

在专业防护下，除了完成医学观察，这里的护士们还客串着"酒店客服"。就在前几天，连续 16 人解除观察，意味着要整理 16 间房间。集中观察点负责人沈佳敏和小伙伴主动承担这一工作。换床单、换被套、清洗马桶、倒垃圾、擦拭桌面……整整忙碌了 4 个多个小时。

"其实换洗被套这些工作都不累，只是被透不过气的厚重防护服

裹着，我们的工作明显要笨拙些。"当沈佳敏和小伙伴缓缓走出半污染区，脱下防护服时，满脸都是勒痕。

最大的挑战：不是累，而是要疏导隔离者的情绪

集中隔离点最大的挑战，并不是累，而是疏导隔离观察者的情绪。

在集中隔离点，医护人员、保安和隔离对象吃的是一样的。侯玉婷说，少部分人刚开始喜欢挑刺，嫌饭菜难吃。于是吃饭时就和他们视频，和他们聊些轻松的话题，他们才渐渐理解。

集中隔离观察点是不允许观察对象抽烟的，其中有一位年轻男士几次要求抽烟，都被拒绝了。有一次他在叫外卖时，还偷偷让送餐员在里面藏了香烟，被另外一名护士周蕾发现了。周蕾将香烟拿出存放好，并耐心告知他解除隔离后会还给他。后来，这名观察对象也表示理解。

"从暴跳如雷，到千恩万谢。"新虹社区卫生服务中心党支部书记杨月明用两个词讲述了其中一位隔离观察对象的转变。因为长时间待着感觉憋得慌，这位隔离者气全撒在医护人员身上，大家也很委屈。"刚开始他需要警方训诫才能安定下来，可我们的真心他看得到，解除隔离观察那天，他想找护士道歉，不过那位护士正在值班。"

一位隔离对象离开的时候说："因为有你们，我们才坚信再可怕的疫情终究会被战胜，这段时间，你们辛苦了！"这句"辛苦"让侯玉婷感觉，距离疫情散去的那一天已经越来越近了。

内容来源：青年报·青春上海　文：顾金华　图：常鑫

23 岁呼吸治疗师的生涯
第一次"大战役"

2 月 19 日，王正阳结束了在上海市公共卫生临床中心连续 12 天的高强度工作，开始了 14 天的隔离。对于 1997 年出生、去年才刚刚入职上海华山医院的王正阳来说，这 12 天就是自己医生生涯第一次重大战役，上海市公共卫生临床中心是我们上海的抗疫一线，在这里所有的人都在与时间赛跑，与病毒抗争，与病患们并肩而行。

作为一名年轻的呼吸治疗师，王正阳与他熟悉的呼吸机，还有他的团队们一直在坚守着，"工作压力并不算什么，我们的压力主要来自于病患的病情，看到他们慢慢好转，就是我们释放压力最好的方式"。

入行第二年，坚守第一线

大年三十，王正阳回到了老家新疆哈密，刚匆匆地吃完年夜饭，他就接到了来自华山医院的返岗通知，那一刻王正阳很清楚，自己的假期结束了。

　　去年夏天，王正阳完成了大学学业入职了上海华山医院。吃年夜饭时，家人们还在安慰王正阳这次不会有太繁重的工作任务，然而当王正阳接到了医院的通知后，家人们还颇感诧异，但是王正阳心里很清楚这次疫情的严重性："其实我回老家的时候，我们医院第一批医疗支援队就奔赴武汉了，所以我已经有了心理准备，尽管接到去上海公卫一线支援的消息时，我还有点不敢相信，可很快我就下定决心要全力投入一线工作中去。"

　　呼吸治疗师是一个新兴的职业，在王正阳出生的那一年，他的母校四川大学华西医学院成立了呼吸治疗专业。成为一名优秀的呼吸治疗师也是王正阳大学时的个人目标，入职华山医院后，呼吸机的使用还是很广泛的，只是针对"带病毒的肺"的治疗，一年多来王正阳也只接触过几次。

　　但是这一次，呼吸机对于新冠肺炎病患来说极为重要，"一些病患原本肺只缺少了 10% 的技能，但是病情发作时，有时候肺的功能会损失 50%，这时必须靠呼吸机帮助病患解决缺氧状态，在帮助病患呼吸的同时，用压力把高纯度氧气弥散到血管中"。突然之间，入行第二年的王正阳有了巨大的责任感，他要与自己的呼吸机搭档坚守好这抗疫第一线。

我们永远是团队作战

2 月 7 日来到上海市公共卫生临床中心一线，王正阳加入了新的呼吸治疗师团队，团队有 5 名成员，都是来自于全市不同医院的精英。当班的呼吸治疗师进入隔离区工作，一个时段至少 4 个小时，不当班时也处于随时待命状态，工作状态下，每位呼吸治疗师还负责监测、操作 10 台左右的呼吸机。

然而王正阳并不觉得工作压力很大。"工作确实有压力，但这些算不上什么，公卫这边对医护人员的防护非常到位。其实在这里我们的压力主要来自于病人，一些病人病情发展有时候来的非常快，前几个小时还算稳定，突然各项指标开始往上走，很快就插管了，"王正阳说，"我们的任务就是尽可能救活病人，我们的压力与病人的病情是联系在一起的。"12 天的坚守，让王正阳印象最深刻的也是病人病情的好转："有两位重症病人一开始情况比较严重，需要很高的呼吸支持，但是在医护组精心实施治疗，几天时间他们的呼吸力不断提高，后来能够交流，能够说话，能够下床，那一刻我们压力释放的感觉让我印象深刻。"

尽管呼吸机对于新冠肺炎患者的治疗非常重要，不过王正阳也表示，再高端的器械也不能解决所有问题，这场抗疫的战役就是团队作战。"给病人上呼吸机的时候，我们都是团队协作，麻醉师负责为病人插管，我们则调整呼吸参数，还有护理团队、医疗组一起实施治疗，这不是一个人不是一台呼吸机能摆平的。"

若有一线召唤，我定义不容辞

在与后续团队进行了详尽的交接后，王正阳所在的呼吸治疗师小组结束了这一阶段的工作，开始进入 14 天的隔离期，王正阳第一时间给家里人报了一个平安，而如今家人对王正阳的工作已经非常理解和支持了。

王正阳大学所在的呼吸治疗师专业也是这次"抗疫"的重要医疗力量，他的不少师兄、师姐、同学甚至老师都身处武汉一线。"平时我也一直通过微信群和我们华山医院支援武汉的前线团队，还有我的同学们一起交流沟通，彼此分享一些经验，我很清楚武汉一线的情况还是很严峻，包括呼吸支持也不太够，"王正阳说，"如今疫情在往好的方向走，但不排除接下来我也可能去武汉一线支援的可能，如果有召唤，我一定义不容辞。"

这12天的坚守，也让王正阳有了不少感悟。"这是一次难得的经历，是能够体现人生价值的机会，现在静下心来，我还是会担心自己有什么地方没做好，鼓励自己继续提高专业水平和职业素养，毕竟这是需要很多临床经验堆积起来的。"王正阳说，"我希望永远不会再有这样的'战役'了，但万一有的话，我下一次一定比现在做得更好。"

内容来源：青年报·青春上海　文：张逸麟

发烧、咯血……幸好不是被感染，只是工作太累而已

2月18日，复旦大学附属中山医院的护士冯婷暂时结束了支援发热留观病房的日子，回到自己科里待命。脱下防护服的那一刻，工作场景一幕幕浮现眼前：那个被隔离了2周的沉默男子、那一通春节里的温馨来电、那一次莫名其妙的发烧……"这一个月，快得就像三天，又慢得似一年。"冯婷有些感慨，作为"90后"的她职业生涯中从未有过这般经历，"完完全全忘记了时间，眼里只有工作"。

冯婷是自己报名去发热门诊的。她说，父亲1月中旬因病离世，料理好后事，心里空荡荡的，突然看到医院招募各科医生护士支援发热门诊。本来，科室里让她多休息两天，但她却"坐不住"了。"这种时候大家都在忙，我怎么能休息呢？忙碌起来，也可以缓解一下悲伤消极的情绪。"

中山医院的发热门诊地方不算大。但是小年夜开始的那几天，发热门诊一下子涌入了许多患者。"市民其实是慌张，有一点点发烧后

无所适从，都来医院了。但真正的新冠肺炎患者和普通的呼吸道疾病患者如果挤在一起，风险很大。"冯婷说，那几天，医院里也想了很多办法应对"大客流"。比方说，迅速改造增加了隔离病房，增开了第二发热门诊，对去过重点地区的患者和其他患者进行分诊。

　　冯婷对一个疑似病例印象深刻。他和妻子自驾去外地旅游回来后，双双出现了呼吸道症状。妻子确诊了新冠肺炎，丈夫则作为疑似病例住在隔离病房。一开始，这名男子的病毒核酸检测显示为阴性，但医生不放心，还是让他多观察几天。独自留在病房的日子并不好受。看着男子日渐沉默，精神状态濒临崩溃，冯婷很着急。"我一直跑去问他，你要不要喝水？要不要吃饭？"冯婷说，后来还故意"制造"机会，空下来就跑过去跟他说说话，直到这名男子解除隔离。

　　"农历春节那会儿是最忙的时候。"冯婷说，忙归忙，她自认为完全可以应付。她是急诊抢救室的护士，时刻经历着生死时速的考验。可是，一个突发的小状况，差点让她没了方向。

　　那天下班后，她突然咯血，一量体温，37.5摄氏度。冯婷一下子懵了，"难道被感染了？"她是第一批进入隔离病房的护士，面对未知的病毒，又直面疑似患者，要是真的因为防护措施上有疏忽，也的确可能被感染。眼泪差一点要流出来，她快速整理了一下情绪，马上和同事交接班，自己则由本院的医生负责诊断。最终，医生为冯婷排除了新冠肺炎的可能性，只对她说："你太累了，需要多休息。"

　　冯婷有些触动，虽然工作勇往直前，但依然担心高风险的职业是否会给家人带来伤害。"有几次就睡在单位里，不回家。"她的丈夫是中山医院急诊ICU的医生，平时工作也非常忙碌，这一个月更是"聚少离多"。虽被同事们称为"急诊室夫妻"，但平时两人经常有"时差"。不仅在单位碰不上面，回家更是累得话都不想说。

　　让冯婷最难忘的，倒不是面对面的病人。她记得，春节期间，一个电话从总机接进来。一位住在医院附近的上海老先生语气急促，说他自己咳嗽、低烧，询问护士要不要来看病。"那天门诊病人已经非常多了，如果大家都挤到医院来，更容易增加交叉感染的风险。"冯婷很忙，但她还是问了老先生许多问题。在反复确认老先生没有离开过上海后，她给出了自己的建议："可以在家观察一阵子，多喝水多休息，还可以吃点非处方药。"她特别强调，年纪大的人，没有紧急情况尽量少来医院。老先生终于释然了，他不再执着于"要不要去医院"这个问题。挂断电话前，他轻声对冯婷说了句，"新年快乐啊！"

　　冯婷说，那一瞬间，她突然觉得时间静止了，一股暖流都涌上了心头，再苦再累都是值得的。

内容来源：新民晚报　文：左妍

最小 7 月龄的患病宝宝出院了！

　　仅 7 个月大的宝宝（化名齐齐）于 2 月 3 日确诊患上新冠肺炎，收入复旦大学附属儿科医院传染科负压房间隔离治疗。经过儿科医院传染科全体医护人员的精心治疗，齐齐连续 2 次新型冠状病毒（2019-nCoV）核酸阴性，已达到出院标准，于 2 月 20 日上午正式出院。

　　17 天的朝夕相伴，医护人员都把齐齐当作自家宝宝照顾，而齐齐一看到穿着防护服的"大白"也显得特别亲昵。

17 天精心治愈宝宝

　　齐齐仅 7 个月大，是上海年龄最小的新型冠状病毒肺炎患者。因亲戚从武汉来上海探亲，与齐齐一家同住，随后三位家人陆续出现症状，并被确诊为新型冠状病毒感染。2 月初，齐齐出现咳嗽、流清涕，虽未出现发热，但考虑到家人有多例新冠病毒感染者，立即送到复旦儿科医院完善了相应检查，也被确诊为新冠肺炎，收入院隔离观察和治疗。

　　齐齐入院后，经专家组评估，考虑到她属于新冠肺炎普通型，由于齐齐呼吸道症状比较轻，仅用了止咳药物对症治疗。不过度治疗，是儿科医院传染科主任曾玫教授多年管理患儿的工作原则。曾玫是有底气的，源于她带的这支队伍非常"能打"，经历过手足口病、人感染H7N9禽流感、2009年流感大流行的考验，他们在实践中掌握了传染性疾病的规律，即便是面对新发传染病，也有信心处理好眼前的患儿。果然，经过17天的精心护理和治疗，齐齐的呼吸道感染症状很快就消失了，精神胃口都很好，两次复查新型冠状病毒核酸均阴性，达到解除隔离和出院标准。

住院时有30多个"临时妈妈"

　　齐齐收治入院后不得不和家人分离，所有的医护人员担起了24小时不间断陪护的重任。"此前我们收治的大孩子并不需要护士24小时陪护，但对于这么小年龄的孩子来说，必须有人24小时守着。"儿科医院传染科护士长夏爱梅坦言，最难忘的是齐齐在病房里度过的第一晚，孩子对陌生环境不熟悉而不停地哭闹，当天晚上值班护士张洁整夜都将齐齐抱在怀里安抚她，齐齐在她怀里睡了一夜。

　　在负压隔离病房的17天中，冲奶粉、换尿布、哄睡觉、陪玩乐……齐齐多了30多个穿着防护服的"临时妈妈"。儿科医院传染科的每一位医护人员都轮班上岗照顾过齐齐，但最辛苦的还是护士团队，每4

小时换班一次，一天有 6 位护士轮流照看齐齐。对齐齐的照顾可谓细心至极，护士们列了一张长长的表，上面注明几点喝奶、几点吃米糊、何时睡觉以及一些注意事项，每次交班也会将这张表交接下去。

传染科医护人员都很喜欢齐齐，都把齐齐当作自家宝宝照顾。好几位"90后"护士虽然自己还没孩子，但照顾起宝宝来细致入微，而齐齐也喜欢冲着大家笑。儿科医院传染科副主任医师、新冠肺炎救治前线临时党支部书记葛艳玲每次查房都喜欢抱抱齐齐，她说，齐齐可能是把穿着防护服的人，都当作了自己的妈妈。

齐齐特别乖巧、爱笑，医护人员也和她培养出了深厚的感情，总是想着法子逗她开心，跳舞、扮鬼脸、唱歌……十八般哄娃技巧齐上阵。齐齐在病房里胃口大开，奶粉、米粉都吃得很快，每每都是护士抱在怀里一口口喂，中间给妈妈发视频，齐齐妈妈说"你们都把她喂胖了"。

齐齐正式出院的那天，妈妈抱着宝宝走出隔离病房楼，夏爱梅护士长将齐齐的尿布、奶粉等生活物品交给妈妈，齐齐的主治医师王相诗还不停地叮嘱家长回家的注意事项，"有问题随时和我们联系"。虽然有些不舍，但医护人员们看到齐齐能出院特别开心，"代理妈妈"们争相最后再抱一抱齐齐。

内容来源：新民晚报　文：左妍、罗燕倩　图：陈梦泽

"三朝元老"的他，再次选择"逆行"

带上 N95 口罩、护目镜，穿上防护服，放射科技师长章礽荫再次走进那熟悉的 A3 大楼应急病房，对那些危重症新冠肺炎患者进行床边 X 线摄片。

经历过甲流、禽流感等多次实战，在上海市公共卫生临床中心（下简称"市公卫中心"），章礽荫可谓是"三朝元老"。这一次，他再次选择"逆行"。他每天的任务是及时将 A3 危重症患者的片子传送给集结上海市级专家组所在的现场救治指挥中心，专家们才能通过患者肺部等病变的情况，科学合理的制定治疗方案。"上海方案"的背后，不乏像章礽荫这样默默无闻的工作人员。

"三朝元老"的他，再次选择"逆行"

市公卫中心 A3 病房，对于章礽荫而言，熟悉不过。

2004 年，非典后的一年，上海迅速建好了一个属于上海人的生物

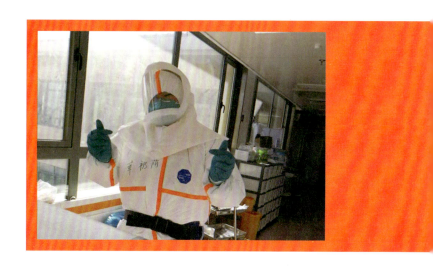

安全堡垒——上海市公共卫生临床中心，而章礽荫就是参与建设者之一，他当年的任务是负责设备安装的统筹安排。"看着这里从一片平地，慢慢建成了一个颇具规模的医院，挺感动的，那是我们引以为傲的上海公卫。"

之后的市公卫中心历经了甲流、禽流感、埃博拉等疫情的实战考验，而章礽荫都是亲历者。2009年抗击甲流时，章礽荫就是第一位进入应急病房工作的放射科技师，那一年，他才26岁。

"穿上防护服的那一刻，确实挺紧张的，后来在病房里，听着前辈们讲述他们当年是如何抗击非典疫情，还有更早时期他们与传染病斗争的种种故事，渐渐地自己就放松下来了，专心投入工作。"

经历过多次实战后，章礽荫算得上是这里的"三朝元老"，实战经验丰富。此次新冠肺炎疫情刚发生的时候，章礽荫就做好随时进入应急病房的准备了："只要有需要，随时上！其实不单单是我，所有的医务人员都一样'召必来，来必战，战必胜'。"

以往的实战经验使他更为从容。相较于从前，现在的摄片设备已经先进了很多，对身体危害较大的辐射也减轻了不少，这让他对此次逆行更有信心。

做好专家组的"眼睛"，不能掉链子

"原来减肥挺难的，但这些天我瘦了。"章礽荫笑着说，虽然有过之前的实战经验，但是他仍感觉到此次的新冠病毒还是挺厉害的。"这个病毒人传人，到目前为止还没有一个特效药，并且病房里的危重症患者症状确实比以往都要重……这些都会提醒我，身上的责任重大，没有特效药，我们只能和死神抢时间。"

放射科是诊断患者的第一道关卡，不能有一点疏忽、一点差错，要给医生信得过的诊断报告。在应急病房，章礽荫完成摄片后，第一时间要通过网络，把图像上传到专用服务器。

"危重症患者，意味着生命随时都有危险，救治工作的任何一环都绝不能掉链子，专家组每天要等着我的片子会诊呢。"尽管辛苦，章礽荫却格外有成就感。

章礽荫刚进病房的时候，正是市公卫中心收治的危重症患者人数最多的时候，而他的工作量也因此特别大，最多的一天他连续拍了近20张片子。

不过，他也在这里见证了这些危重症患者的病情在一天天好转起来！

在这些病患中有一位老人，从章礽荫进入应急病房为他进行检查开始，看着老人的肺部情况一天天好转，从只能卧床离不开呼吸机到能扶着床沿走几步，这种成就感无法用言语描述。

"辛苦你们了！谢谢！"这位老人的一句感谢，就是所有人努力的最好回报。

必须要做好儿子的榜样

3月11日，章礽荫结束了两周应急病房的工作，正在接受医学观察。

"最放心不下的就是父母和儿子，父母年纪都大了，儿子还小。"章礽荫说，"回家第一件事就是抱抱儿子，真的太想他了！"

　　在离开家的这段日子，章礽荫会在晚饭后的休息时间和父母儿子视频，是思念也是一种放松。小朋友看了章礽荫穿着防护服的照片，指着手机就说："原来爸爸是扮成'大白'打病毒去了呀。"章礽荫，在儿子眼中，爸爸就是一个"英雄"，他必须要做好儿子的榜样。

　　章礽荫说，如果有需要他随时可以再返回应急病房工作。在那里，他感受到一股强大的力量，虽然是一个临时组建的团队，但每个人都以患者的治疗为重，为了患者能有一个好的结果，每个人都想尽自己最大的努力。

　　随着上海疫情的逐步好转，越来越多患者从市公卫中心痊愈出院了，重症、危重症患者人数也在慢慢减少，章礽荫坚信，"清零"的日子已经为期不远了！

内容来源：青年报·青春上海　文：顾金华、李雯静

满负荷运转，
4 个小时准备好一间新房间

凌晨两点，在意大利留学归国的小陈结束了 14 天的集中隔离观察，拖着行李离开了那间他已非常熟悉的房间。临走前，小陈拿出自己在荷兰国家博物馆买的一张明信片，那是他最喜欢的一幅画，画面上欢乐的人们在冰上自由自在地玩耍。在明信片背后，小陈写道："感谢你们！从落地上海那一刻起就目睹无数工作人员奋战在一线，真心感谢你们的付出，是你们控制了疫情，也温暖了我们的心。希望疫情消除，我们能继续这般快乐、自由、真实的玩耍。"

小陈走后4个小时，他的那间房间再一次被"重启"：全方位消杀、铺装床单被套、更换生活用品，一切都在凌晨进行得井井有条。太阳再次升起时，新一批集中隔离人员来到这里，浦东新区第8医学集中隔离观察点，又一次满负荷运转起来。

将心比心，把不理解变为理解

下午5点40分，一辆120急救车驶进了浦东一家集中隔离点的围廊。此时，一名工作人员已在门口守候。车门打开，乘客陆续准备下车，下车前需测量体温，下车后还需接受全方位消毒，最后走过廊道进入酒店。"你好，请先准备好证件，再到工作台做个登记……"另一名工作人员在酒店门口维持着秩序。

一名进入酒店的女士情绪显得有些烦躁："我的行李不见了……"

"好的，我们马上联系，你不要着急。"安抚好这名女士的情绪，工作人员继续完成相关的信息登记、事项告知等流程，最后派专人将女士送到安排好的房间。

"他们经过了长途跋涉，有点情绪很正常。"来自周家渡社区卫生服务中心的全科医生潘红芬感言，将心比心，这些旅客光下个飞机就要等待不少时间，之后还要花上数个小时完成相关调查登记，并被集中送往"未知"的隔离观察点，"他们是真的累了，所以我们除了要完成细致的工作，还需多一点耐心和理解，尽可能帮他们解决各种问题。"

这个隔离点里，目前住了39位外籍人士，其中不少人不会说中文。而与外籍人士沟通的"重任"，也交给了潘红芬。"其实我也只会一些简单的对话，很多时候还需要比划。"潘红芬笑着说。好在隔离点配备了两台科大讯飞翻译机，如果碰上交流难题，还可以使用专业设备来辅助。

傍晚，潘红芬又敲开了一位入境人员的房门。这位从欧洲回国的男士刚开始自己 14 天的隔离生活，"在上海集中隔离挺好的，这里管理严格，隔离人员只能在房间里，不能随意走动串门。生活方面，他们又非常关心我们，之前我需要刮胡刀，他们很快就给我送来了，真的非常感谢！"

"90 后"小组长主动请缨连轴转

"人员信息收到了吗？""房间安排有什么问题？"……在浦东另一个集中隔离点里，一位年轻小伙急匆匆地在各个工作人员间来回交代工作。他叫杨佳伟，是一名"90 后"，也是老港社区卫生服务中心的医技人员，如今则是隔离点的一名小组长。

"我其实很早就报名了，不过到 2 月 26 日才过来工作。"杨佳伟说，他的妻子是一名护士，每天三班倒，家里还有一个 2 岁的孩子。"我外公身体也不太好，不巧，我父亲最近又去外地出差了，现在就由我母亲和外婆两个人照料家里的事情。"

按照惯例，工作人员当班 14 天后可以休息两周，然而杨佳伟在第

一轮14天工作结束后，主动请缨留下来"连轴转"。他分别给妻子和母亲发了简短的消息，"不敢打电话，怕她们伤心"。妻子非常理解他的工作。"听说我来隔离点工作，我母亲起先很担心，现在放心多了。"

"叮铃铃……"在酒店大堂的另一边，一部电话铃声不断。"您好，请问有什么能帮您？"接听电话的也是一名"90后"小伙："好的，我们尽快把手纸给您送过去。"

特殊时期，光明中医医院检验科医生陈晓旦当起了兼职的"酒店前台"。他展示了一张表，上面按楼层写下了隔离人员的需求。"就这一下午，我已经接了29个电话了，住客们的需求五花八门，有表示电视机没信号的，有需要纸巾、洗发液的，也有感觉不舒服，想马上检测体温的……只要有需求，我们会尽量加以满足。"

"6楼袁××房来电话，让我们把快递送过去！"接到"酒店前台"的指令后，来自联明保安公司的兼职"快递小哥"张亚辉，立即推着满满一推车的快递上了电梯。"我刚从英国回来，妈妈担心我，给我快递来了棉被和衣物，麻烦你们，实在抱歉！"开门的小姑娘拿了东西，一再表谢意。

张亚辉说，快递送到隔离点后会统一进行消毒，然后由专人分拣后，按楼层发送至房间门口。因为穿着防护服、戴着两层手套，"快递小哥"的工作难度相比正常的快递小哥难了很多倍，一趟下来，里面的衣服是"湿了又干，干了又湿"，就连看快递信息，也因为戴了护目镜而难上加难。"虽然很累，但是很值得。"张亚辉说。

走出污染区、半污染区，就是隔离点工作人员住的清洁区。走道的墙面上贴着漫画家小林为医务人员创作的漫画，每名工作人员房间的门口，还摆着一个花瓶，里面种着的是紫色的风信子。

风信子的花语是：只要点燃生命之火，便可同享丰盛人生。

内容来源：上观新闻　文：王志彦、严静雯

第二章　青年突击队旗帜飘扬在战疫一线

驰援火神山，
幸好我们不辱使命

 2月2日，备受关注的武汉火神山医院宣布完工，明天起就将交付使用。而这其中，也有上海建设者们的"神助攻"。

星夜驰援，15—20天的工程3天完成

 "1月29日，我们接到武汉市建委的支援请求，1月30日到2月1日3天时间，我们就迅速筹集了一批焊接工人和铆工。"中建二局火神山项目应急保障小组副组长姚树青说。

 被7000万网友监工的武汉火神山医院进入病房安装攻坚期，而快速完成的医院结构以钢结构为主，最缺的就是这两种工种。"如果因为缺少焊工和铆工，钢结构不能顺利完成，就会影响到后续工作的开展。"

 时间紧急，接到武汉的求助，总部位于上海的中建二局华东公司，第一时间组织郭明义爱心团队中建二局华东分队的青年志愿者火速行

动，调配多方资源，"一定要保证火神山顺利完工！"

中建二局华东公司迅速成立疫情应急资源协调工作组，经过紧急协调，第一批 18 名板房安装工和焊工迅速奔赴现场，开始了板房拼装工作，连续两天，昼夜不停歇。人员仍在源源不断地补充，后续在场施工人员达到了 41 名，其中 90% 以上都是"80 后""90 后"。

"我们一共 40 多位工人，3 天时间内 24 小时三班倒，不休息，不停工，连续抢工，从 1 月 30 日到昨天 2 月 1 日，3 天时间内顺利完成了医院 ICU 诊疗室的钢结构焊接工程，也为后续的内部铺设、安装等工作打好了基础。"姚树青说。

火神山医院 ICU 病房工程面积约为 60 平方米，挑高比较高，往常要完成这样一个工程，需要 15—20 天时间，这一次，却只用了 3 天时间。"施工工艺不难，但时间紧、任务重是最大的难点。

火神山项目一共只有 10 天工期，现场不得不几个作业面同时交叉施工。"正常是干完一样，其他工种进来做，现在是多个工种交叉作业，需要协调冲突，也存在工序上的不确定性，包括钢梁吊装、板材安装都存在风险。"姚树青说，但现场没有一位工人表示退缩，都是铆足

了劲干好活。"因为我们是突击队。幸好，3 天时间，我们不辱使命，顺利完成了工作。"

八方支援，每个兄弟都是好样的

"所有的兄弟都是好样的！"姚树青说。这位"85后"山东青岛汉子，本来订了 1 月 24 日回家过年的机票，但是收到了公司的紧急召集令后，干脆取消了机票，"疫情面前没有旁观者，支援火神山医院建设是我们义不容辞的责任"。他说，在这 40 多位驰援的兄弟中，最远的有四川人、河南人，也有就在武汉周边的，他们说："我们要守住家园。"

"现场让我感动的事太多了。"说到这里，姚树青本来略显疲惫的声音一下子变得精神了起来。

他说到他的同事，华东公司工作组负责人郑义，郑义家就在武汉，有两个孩子，他颈椎不好，这段时间高强度的工作让他颈椎病更加严重，但他毫无怨言。期间也不能回家，结束了还得继续隔离："他说是为了工作，也是为了家人，要竭尽所能保护家人。"

本来坚守在其他项目上的丁礼幸主动请战，从"生产经理"变身应急"包工头"，火速打电话落实人员，短短 2 小时就叫来了 11 人，成为第一批赶赴现场的援建者。从 1 月 30 日上午十点至 1 月 31 日凌晨两点半，丁礼幸连轴工作 16 个小时，中途只急急忙忙吃了一口饭，水都来不及喝一口，短暂休息后，1 月 31 日早上 7 点，他又全身心投入了新的工作。

前来援助的人来自四面八方。生于四川的普通工人龙旭，所在的平武县是 2008 年汶川地震的重灾区，时过境迁，他依旧感念当时全国人民的鼎力相助。他做过十余年的义工。这次疫情发生时，他带着妻儿正在回家探亲的路上，只是路过了武汉，还未封城，但他决心留下来，说服了妻子一起留在了武汉帮忙。龙旭说："封城后刚开始也挺害怕的，但是过几天就不怕了，因为看到全国人民都在为武汉加油，心中充满了力量，相信武汉一定能挺过去！"

"大家都奔着一个目标，就是快点保质保量完成工程，早一天完工，就能早一天救出更多人的命。"姚树青说。负责后勤保障的他在武汉多日以来的第一个大晴天里，四处奔走筹集保障物资，一天时间筹集到了 2000 个口罩，500 套防护服。他还记得 1 月 30 日那天自己将物资火速送往火神山医院工地的时候，一路只想着快一点，再快一点。"因为快一点，就能保障建设者兄弟们安全多一点。那天我去的一路上几乎都是绿灯，我当时就觉得我们火神山医院的建设工作也一定会畅通无阻，这次战役也一定会胜利。"

姚树青讲道，这次工程将是他终身难忘的经历。"很多人形容是英雄逆行，其实也没有什么逆行，只是时势造英雄。"他说。

内容来源：青年报·青春上海　文：刘晶晶

生死时速！德国射线机 24 小时清关发往疫区

前方疫情告急！病人确诊需要更多先进的进口仪器设备，德国西门子专门为中国疫区提供了 40 多台移动式摄影 X 射线机，为了节省时间，他们通过加急航班包机送达上海，如何才能完成繁琐的通关手续，最快送达疫区？西门子向上海自贸区保税区求助。

此时，外高桥集团营运中心青年突击队上演了一场"生死时速"！

"西门子通过包机形式，不计成本送来的抗疫设备，我们必须第一时间送达疫区！"医疗器械部总监助理黄静是保税区一名"年轻的老员工"，在自贸区滚打多年，深知怎样才能提速提速再提速。

包机一落地，黄静迅速联系上海海关清关，同时外派出运，一路车辆报备，疾速运输。射线机运达当地后，黄静又第一时间联系属地海关允许他们开箱安装，完成检验，次日便在当地医院投入使用。"即便在封城的武汉，也是一路绿灯。因为疫情需要，所有设备第一时间开箱工作，没有等待期，十分高效。"黄静说，这就是自贸区的速度。

今天，我们在外高桥营运中心再次感受到了这种属于自贸区的速度：7900 平方米的仓库，2500 托，包括德国保赫曼公司捐赠给武汉前线的成人尿片，所有的医疗物资都有条不紊地在仓库里摆放着，一旁工作人员正在紧张地贴着中文标签，这也是保税区仓库独有的一景。门口一边装货一边卸货，黄静两只手机不停地在响。

疫情期间，这样的"生死时速"，一直在上海自贸区上演。

不久前，浦东新区从瑞士采购到 187200 个口罩和 80 个额头测温仪，送给上海一线防疫工作人员。"这批物资是浦东新区部分政协委员定向捐款的拳拳之心，也是新区 36 个街镇一线防疫工作人员最紧缺的保障物资。"黄静说，在掌握了疫情保障物资运作流程后，青年突击队积极主动地与物品提供方联络，紧急协调尚有承运能力的空运公司，抢订舱位。

2 月 16 日，80 个测温仪经由 DHL 运抵上海，原定 2 月 21 日才能提取。青年突击队提前介入，自主报关，经多方协调，于 2 月 18 日办妥手续，专人专程用车将测温仪送达浦东新区办公中心。预想不到的是，这时，口罩出了问题！原定 2 月 18 日 13：30 空运到上海的 KZ225 航班，因东京机场货物太多，无法按时上机。

"我们没有气馁，绝不放弃。大家群策群力，多管齐下，一方面请外方在瑞士继续晓之以理，和总部方面做工作，要求按时送达上海，

另一方面我们动之以情，继续联系在上海的货代，告知这是急需的抗疫物资，需要特事特办。"在多番努力下，终于说服了货代将货物改配到 2 月 19 日的航班。

货物于 19 日下午 13∶30 抵达机场后，青年突击队积极配合货代、报关和机场货栈，第一时间向机场海关申报，在两小时内就完成了通关手续。随后，克服了东航西货栈爆仓的困难，及时将货物从机场货栈运送到亚东仓库，并安排车辆，当天晚间将 4 托盘 32 箱 187200 个口罩送达新区办公中心。浦东新区政协领导亲自上阵，于凌晨时分完成清点。

2 月 20 日一早，这批带着"温度"的口罩被发放到浦东 36 个街镇一线防疫工作人员手中。

"这批物资运送历时 8 天，并非一帆风顺，颇具戏剧性，好几次峰回路转，好几次柳暗花明，工作群里所有人都时时刻刻地为之揪心，为之紧张与担忧，但从没有一个人考虑过退缩。"黄静说。

在外高桥营运中心，像黄静这样的青年突击队员有 100 多人，他们分布在各个岗位，既是后方，也是一线，他们是抗击疫情的"无名英雄"，却会被永远铭记。

内容来源：青年报·青春上海　文：郭颖　图：吴恺

上海→罗马→上海，
25 小时的极速之旅

3 月 12 日 17：30，一架由东航 A350−900 客机执飞的包机航班从上海浦东机场起飞，机上运载的是中国政府和中国红十字会向意大利派遣的抗疫专家组一行 9 人和众多防疫物资。3 月 13 日 18：20，这架 25 小时内在上海与罗马间飞了一个来回的飞机回到了上海。说起这趟飞行任务，机组中的三位"90 后"飞行员非常感慨："我们在当地与空管的每一次通话，对方空管人员都会向我们表达感谢，这让我们觉得很暖心，也很自豪！"

9 名旅客的航班有 6 位飞行员保驾护航

这个由上海飞往罗马的包机航班上，乘客只有抗疫专家组的 9 人，但机组却达到了 6 人，其中包括 3 名经验丰富的机长和 3 名业务能力出色的"90 后"副驾驶。

说起机组"超豪华"配置的原因，带队机长林波介绍说，主要还是

从保障安全角度考虑。他透露，上海至罗马航程有 9600 多公里，去程要飞 12 个小时，回程也要飞 10 个小时，"平时的正常航班，飞到当地之后机组是要休息两三天的，但这次是特殊的包机航班，到了之后要立即折返回上海，飞行强度还是比较大的，所以配了三套机组，轮换休息保障安全。"

此次包机航班的三位机长都是"大咖"，其中林波是 A320、A350 机型教员，总飞行时间为 17000 小时；黄维是五星机长，总飞行时间达到 20000 小时；另一位机长杨建峰的飞行时间也达到了 18000 小时。而三位"90后"副驾驶郎春力、唐伟彬、贾正宇都是东航飞行部"A350 墨镜侠战疫青年突击队"的成员，飞行时间在 1600-2800 小时。

机长黄维说，3 月 11 日 23：30 接到任务通知后，他就挑选副驾驶人选并挨个通知，"随后还准备了航线资料，一直弄到凌晨两点多，早上 9 点就出发去浦东机场集中准备了。"黄维透露，由于包机航班的人员和防疫物资是分批到达，因此航班的出港时刻也是一再变更，起初申请的是 12：30，后来又相继改为 15：00、17：00，"最终人员、物资都齐了，飞机于 17：30 从浦东机场起飞"。

飞机落地有引导车 当地空管一直表达感谢

北京时间 3 月 12 日凌晨 5 点多，这个航班号为 MU787 的包机航

班安全降落在罗马机场。让机组略感意外的是，飞机落地脱离跑道后，发现当地机场特地安排了一辆引导车等在那里，引导飞机入位。"平时的正常航班是没有引导车的。""90后"副驾驶唐伟彬说，当地机场、空管部门对这个包机航班非常欢迎，"我们飞机还没落地，刚到那边和他们的空管联系时，他们就对我们说'很欢迎！谢谢你们的帮助！'"

唐伟彬说，由于空管人员要指挥很多架飞机，在频率里都是"1对多"，平时的空中对话都是力求简洁，一个词能说清楚的不会用两个词说，因此当他听到罗马机场塔台对他说"Thank you for help"时愣了一下，"当时就觉得很暖心"。

唐伟彬说，除了表达感谢，当地机场和空管也为航班提供了各种便利。比如，给航班提供了便利的进近和着陆条件，为飞机专门安排了便于卸货和抗疫专家组下机的停机位。

"90后"副驾驶郎春力也表示，听到当地空管人员的感谢时觉得很温暖，也很自豪，"空中管制分好多管制区，比如有进近、塔台、地面等等，我们到了那边，每换一个管制，每一次通话他们都会表达感谢"。

作为资深机长，黄维以前飞过很多次罗马机场，但这次包机航班的体验让他觉得很不同。"这次飞过来发现，受疫情影响，罗马机场的空中流量少了很多。他们的空管部门了解我们这个航班的飞行性质，所以也给了我们很多照顾。"

被抗疫专家组感动 为执飞包机任务自豪

"尊敬的白衣战士，我是本次航班的机长，很荣幸今天能陪你们一起奔赴意大利抗疫前线，在你们的护佑下，家乡的人民安全了，但你们却不能脱下战袍，还要继续无畏地逆行，我谨代表机组向你们致以崇高的敬意，我们等你们的捷报、接你们回家！"在上海飞往罗马的途中，林波做了这样一次机长广播，被不少网友赞叹"暖心"。

林波坦言，这不仅是他自己的心里话，也是整个机组和东航飞行团队的内心想法："对于医护专家奔赴意大利抗疫，大家都是很敬佩的，我只是代表他们通过广播说了出来。"

此次包机航班，是郎春力、唐伟彬、贾正宇三个"90后"副驾驶首次执行重大保障任务，而这次经历也让他们感动又自豪。

"9名专家上飞机的时候我没看到，在罗马落地后，等我出了驾驶舱，只看到了他们下飞机的背影，当时就觉得很感动，他们为抗击疫情做了很多，真的不容易！"贾正宇说，自己刚"入行"时，听很多前辈讲过执行各种重要保障任务的情况，也一直觉得他们都"很酷"，"以前觉得作为刚飞了两年多的飞行员离这种任务还很远，但这次包机任务让我觉得，作为"90后"，我们也可以在这种重大保障任务中尽自己一份力"。

唐伟彬也表示，以前一直觉得自己是"吃瓜群众"，对于一些重要事件，只能从网上了解些信息，从来没想过会有机会参与到其中。"之前虽然一直处于准备的状态，但总觉得自己还不够成熟，这次包机航班，让我有了参与感，也让我认识到作为"90后"飞行员参与一些重要保障没那么遥远，可能下一秒就需要你，所以平时就要准备好，因为我们的肩上有责任。"

对于三位"90后"副驾驶的表现，三位机长都给予了肯定。"这次航班的强度还是蛮大的，三位副驾驶小伙子无论是业务还是作风都表现得不错，展现出了'90后'的能力和朝气。"带队机长林波说。

内容来源：青年报·青春上海　文：刘春霞

30亿优惠贷款帮扶青年企业家度过"寒冬"

　　面对新冠疫情给企业带来的资金压力，上海团市委、市青联携手上海农商银行，面向全市广大青年企业家、青年创业者，推出30亿元优惠利率贷款，支持企业抗击疫情复工复产。

　　从2月24日帮扶举措发布以来，截至4月30日，共收到有效企业申请2033户，确定具体融资意向1492户，其中申请融资金额在1000万（含）以下小微企业近1378户，意向融资金额48.6亿元左右。

　　通过团组织和金融机构各方努力，已完成授信439户、22.6亿元，其中315户企业的贷款已经到账，到账资金总量达11.87亿元，充分体现了上海服务青年企业家和创业者的"速度"和"温度"。

快：驴妈妈5000万低息贷款4天就到账

　　在这场突如其来的疫情和举国应对的战"疫"中，旅游行业令行禁止，承受巨大损失。景域驴妈妈集团同样遭受一定的损失。1月21

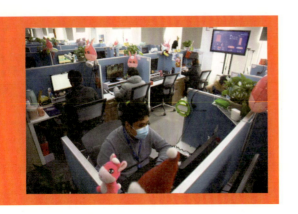

日起，驴妈妈连续 4 次升级游客安全保障预案。与此同时，启动 1 亿元重大灾害保障基金，做好游客的退订和安全保障工作。截至 2 月 10 日，营收受到影响，退款给游客的资金和预付给资源方、供应商款项未消耗占用资金累计数亿。

更让公司担忧的是：疫情什么时候结束？景区和酒店何时恢复？文旅行业几时"解冻"？"游客的安全感恢复需要时间，但是企业正常的经营支出还要延续，这给未来一段时间企业的现金流带来了一定压力。"

所幸，面向上海青年企业家、创业者的 30 亿优惠利率贷款来了！"前两天，团市委和农商银行第一时间雪中送炭。农商银行嘉定支行保持密切沟通，并且提前设计授信方案，政策出来后，农商行总行各相关部门通过电话会议、线上审核等各种高效方式，只花了 4 天时间，我们就拿到了贷款，特别快，而且贷款利率还按规进行了下浮。"驴妈妈相关负责人表示，上海各部门及金融机构切切实实为受疫情影响的企业提供高效、精准支持，让集团更有信心在短时间内恢复生产，并在危机中不断创造新的商业模式和完善服务体系。

暖：一句"企业经营都不容易"差点让他泪奔

同样身处文旅行业的溯洄（上海）设计咨询有限公司，是一家创业 10 年以上的老牌设计研发公司。本来想着 2020 年大干一场，结果被突如其来的疫情打乱了节奏。

"我们是小微企业，小微企业在此次疫情中的最大影响是我们的上下游产业链都受到了深度影响，我们的战略合作伙伴，我们即将签约的客户，我们的意向客户都受到了影响。"公司创始人徐霍成坦言，行业打喷嚏，小微企业就感冒。小微企业本身抗风险能力就差，纵然溯洄设计 2014 年起就开始转型做深度合作，收费模式为年费＋设计分成，虽然相对可持续订单稳定些，但受到合作伙伴与不能开工的影响，也足以让徐霍成焦头烂额。

正当徐霍成焦头烂额的时候，一场及时雨来了。他在朋友圈看到了这个贷款扶持政策。看到信息后，徐霍成第一时间填报了基础资料，第二天上午就接到了上海农商行宝山支行工作人员的电话，约他下午在公司见面。下午 14：00，徐霍成在公司见到了农商行的两位工作人员，交流中才得知，给他打电话的是宝山支行下属网点支行的孙行长。"孙行长说这是为支持我们小微企业的发展，组织给到的惠企政策，他接到上级行的申报名单就直接和我联系了，关键时期能越早走完手续越好。"徐霍成说他当时很感动，因为企业这个时候太需要用钱了。尤其是孙行长那句"企业经营都不容易"，差点让他泪奔。眼下，徐霍成的 100 万元贷款已经通过了审批。

急：团市委调研两小时后银行就上门对接

上海凡济生物／涛济医药科技有限公司，是一家专业从事生物样本采集，样本中核酸提取试剂和配套自动化仪器的科技企业。本次疫情期间，主要提供病毒采样管，病毒提取试剂和自动化病毒提取仪器，并启动了疫情期间急需的空气气溶胶病毒检测装置以及防二次污染的病毒采样管技术开发。

与文旅企业不同的是，疫情期间，涛济医药主要面临市场需求迅速增大，原生产线产能不足，短期内生产人员数量增加困难等问题，

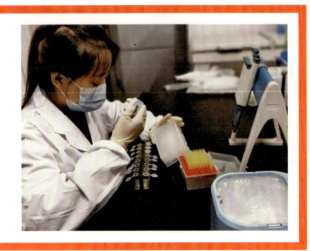

而原料周转等更是需要较大资金支持和融资渠道对接。然而，令公司创始人杨晓林惊讶的是，2月24日团市委副书记刘伟一行在深入涛济医药进行调研发现问题后，第一时间便向他们介绍了相关的贷款扶持政策，并对接银行，仅仅两个小时后，银行相关领导就上门对接来了，并为公司"量身定制"了300万元左右的紧急授信方案以及后续长期服务方案。仅用3天时间，首批350万元贷款就已通过审批，目前300万元已到账，同时第二批贷款也在积极协调办理中。

杨晓林把这称为"上海速度"："从了解到我们的需求，两小时后银行人员上门落实，到两三天就完成放款，绝对神速，让我们又一次感受到上海各级行政部门高效服务企业的切实行动。"

扶：行长调研不看财务报表看核心技术

对于极翼机器人（上海）有限公司创始人陈壮坚来说，这次的贷款经历可谓是"梦幻"。

落户张江的极翼从事植保无人机核心飞行控制器及大数据后台开发。植保机是用来给农作物喷洒农药和肥料的，它能在规划的地块上全自助飞行，可以达到人工效率的40倍以上。

2月3日起，由于各地封路，上下游企业未能复工，这导致极翼销售额急剧下降，现金流压力巨大。"尤其是春耕马上开始，可不能耽误啊。"陈壮坚说，此前他和一些银行反复沟通了几个星期，都没有解决问题。一位银行客户经理的话更是给他泼了一盆冷水：你的企业虽然现在盈利了，但前几年亏得太多，风控觉得你们的报表短期没法转好，做纯信用贷款，通过难度比较大。

正在这时，身为上海市青年信息化人才协会会员的陈壮坚在看到了"青春上海"发布的优惠贷款申请信息。

"刚开始，我还不大相信，这能借到钱？我就给上面留的农商行联系人打了个电话。"没想到，周一中午申请，农商行的客户经理下午马上就来了电话，当天就把全套资料清单发给他。第二天一早，客户经理就到公司做现场访谈和收材料。周四一早，浦东分行行长就到公司现场办公。

2月29日，上海农商行行长顾建忠带队到公司调研。一进门，顾行长就指着极翼的植保机问："你说说你们的核心技术体现在什么地方？"那一刻，陈壮坚又惊讶又欣喜。"惊讶的是，第一次有银行的过来不问报表，而是关心我们的核心技术。欣喜的是，核心技术才是我们企业的重要资产，在财务报表上，它暂时没法体现，但它却是我们企业最值钱的资产。"

渡：帮企业缓解压力度过难关

新冠疫情是一场突如其来的考验，尤其是对餐饮行业而言。

连续两届中国进博会主副食品供应商——上海亦芙德供应链管理有限公司，其核心业务是为国内团餐行业提供餐饮食材供应链一站式服务。今年春节过后，由于受到疫情的影响，很多单位的食堂都停开，使得团餐行业受到极大的打击，而亦芙德的业务也严重受挫，随之公司面临资金紧张、人员紧张等问题。

"团餐客户无法正常经营，人员一直未能上班，上一期的账款无法结算，导致资金无法进来，而后续一段时间的业务也急剧紧缩。"公司创始合伙人吴筱急在心里。

正在这时，作为上海市青年企业家协会与青年创业协会的会员，吴筱在群里看到了团市委的工作人员转发的《30亿元优惠利率贷款支持复产复工，等你来申请》的通知，立即在线作了申请，次日便接到银行办理贷款手续的电话通知。目前，200万元贷款已经审批通过即将放款。

"这次的贷款扶持政策十分高效，我们也深切地感受到国家及政府对我们的扶持和关心，让企业在疫情期间的压力得以缓解，能够得以度过这个艰难的时刻。"吴筱说。

帮：助力青年企业家、创业者复工复产

疫情发生以来，上海团市委通过电话、调研问卷对市青联、市青企协、市青创协、千帆计划、未来产业联盟中的550名青年企业家、青年创业者进行调研，收到不少反映融资压力大、需要政策指导支持等棘手问题。其中，部分中小微企业受疫情影响，资金压力大，存在比较迫切的融资需求。

为此，针对相关企业的融资需求，团市委、市青联联合上海农商行开辟绿色通道，提供30亿元融资规模。2月24日，"青春上海""上海青联"等网络平台对全市青年企业家、青年创业者发出《30亿元优惠利率贷款支持复工复产，等你来申请》的告知书，全力以赴支持企业克服疫情困难，复工复产度难关。对于青年企业家、青年创业者所在的符合条件的企业，上海农商银行将按照贷款基础利率减25个基点予以优惠利率融资支持。而对于疫情防控中发挥重要作用的骨干企业，将根据实际情况给予更优惠利率。

此次30亿元优惠利率贷款覆盖面广，主要面向4大类企业：一是受疫情影响较大、符合上海重点产业发展方向的企业；二是受疫情影响较大的其他中小微企业，例如住宿餐饮、文体娱乐、交通运输、旅游等行业企业；三是生产重要医疗物资相关企业包括生产应对疫情使用的医用防护服、隔离服、医用民用口罩、医用护目镜、新冠病毒检测试剂盒及检测装备、负压救护车、消毒机企业，以及生产上述物资所需重要原辅材料生产企业等；四是生产重要生活必需品相关企业，包括生活物资、农产品和相关饲料、种畜禽、种子企业及屠宰、加工企业等。

2月24日融资公告发布之后，受到上海青年企业家和创业者的积极响应，大量中小微企业通过"青春上海""上海青联"等进行在线申请，填写电子版申请表，并进行初审、登记、联系；为了"加速"满足企业融资需求，团市委和农商银行对于申报企业的融资需求"当天申报、当天响应"，农商银行第一时间组建了青年突击队，开辟审批绿色通道，加快各项手续流程。

团市委书记王宇表示，当前市委市政府正有力有序统筹推进疫情防控和经济社会发展，团市委、市青联将继续整合资源、搭建平台，全力为青年企业家、青年创业者排忧解难，保障复产复工，成为服务这群上海经济社会发展生力军的"店小二""知心人"。

内容来源：青年报·青春上海　文：郭颖　图：吴恺

经信青年积极投身
城市运行保障前沿一线

　　新型冠状病毒感染的肺炎疫情发生以来，市经信团工委动员号召系统各单位团组织听从党组织领导指挥，充分发挥青年生力军、突击队作用，为坚决打赢疫情防控阻击战贡献力量。通讯、电力、加油站等行业团组织抽调青年骨干力量，成立突击队，积极投身城市运行保障的前沿一线。

火神山医院第一个 5G 基站，搭起了信息生命桥

　　看到火神山医院正式投入使用，周黎明说自己有些"泪目"。他是抗疫前线通信保障青年突击队的一员，"在现场，大几千号的人和机器一起工作，那种震撼的感觉毕生难忘"。这是周黎明几天来在现场最大的感触。

　　火神山医院，是中国创造的一个奇迹。这家可容纳 1000 张床位、建筑面积 34000 平方米的专业医院，在海内外四千万"云监工"的见

证下，开始践行自己的使命。"而我们的使命，就是用科技的方式，保证火神山信息桥的通畅。"周黎明说抗疫前线通信保障青年突击队开通了火神山的第一个 5G 基站，正是为它搭起了一座信息生命桥。

为了克服人员不足、设备不足的困难，上海诺基亚贝尔成立抗疫前线通信保障青年突击队，疫情发生后，团队第一时间集结，全力助力武汉运营商，全面监控湖北省内所有公司在网运行设备，保障现有网络的高性能平稳运转。

"我们是湖北当地的员工，这次疫情爆发，大家都是主动请缨，投入到火神山通讯网络的建设。"因为武汉封城，还有队员经过 4 小时车程，从荆州驾车赶来。一天之内，突击队队员全部在现场集结。

仅用时一天半，突击队即开通火神山医院第一个 5G 基站，比计划提前半天。团队成员多专业联动，远程支持和现场值守相结合，每天早晚通报火神山医院及相关定点救治医院设备运行状况和网络指标情况。

上下游齐心协力　优先排产提供原料

医用口罩、隔离服都少不了一样原料，那就是聚丙烯医用料。抗击疫情，不只是冲在疫情斗争的第一线一种方式，用稳定的生产，为防护用具提供稳定优质的原材料也是上海石化青年突击队的战"疫"方式。

疫情防控非常时期，面对市场防护用具紧缺的现状，作为医用原料的上游生产企业，上海石化塑料部青年积极投身聚丙烯生产，优先排产全力生产医用牌号 GM1600E 及 GM1600EH 聚丙烯，为下游企业提供原料保障。1月19日至31日完成了6600吨聚丙烯医用料生产任务，全部产品质量均达到优等品要求，为防疫工作出一份力。公用事业部青年加班加点，全力确保所辖应急发电车即时可用，强化夜间金山区石化城区照明设施运维，加强涉及塑料部聚丙烯生产车间供配电设施巡检，为聚丙烯医用料生产助力。

作为塑料部聚丙烯生产上游，炼油部、烯烃部、芳烃部、储运部的青年也是积极投入到生产，有的人被"隔离观察"，有的人被"延长"假期了，岗位上人手不够，团员青年第一时间站起来顶岗，不在岗位上的青年也是心系工作，"能不能找人帮我拿一下电脑，我被安排到培训中心集中隔离观察了，但手头的工作还是要做的"，"虽然在家，但生产工艺参数检查我还是每天做的"，"我在家里用 VPN，可以监控装置数据"。疫情当前，每一位石化青年用坚守岗位当好防"疫"保障员。

坚守岗位保电供热，4 天顶峰发电 2297.81MW

国网上海市电力公司金山供电公司于1月29日起，正式成立保电抗疫青年突击队。疫情爆发以来，地处金山的上海市公共卫生临床中心启动了负压应急病房，金山公司保电抗疫青年突击队主动为该医院提供线路特巡、用电安全隐患排查、应急用电指导等服务，突击队还为 G15 沈海、G60 沪昆等多个入沪高速检查站提供紧急照明用电。上海电力医院青年党团们踊跃响应党的号召，纷纷上了"请战书"，医院团委成立 2 支青年突击队，发挥团组织横向优势，抽调各部室精兵强将，轮流坚守岗位，有效缓解了发热门诊内检验检疫工作的压力。

华电集团上海奉贤燃机发电有限公司疫情防控青年突击队，以坚守岗位保电供热作为迎战疫情的第一要务，4 天顶峰发电 2297.81MW，连日向国内大型生物制品企业上海生物制品研究所持续供热 7407.44GJ，保障生物制品生产线用能。

确保成品油安全收发作业，保障油库稳定运行

西气东输武汉管理处黄陂团支部成立"战疫保供"青年突击队，在疫情最重的前线，坚持科学防控，确保个人健康的情况下，保障武汉地区及下游湖南、广东等地天然气供给。在青年突击队队长苏子建的带领下，站内制定了"人员隔离、远程办公、视频培训、责任分区、加密巡护"等一系列兼顾生产及疫情防控的措施。为减少病毒传播的风险，站内还要求所有在岗人员每日轮流进行两次消毒作业，每日对站内人员进行体温、血氧含量检查，一系列的操作让各项工作恢复了正轨，同时也让大家绷紧的神经得到舒缓。

中国石化上海石油物流中心成立油品保供青年防疫突击队，应对疫情严守岗位，确保成品油安全收发作业，保障油库稳定运行；松金防疫青年突击队、浦东康荣加油站青年突击队、南汇加油中心青年突击队在维护区域加油站正常加油、确保市场秩序稳定的基础上，向往来顾客积极宣传疫情防护知识。

内容来源：青年报・青春上海　文：陈嘉音

是闪电侠也是店小二，
上海国企青年突击队在行动

　　能不能买到防疫物品？菜价会不会涨？银行是不是准时开门？外面到底安不安全……疫情当前，在这关键时刻，市国资委团工委发起号召，一支支上海国企青年突击队迅速组建起来，战斗在物资生产、商贸服务、交通运输、金融服务和城市运行的一线，打响青春战"疫"。

服务三农经济的"店小二"

　　"有你们在，农民放心！"——短短八个字，是上海农商银行浦东分行合庆支行辖内客户对"合心圆"青年突击队最淳朴的评价。

　　受疫情影响，本市不少农户面临着农货滞销的困境。看着自己辛勤耕耘的果实即将烂在地里，又没钱采购新的种子，内心酸楚万分。这时，指导农作物种植和收购农产品的农民合作社口袋里资金是否充裕就显得弥足重要，农产品保供稳价刻不容缓！

　　上海农商银行的90后青年员工集结起来，组建了"合心圆"青年

突击队。队员们第一时间梳理辖内企业的困难与需求，尽力为客户解忧。"这是我入职以来做过最酷的事了！"95后客户经理翁素仪一边排摸着辖内农民合作社，一边主动联系区农委等相关部门。队员们通过指导客户以视频通话的方式配合贷前调查代替以往的现场审查，一通通视频架起了沟通的桥梁。到了收集公司材料时，翁素仪戴上口罩、穿上胶鞋，扛了一台打印机，穿过泥泞的果田，来到了合作社帮助客户打印相关申请贷款材料，收集完材料后又带着一身泥土冲回了贷审中心。

"后面的事情交给我了！"队员尹一卉拍拍胸脯。为了加快贷款流程，队员们采用了"专人调查、专人审批"的无缝模式，大幅提升了贷款效率。同时，通过"支农金融服务绿色通道"，降低贷款利率，缓解了企业的成本压力，帮助其顺利备耕。

保障医疗物资的"闪电侠"

"我们年轻，我们能行！"上实集团下属上药华氏大药房的青年突击队队员们在紧急动员下迅速集结。他们有人负责门店销售、有人负责物资包装、有人负责物流派送，日夜兼程，有条不紊。

最先感受到压力的是门店。"力度伸怎么又卖完？""你们到底还有没有消毒水啊？""这里能不能买到口罩？"本该是淡季的药房，突然面对源源不断的顾客需要接待，突击队队员们除了提供专业的用药咨询服务，还要安抚担忧物资供应的进店市民。

与热火朝天的门店不同，补货的车辆上很安静，队长沈毅敏在车上不间断地通过微信群与各门店保持联系。面包加泡面，这是突击队物流青年的家常便饭。队员们要共同承担责任，24小时不间断地为门店补货。

每晚6点，他们的固定行程是要从静安的物流配送中心出发，其中，崇明的门店每次来回，都要花费四个多小时，但大家从没有埋怨。

队长沈毅敏说："我们青年突击队是一个集体，前方门店的兄弟姐妹们白天顶着外界压力辛勤工作，现在还在店里加班、包装货物。我们在后方要做好保障工作，能和前方的队员一起分忧，再辛苦都不累。"

身披绿色战衣的"大管家"

"我们市场是徐汇最大的蔬菜批发市场之一，这次疫情来势汹汹，我们市场的货品齐全，居民们都喜欢赶来这里大采购。面对每天的大流量进出，我们要守好市场里的'三道门'！"身披绿色战衣的光明食品集团中山市场疫情防控青年突击队队长贾顺彬发出号召，青年队员们迅速集结。

第一道门，是市场的入口门，确保进入市场的人员体温无异常。队员们需要全天候对前来市场的各地商户及市民进行体温测量及登记，轮流值守在门口。队员们平均每天为 600 人测量体温，认真守好市场入口门。

第二道门，是市场的货源门，确保商户进货路线记录可查。每天上午 9 点，队员张晓荦准时出现在市场内商铺前。他负责记录每一位市场客户的货物来源、进沪路线及交易环境的消毒情况。工作并没有想象的那么简单，今天就又有客户抱怨道："我每天都是跑这条线路，怎么天天还要问一遍？"张晓荦耐心地说："疫情每天都在变化，您今天跑的路线不等于明天一定安全，我这里给您记录一下，一旦有情况发生，我能第一时间告知您，既能让您节约时间又能保障安全。"客户听了略显悔意地说道："小伙子，你这也是为我们好，我性子急，你也别见外。"这样的沟通，张晓荦每天都要重复近千次。

第三道门，是保供稳价门，确保货物交易报表准确合规。队员蒋磊是结算组的青年骨干，结算组掌握着市场交易核心数据，他需要统计掌握市场库存与交易情况、了解市场客户动向。这项工作对市场保供稳价起着重要的作用，他时常为了梳理已经返沪和还未返沪的客商名单加班加点，有时候沉浸于工作下了夜班还不回家，一直要忙碌到中午。

守牢市场的"三道门"，就是为守护咱们上海人的"菜篮子"筑起了防线。

内容来源：青年报·青春上海　文：刘昕璐、郭颖

在为防疫开道的经济战线上，金融行业青年突击队在行动

在这场疫情防控阻击战中，贷款、证券、保险……不再是冷冰冰的数据，而是守卫着每一个人的金融防线。虽然不在防控一线，金融行业的青年突击队员们却争分夺秒，用自己特有的方式书写着战"疫"故事："虽没有治病救人的本领，但我们有责任坚守在岗位上，为这座城市筑起金融抗疫的防线。"

开辟防疫绿色通道，极速响应各方资金需求

"原先，我们审核一笔贷款的时间是按天计算，这段时间都是按小时、分钟计算。最快的一笔业务只用了 2 个小时！"龚怡静自豪地说。

龚怡静是中行上海市分行普惠金融事业部的一名授信尽责工作人员，也是上海市分行青年突击队成员之一。为了做好防疫战斗中小微企业的金融服务，每一位突击队员都在与时间赛跑，通宵达旦地投入工作中。

几天前，龚怡静接到一个授信方案。一家生产医用手套的企业，去年已经投了一部分资金用于机器设备和原材料采买。疫情发生后，生产需求大，企业采购资金出现了缺口。"目前医疗器具、防护用品急缺，尤其是一些接到《生产能力应急征用通知》的企业，前期的资金投放不够，急需特事特办。"经过她和突击队员的共同努力，2小时内，银行内部就完成了授信批复。

几天来，龚怡静的手机响个不停："申贷材料已审核，请再补充一项材料""再和客户沟通一下，避免后续还款压力过大"……回顾这几天的工作状态，龚怡静笑言自己不是在家里忙，就是在单位忙。

从按天计算到按小时计算，各方资金需求的绿色通道之所以能够畅通无阻，正是背后无数名突击队员的加班加点。"比起一线的医护工作者，金融从业人员虽然没有救死扶伤的本领，大家的工作都在'幕后'，但是我们作为突击队里审批团队的一员，要尽自己所能帮助这些企业，筑牢坚强的金融后盾。"龚怡静说。

昼夜奋战，保障疫情期间平稳开市

1月27日，A股调整开市日期的通知公布，一场严峻的大考摆在了上海证券交易所技术公司面前。

突然调整开市时间，意味着在不启动系统的情况下，要调整预设在系统中的各项业务生效日期及交易日配置，同时还要协调市场各方保持数据同步一致。

"人手不足是最大困难。"实时交易部负责人王明坤说，当时留在上海的员工很少，难以覆盖技术公司各条线岗位大量具体的工作。团支部书记蒋昊宸代表青年突击队主动向公司党总支请战。当战斗"集结号"在公司"青年突击队联络群"发布后，仅15分钟时间，50名在沪的青年团员全部请缨参战，要求返所加班。

1月27日当晚，50名青年突击队已在公司各岗位集结就位，排查开市风险、准备技术系统、对接业务部门需求、组织测试演练等多项紧急任务迅速展开。

1月30日，就在各项任务相继完成，突击队员已陆续离岗返家时，公司又突然接到紧急需求任务，要给系统重新加载减持数据。此时，系统无法启动，全网测试也已经完成，无法在减持数据后重新验证系统是否正常。一道高风险的难题再次摆在了公司面前。

深夜，办公室里一片寂静，但是为了重新处理减持的数据，突击队员再次返所加班，紧急讨论研究方案，进行验证测试，一直工作到凌晨1点。经过一昼夜的奋战，整个团队终于圆满完成了任务，最终顺利确保了2月3日开市的平稳运行。

"这大概是我人生中最难忘的春节，"王明坤感慨道，"一场疫情突入袭来，社会的各个方面都受到了影响。作为一名金融工作者，我们能做的，就是高效地把工作做完。证券对国家非常重要，保证系统平稳运行，交易正常运转，是我们上交所青年突击队的责任。"

赠送专属保险，为逆行者提供安心保障

"你守护魔都，我们守护你！"这是中国人寿"守护者"战"疫"

突击队的一句口号。据了解，为更好地守护奋战在防范疫情一线的青年志愿者，团市委、上海青年志愿者协会联合中国人寿上海市分公司推出"守护志愿者"特定保险。

而这份保险的出炉，离不开中国人寿"守护者"战"疫"突击队的努力。新冠肺炎疫情发生后，中国人寿上海市分公司紧急成立了"守护者"战"疫"突击队，从销售、运营、客服、财务等各个条线选派政治觉悟高、业务能力强的员工，竭尽全力提供保单服务和支持，启动应急服务预案，开通理赔服务绿色通道、升级多项服务举措，第一时间设计出台了向上海市奋战抗击疫情一线的医护人员、志愿者赠送的专属保险。

突击队成员苏雅说："前期大家做了一系列的准备。从志愿者会承担哪些工作，面临怎样的工作环境，可能会遇到什么的风险等综合考量，一步一步确定了保险责任和保障金额。"

据了解，志愿者如果在志愿服务期间，因确诊新冠肺炎导致身故或因意外伤害导致身故会有50万元的赔付，因意外伤害导致身体残疾则会依据伤残等级给付伤残保险金，保险期间为一年。

前几天，捐款截图刷爆了苏雅的朋友圈，青年员工自发捐款，也让责任与爱心进一步升级。苏雅说道："疫情面前没有局外人，非常时期没有旁观者。我和我的伙伴们都有信心打赢这场仗，凝聚青春正能量，以饱满的状态投入到工作中来。"

内容来源：青年报·青春上海　文：陈嘉音

淬火成金！他们练就了防疫复工的十八般武艺

现在是全面复工复产阶段，上海各大重大工程项目火力全开。为全面落实"一手抓疫情防控、一手抓复工复产"的新要求，上海市建交系统充分调动青年突击队的先锋作用，认真做好疫情防控和复工复产两项工作，打好疫情防控攻坚战和复工复产保卫战。

海上逆行、数字化防控……疫情期间，建交青年凭借十八般武艺"淬火成金"。

"海上逆行"履行社会责任

"掉头！"上海海洋石油局东方勇士轮船长杨圣龙一声令下，船舶急速转向，全速赶赴采油平台。

原来，该轮本已结束海上作业，正在按甲方指示返航途中。途径平湖油气田时接到中心平台紧急通知，需要转运技术人员至一分平台，这让船长杨圣龙有些为难。

　　"平湖油气田是江浙沪居民家中天然气的重要来源，任何平台作业遇阻，都将可能导致'断气'，深夜转运技术人员，一定是遇到了麻烦。"想到这里，他一声令下，船舶急速转向，全速赶赴平台。

　　靠泊、接人、测温……在做好防疫的基础上，该轮克服夜间作业、不良海况等因素，快速完成转运，并在附近守护直到平台问题解决后，这才放心离开。

　　杨圣龙表示，"海上逆行"并非个例，春节前夕，更有百余名船员踏上"逆行"征程。面对疫情，他们把休假抛之脑后，并以船舶为单位联名签署决心书，亮出"疫情期间不换班，站好防疫这班岗"的承诺，确保海上油气接续流回陆地。

　　"越是特殊时期，就越是需要年轻人顶上去，陆上做好安全防疫，海上做好安全生产，在这个时候能为国家能源保障出一分力，我们义不容辞。""80后"海上钻井平台经理为即将出征的平台职工加油打气。

　　史吉辉表示，受新冠肺炎疫情影响，今年海上换班的要求更严了，标准也更高了。2月17日，在隔离14天后，中石化上海海洋石油局的首批36名青年员工，顺利完成换班，抵达位于东海的海上钻井平台。换班人员根据公司制定的防疫相关要求，完成消毒和身体健康检测后，前往各自岗位开始投入生产作业。

看我们的数字化秘密武器

工程复工，少不了前期紧锣密鼓的疫情排查与防控。1月27日下午，数字化青年先锋突击队的队长郭俞在家收到了一则通知：疫情当前，公司急需用信息化手段进行疫情防控。了解情况后，他当下联系队员们，召开电话会议，讨论如何利用IT技术优势，提升疫情防控能力。

经过讨论，大家决定从健康管理程序开发入手，建立一套员工数据统计体系，通过程序精准、及时、全面地掌握公司员工的相关情况及动态变化情况。

很快，突击队员就遇到了第一个难题：当时仍处于春节长假，得不到外部开发支持，数字化青年先锋突击队的队员们从内部抽调精兵强将，迅速组织了一支自主开发团队。

第二天一早8点，队员们就准时上线，责无旁贷地启动了开发工作。队员们虽身处全国各地，但是克服了各种困难，协同工作。突击队员曾红斌身处湖北，生活受到很大影响，仍然坚持长时间在线与队员们保持合作，保证开发工作保质保量的进行。

从1月27日第一次需求分析到31日正式部署，团队的队员们充分运用在日常工作中使用的移动与数据分析技术，快速完成了健康管理程序初版，并在之后几乎每天一个版本进行迭代优化，不断根据疫情发展调整功能。

在开发的同时，突击队员也在关注互联网上的各种防疫情应用的新功能，作为参考优化对象，从数据采集功能优化，到实时智能数据分析，并自动反馈各部门。"现在，它的功能越来越完善，数据也越来越准确、可靠。"郭俞自豪地说。

科学防疫的"硬件"和"软件"都要抓

"为了尽快回到岗位，避免路上感染，我四个多小时都没有下过车。"1月31日，核工院三门项目部青年突击队成员陈捷吉从上

海出发，独自驱车回到了三门项目部。由于春节值班，突击队员陈旺明从去年年底到现在，一天都未曾离开过岗位。

三门项目部青年突击队共有 8 名成员，在家工作的队员同样忙得热火朝天。疫情期间，突击队响应项目部"停班不停工"的号召开展线上办公，为有序复工做好充分准备。自 2 月 3 日起，三门项目部突击队通过召开视频和电话会议、微信建群布置工作等线上办公方式，开展疫情防控工作部署。

为了不耽误工作，成员们没电脑的借电脑，没软件的就现装，没办公区域的就搭建一个，各出奇招，确保工作能顺利推进。

硬件落实了，"软件"也要跟上。为消除员工对疫情的恐惧心理，传播抗"疫"正能量，青年突击队每周制定宣传计划，收集并编制疫情防控宣传稿件，为大家展示项目部疫情防控工作开展落实情况。

微信群、公司邮箱等都是突击队宣传的媒介。突击队结合卫健委官方科普素材，及时向员工普及新型冠状病毒相关科学防护知识。为进一步提高员工防疫意识，做好安全返程复工工作，青年突击队提前编制发布《三门项目部返程防护指南》，以图文结合的方式，温馨告知员工如何在返程途中做好防护。

陈捷吉说，考虑到返程员工留宿观察期间的防护工作，他们又马不停蹄地编制了《三门项目部留宿观察期防护指南》和《三门项目部运动战"疫"指南》。

"倾全力，抓防疫，保复工，我们奉陪到底！"突击队员陈捷吉自信地说道。

内容来源：青年报·青春上海　文：陈嘉音

线上线下同步推动，
为外国友人搭建一座暖心桥梁

疫情就是命令，防控就是责任。在特殊时期，为了更好的服务于在沪工作的外国人，上海市研发公共服务平台管理中心（上海市科技人才发展中心、上海市外国人来华工作服务中心）积极响应政府号召，以外专服务部这支年轻的队伍为班底，即刻成立青年突击队，利用春节假期与时间赛跑，针对此次疫情的发展情况第一时间推出线上线下一系列的有效举措，切实为来华工作的外国人构建便利通道，同时也为降低在沪工作外国人的疫情风险和及时妥善处理各种突发问题形成了有力保障。

外专服务部一共 17 人，平均年龄 33 岁，年纪最小的 97 年出生，其中"90 后"5 人，"80 后"16 人，拥有 10 名青年党员，占到了总人数的一半以上。

防控疫情信息服务工作分秒必争

外专服务部始终聚焦"不断优化国际化营商环境，关注在沪工作外国专家配套服务体系建设"，为在沪工作的外国人提供优质服务，而此次疫情对目前在沪工作的外国友人无论是实际生活中还是心理上都产生了较大影响，基于生活环境和语言环境的不同，他们更需要帮助。为此，由"80后"牵头，"90后"积极响应的外专青年突击队快速反应，及时做好在沪工作外国专家防控疫情信息服务工作。

大年初三，根据上海发布的有关春节调整假期相关内容，当天下午立即对外正式发布外国人来华工作许可窗口受理时间相应调整的通知。春节期间，突击队成员们齐心协力设计完成了在沪工作的外国人士共同防疫新型冠状病毒的科学信息专栏，其英文版本在上海研发公共服务平台官网同时上线，内容包括最新疫情发布、防疫措施手段、上海本地防疫外语新闻、外国人来华工作绿色通道等，并翻译了上海地区发热门诊中英文信息等必要辅助信息，提供了英法俄德日韩等六种语言新型冠状病毒感染肺炎的公众预防提示，及时向在沪外国人传递党中央的关怀和防控疫情安排部署，使他们进一步坚定信心、与中国同舟共济。青年突击队的快速反应和务实工作作风获得了用人单位、外籍人士的点赞和各区受理点的好评。

温暖！《致在沪外国友人的一封信》

大年初七一早，突击队的工作群就展开了讨论。"年快过完了，

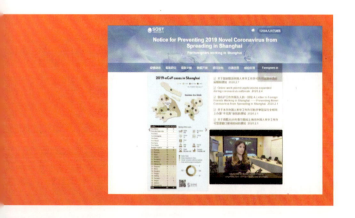

外国专家要开始工作了，他们会不会有什么心理压力？""会不会有感染症状的外国专家，他们应该去哪里就医呢？"群里两位细心的"90后"姑娘开始有了顾虑。"或许我们可以写一封信给外国专家？""我觉得可以！出个双语版不成问题！"在突击队年轻人的集思广益下，一封富有上海特色、专业而又温暖的信就这样写就了。

《致在沪工作外国友人的一封信，关于新型冠状病毒防疫贴士》包含了对疫情防护的温馨提示、咨询热线、信息专栏以及上海有关新冠病毒感染定点救治的医院明细，中英双语版本充分展现了对外国友人的热情关怀和细心帮助。信的电子版及时发送给各个办事单位，新建微信公众号"上海科技人才"的推送版成了青年们朋友圈的头条，其纸质版也放置在了每一个办事窗口，方便办事人取阅。后续宣传中，突击队成员们充分发挥主观能动性，将"一封信"制作成折页、卡通宣传册等多种形式，温暖了更多外籍人士。

便利！"不见面"审批操作省去窗口受理环节

2月1日，外专服务部还没正式上班，一则通知就已经刷爆了朋友圈：《全程网上办理！本市外国人来华工作许可有关事项实行"不见面"审批！》，市科委（市外专局）出台了防疫期间上海市外国人来华工作

许可"不见面"审批新政，除新申办来华工作许可业务外，其他业务一律采取"先承诺后补交"的方式办理。在新政方面，青年突击队的小伙伴们在市外专局的领导下评估新政的可操作性、做好新政推出后的预案，及时调整审批受理流程和人员安排，同时积极对接来华工作许可管理系统，开发新的在线功能版块应对疫情。在宣传方面，外专青年们发挥自身优势，在指南制作及网站、微信、宣传品推广上下足了功夫，包括宣传手册、PPT展示、流程图制作、推广双语模式等方便外籍人士在第一时间享受"不见面"审批带来的便利。推行新政一周以来，受益办理量累计223份，日均56份；全市受理点窗口累计接待357人次，日均89人次；电话咨询量共计达1315通，日均329通，成效显著；2月8日，《关于暂时取消外国人来华工作许可延期申请时间限制通知》发布，相信在后续政策及宣传的努力下，受益人数将会明显增多。

还未开年，外专服务部上上下下已经忙得不可开交，正值春节假期，但疫情当前，许多前期工作需立即展开，包括及时做好预案，调整节后工作方案，第一时间将便利的措施、新政以及共同抵抗疫情的信息传递给用人单位和在沪工作的外籍人士等等。

对此，青年突击队队长——市平台中心团支部书记、外专服务部负责人戴杨表示："部门的小伙伴们在面对疫情时都表现出了一股积极向上的冲劲，用热诚服务的同理心将信心和暖意传递给在沪工作的外国友人。无论是由部门骨干牵头的专项工作还是号召全部门出力分解的任务，大家都在第一时间响应，紧盯任务时间线，不计白天黑夜主动作为，甚至部门群里常会出现翻译接龙这样颇有新意的协作方式来高效完成工作。"

内容来源："科技群力"官微

青亲企团里"90后"挑大梁

用工困难、物流成本上升、产业链发生变化……这些都是企业复工复产的"拦路虎"。于是，没有LOGO、没有启动仪式，"FTZ青亲企团"就此诞生。别看名字有点"萌"，能量可不小：助力自贸区企业复工复产。在这个20人组成的年轻团队中，"90后""店小二"挑起了大梁。

小小的表格解决大大的复工难题

基隆路9号，是上海自贸区保税区管理局办公大楼，不断进出的办事人流似乎在提醒大家：自贸区已经全面复工。

因为接待的多为外企和外贸企业，这里依然"戒备森严"。出示随申码、登记、测体温……完成一系列严谨的程序后，乘电梯到达16楼，一间不起眼的办公室便是"FTZ青亲企团"所在地。

办公室门口醒目地挂着一块小白板，上面贴着青亲企团的工作进

度表。表格里，企业名称、复工日期、复工人数、复工率、疫情对公司复工的影响等信息一目了然。青亲企团对于需要跟踪服务的企业，做好问题分类，张贴上墙"挂图作战"。

"表格里企业的问题，我们解决一批，撤除一批，确保所有企业的全部问题、需求均有回应。"复旦英语系毕业的宋姚怡是2013年上海自贸区成立那一年进来的，可以说是见证自贸区一步步发展壮大的年轻"元老"。这些年来，小宋在招商引资、企业服务等不同岗位和部门成长历练。如今，这个"90后"已经可以独当一面，成为青亲企团的骨干。

"FTZ是自贸区 FREE TRADE ZONE 的首字母缩写，外高桥保税区是上海自贸区的诞生地，用这个前缀是希望我们年轻人能在这块改革创新的土地上，始终不忘初心，为一流营商环境贡献青春智慧，为助力区域企业发展奉献青春力量。"虽然隔着口罩，还是可以感受到宋姚怡弯弯笑眼下的亲和力，正如她面对企业，为他们提供复工复产咨询时的模样。

对于青亲企团这个名字的由来，宋姚怡解释道："青"是指保税区管理局全体团员、青年。"亲企团"则是指凝聚保税区管理局各条各线团员、青年的力量，发挥其本职专业及特长，充分利用工作之余时间，主动关心、亲近企业。"从问题和需求的收集、答复及解决路径的反馈，到后续联络跟踪服务，均有固定团员、青年'一竿子到底'，我们发挥的是企业服务专员的补位作用。"

透过青亲企团一张小小的工作进度表，看到的却是各家企业大大的复工难题：有的是用工困难，有的是物流成本上升、产业链发生变化，还有的是开工前订单产量不足，等等。怎么解决？青亲企团来想办法。"如遇到有的企业面临用工困难，而别的企业有一定富足的劳动力，我们就立即为企业做好牵线搭桥工作。"宋姚怡说。

有一次，青亲企团的一位小伙伴在前期调研过程中了解到区内一家经营油站设备的企业工人有富余，并表示如果保税区内复工企业存在用人不足的情况，该企业愿意给予人员支持。后来，在每日的团队内部沟通会上，另一位小伙伴说起近期他收到一家货运企业反映疫情期间用工短缺问题相当严峻。

一拍即合。小伙伴们迅速行动，第一时间联系两家企业并助力他们成功对接。"我们为企业高兴之余，也保持冷静，对现有的问题进行了更细致、更精准、更明确的汇总分析，促成企业尽快对接。"

每人都加了几百个企业微信好友

疫情期间，作为服务企业的一线部门，青亲企团做好分工，分头

行动。"我们一方面与200多家各行业代表性企业联系，做好集中调研走访的前期准备工作。另一方面，根据收到的受疫情影响较大的重点外贸企业名单，点对点进行电话沟通，对30余家受影响较大企业的进出口情况进行调研和跟踪反馈。"对了解到的区内防疫物资紧缺的企业，青亲企团则会逐一电话联系并安排上门发放口罩等。

在走访一家保税区德国企业时，了解到企业目前急需防疫物资，青亲企团第一时间将物资送上门。同时结合企业的发展状况及未来战略前景，面对面详细介绍保税区功能服务平台及政策。

"我们还跟企业相关人员加微信，以便于第一时间为企业遇到的诉求提供解决路径和答复。"眼下，青亲企团成员每人都加了几百个企业微信好友，可以说是"7×24小时"实时在线。有时候和一家企业会来来回回打好几个电话，直到问题的解决。

"我们也很高兴，因为我们不仅是问题的'发现者'，也是问题解决的'推动者'。"宋姚怡说，作为一名"90后"青年，他们希望以点点滴滴的努力让企业感受到政府"有温度"的服务。

前几天，青亲企团接到区内一家民营企业提出的诉求，企业有事项办理需得到各职能部门的审查盖章，而办事人员因时间紧且对流程不甚了解，因此感到十分着急。青亲企团决定全程参与，助力企业最快最高效地完成事项办理。"我们由专人提前打好前站，陪同企业第一时间找到相关职能部门，还充分发挥协调联络作用，对可能遇到的一些问题和所需材料提前告知企业并做好后续相关工作，企业感到十分温暖和感动。"青亲企团的小伙伴们都说，虽然额外增加了不少工作，甚至没有上班、下班的概念，但是只要企业有需要，他们都会尽己所能去想办法。

内容来源：青年报·青春上海　文：郭颖　图：周紫薇

这些青年战"疫"的方式，很"互联网"！

在迎战疫情的大考面前，国内多家企业发挥自身优势，做好医疗物资、市场供应、公共服务的各项保障。其中，也不乏哔哩哔哩、美团点评、饿了么、携程、拼多多、阅文、顺丰、趣头条、上海二三四五等上海互联网企业的身影。

作为团市委"互联网团建直接联系点"，这些互联网企业或捐款捐物，或组建青年突击队发动员工围绕主业助力疫情防控，或发挥平台资源优势凝聚志愿防疫正能量，不仅展现了新时代中国企业的责任与担当，更将互联网从业青年与用户青年联结在一起，形成了青春"防线"。

美团联合心理咨询师：300 位专业力量的集结

来自上海静安区的国家二级心理咨询师张英，从事专业心理咨询工作 10 余年之久。除夕当天，她看到了美团联合多家心理机构共同发起的在线公益心理援助行动招募，第一时间就报了名。

　　"目前我已经接待了多位因为疫情受到影响，来自全国各地的来访者，大致分为三类人群：一类是因为有接触史或者没有接触史，担心自己或家人被感染；另一类是从疫区返乡，隔离在家；还有一类比如医护和抗疫一线工作人员，长期隐形或显性接触传染源，且工作压力巨大。"张英表示，"这一阶段我们主要是倾听来访者的困扰，共情来访者的情绪，进行一些认知的调整，并及时提供一些切实可操作的专业的减压和放松方法"。

　　1月以来，随着疫情的发展，疫情相关的心理咨询呈现上升趋势。"疫情牵动着每一个美团人的心，大家都想为抗击疫情做点力所能及的事情。"经过美团到店综合业务部小伙伴24小时的连续奋战，首个由互联网本地生活服务平台发起的服务湖北防疫一线医护人员和病患相关人群的免费在线心理援助行动，于1月27日正式上线，上海地区的多家心理咨询机构积极报名参与。

B站携内容创作者：用漫画视频来应援

日前，一组根据金银潭医院院长真实故事改编的漫画火了。漫画名为《与时间赛跑的"病人"医生》，讲述了武汉金银潭医院院长张定宇，身患渐冻症、医生妻子被感染，仍坚守在抗疫一线 31 天。在人民日报两微一端上线首日，微博浏览量超过 1.2 亿次。

"90 后"护士单霞选择剪下长发剃成光头、军医刘丽脱下红妆换武装、护士长蒋晓娟被护目镜压出伤痕，一幕幕一线医护工作者的感人瞬间都出现在漫画中。

这是由哔哩哔哩 8 名年轻的漫画制作者，用三天时间完成的作品。"很荣幸也很骄傲能通过自己的专业知识为国家抗击疫情贡献一份力量。我们希望能通过漫画的形式，让更多人更直观地了解在抗击疫情前线医务工作者的点点滴滴。在致敬医务人员的同时，履行自己的责任与他们并肩作战。"哔哩哔哩漫画事业部《与时间赛跑的"病人"医生》漫画制作者表示。

如今正是在抗击疫情的关键时期，一批年轻的创作者和用户正通过互联网彼此联结。B 站用户通过上传视频、发弹幕等方式为武汉加油。在这个年轻人聚集的文化社区里，当代青年以自己的方式为抗击疫情应援。

携程客服团队：扛起千万旅人安心与便捷

今年除夕夜，"宇宙最大客服中心"——可容纳八千至一万名坐席的携程南通客服中心迎来了一位"最小访客"。

疫情当前，已经连续 8 年春运加班的携程酒店客服金军，在大年三十这天，带着 18 个月大的二宝和 7 岁的大宝坚守岗位。他的妻子，"90 后"携程客服王娜也奋战在加班一线。

受疫情影响，春节旅游黄金期变成寒冬期，很多人取消旅行计划，退改签订单扑面而来，申请数量暴涨数倍。夫妻二人原本打算带两个孩子回老家过年，如今只好将两个孩子带进了办公室。金军把小儿子

放在膝盖上，哄他睡去后，再继续用礼貌的声音，处理日均 240 通客人呼入电话。

位于上海的携程其他业务团队也同样忙碌。春节期间，携程全国酒店疫情防护小组组长陈小波的团队几乎每天都是这样度过的：早晨 9 点到岗，巡楼为每一位员工测量体温、确保人人戴上口罩；10 点开始将午餐一份份打包送到上千名客服的工位上……

但陈小波常常看到，午餐摆在桌上 2 小时了，工作的人还是来不及吃上一口，晚上 11 点离开时，还有很多人守在电话边。虽然已连续高强度工作多日，但团队成员依旧坚守在岗位上，用耐心和细致扛起上千万旅人的安心与便捷。

趣头条宣传突击队：用权威资讯坚定战役信心

作为一家互联网内容平台，趣头条充分发挥自身优势，用权威资讯坚定着全民战"疫"的信心。

于除夕当日正式成立的"抗肺炎"专题宣传青年突击队，第一时间在趣头条 App 中开发建立了防疫新冠肺炎的专题频道，不间断地向用户传递主流媒体关于防疫工作的各项新闻，并融入辟谣、同程排查等版块。

针对县域用户在信息获取方面存在"慢半拍"的情况，突击队上线了24小时全天直播的功能，接入央视频疫区直播画面，可实时观看武汉疫区防控现场、火神山和雷神山医院建设工地等最新动态。控疫情亦需稳人心，在官方辟谣页面，突击队聚合了来自人民网、中新网、澎湃新闻等权威媒体的辟谣资讯，为用户破除谣言心魔，坚定了大家万众一心、战胜疫情的信念。目前专题每天阅读量超300万，用户累计评论数超2.4万。

同时，突击队还联合微医互联网总医院上线"新冠肺炎义诊专区"，面向全国用户推出在线免费医疗咨询服务。截至2月8日，该平台已累计为超过100万多人次提供免费义诊服务。

众多互联网企业：用青春力量凸显战役担当

在这条隐形的战线上，顺丰、饿了么、趣头条、二三四五、阅文等多家互联网企业都在用本职工作凸显战疫担当。

顺丰上海浦江网点突击队仅仅使用1个小时就制定好了特殊医疗

物资运输方案及保障方案。目前，已有成千上万件新型冠状病毒检测试剂盒从他们手中送往湖北及全国各地。

拼多多"抗疫工作组"则"点对点"为上海援鄂医疗队捐赠了一批物资。25 箱进口医用消毒液、9000 只医用外科口罩、10000 双医用手套，这些物资将送至正在武汉金银潭医院、武汉三院与"疫魔"鏖战的上海医疗队手中。

为了能让医护人员"吃好喝好"，1 月 30 日起，饿了么联合沪上 17 家餐饮企业联合发起"医护关爱计划"，统一为部分医疗机构的医护人员免费送餐。一批外卖小哥主动报名组成公益送餐志愿队，将商家无偿供应或热心市民下单的食物里蕴含的温暖，传递到医护人员手中。

为了让用户获取权威信息，上海二三四五在主要核心产品 2345 网址导航首页三处显目位置突出展示设置疫情动态链接，为用户及时获取疫情动态信息、及时做好科学有效防护提供便利。

居家战"疫"期间，为满足公众的精神文化生活需求，阅文集团在旗下 QQ 阅读 App 上开通"科学防护 共度时艰"免费阅读专区，上线防疫相关科普读物，同时还免费开放了价值 7 千万元的优质数字阅读内容提供给用户。

内容来源：青年报·青春上海　文：陈嘉音

背着十几升药水走完地铁 8 节车厢，他要 "让乘客 坐得安心"

　　晚上 9 点多，夜深人静，龙阳路地铁基地，第一班地铁列车回库，戴着口罩、背着沉重的消毒水箱的蒋军迈入运营了一天的列车车厢，开始了他的保洁工作。和以前不同，现在他的工作时间每天都要延长一个多小时，因为增加了一道每日升级消毒的程序。

凌晨 4 点下班，"保证每辆车都不留一个死角"

　　蒋军是负责上海地铁车辆保洁的工作人员，每天，让运营了一天的列车干干净净地迎接第二天的乘客，是他的工作职责。

　　"每天上班都要先测体温，这是第一个不同。"蒋军说。上车前，大家穿好保洁工作服，先排队一个个等着量体温，量完一个记录一个。"确保大家体温都正常才能开始作业。"

　　装备也和往常不一样了。蒋军还介绍了他的 "必备武器"，腰上一边是干湿两块毛巾，一边是喷壶、除胶剂、清洁剂，挂着一块擦玻

璃的擦板，另外还有拖把、水桶、扫把、铲刀。"最关键的是这个可以喷淋的消毒水箱，要提前配比好药水带上车，全部的基础保洁工作做完后，再进行全车消毒。"

所有的工具也都要进行提前消毒。这一切准备工作全完成后，戴着口罩、安全帽、手套，背着16升药水的蒋军全副武装进入了空荡荡的列车中。

一部车两个保洁人员，蒋军和同事王立贵分工合作，保洁程序从高处到低处。蒋军先擦起了车厢顶部的空调，将上面的浮灰擦掉，接着将两侧墙壁、上面的显示屏、座椅、玻璃全部擦拭一遍。收完车厢里的垃圾，再开始用尘推在地面"轻推"，然后再湿拖。"最难的是遇到小广告、口香糖，要用铲刀轻铲，有时候弄干净一块地方都要几十分钟。"蒋军说。

而这只是基础保洁工作，这个春节以来，每天还要增加一道全车升级消毒的过程。"我们本来清洁剂中就含有抑菌的消毒液，现在针对疫情，又升级了消毒等级，在以往保洁消毒的基础上，再每天人工喷一次84消毒液，保证每辆车都不留一个死角。"

16升的消毒水箱，装满了精确配比过的药水，蒋军要背着这个箱子走完全车。上上下下，他仔细地对每个角落进行全方位消毒，眼神认真。每消毒完一节车厢，都要在车厢上贴上标有消毒日期的"今日已消毒"的标签，这才能证明他的工作已完成。

往常蒋军晚上9点上班，最晚也就是凌晨3点下班，现在，他都要到四点多才能下班。

疫情下的坚守，"让乘客坐得安心就值得"

每年春节本来是上海地铁人流量较少的时候，也是像蒋军这样的外地务工者能够难得回家团聚的时候。"今年出现突发疫情，他们也是一声令下，就在各自的岗位上坚守到现在。"上海地铁物业管理有限公司质安部经理余守民说，"80后"的蒋军在保洁岗位上属于"年轻人"，也是公司青年突击队的一员，哪里有需要了，这支突击队的成员就会被调配到哪里进行支援，保证上海地铁的列车消毒工作全覆盖无死角。

2002年刚进公司时，蒋军还未满20岁，第二年他就遇到了非典，还有些慌张和紧张。今年，已经为人父的他变得淡定不少。"已经经历过一次，就不那么害怕了。"虽然每天要进入的车厢运送过天南海北的乘客，有不少不确定性，但蒋军并不害怕："公司也给我们做好了保障，口罩手套戴好，没在怕的。"他说。

在他看来，抗击疫情是一件众志成城的事。"我们每天把自己的工作做好，为地铁车厢做好清洁消毒，就算辛苦一点，但只要给乘客创造一个安全舒适的乘车环境，让乘客坐得安心，我觉得都是值得的，也是我们为抗击疫情做出的一点小小贡献。"

内容来源：青年报·青春上海　文：刘晶晶　图：常鑫

"入驻" 18 家菜场分场，这些 "蓝马甲" 要让大家安心

面对这场没有硝烟的战"疫"，为了让大家的"菜篮子"装得满、装得安心，虹商集团青年突击队开启"志愿红"模式，"入驻"18家菜场分场。他们带着口罩，拿着消毒设备，坚守在菜场内外，守卫大家舌尖上的安全。

披星戴月，只为守护舌尖上的安全

早上六点半，天还蒙蒙亮，新市北菜场已经聚集了一批"蓝马甲"。他们是虹商集团的志愿者，面对这场没有硝烟的战"疫"，"蓝马甲"开启了"志愿红"模式，把好菜场卫生防疫关。

"这里再来点消毒水！"吆喝声在还未开业的空旷菜市场中显得尤为响亮。先把消毒片按比例溶解在喷壶，再用喷壶洒向各个卫生死角，新市北路菜场场长张景坤这一套操作专业又熟练。他说，要将两千三百多平方米的菜场彻底消毒，需要打空整整三个喷壶的消毒液。

　　洗手间、垃圾厢房及各处公共区域的垃圾桶，都是突击队员和驻菜场保洁人员的"重点关注对象"。他们需要一日三次对菜场进行卫生打扫，确保在每天开市前，将一个深度消毒清洁后的菜场带给大家。

　　7点30分，菜场准时开门。张景坤和其他突击队员的工作还远远没有结束，他们又化身成手持红外线体温测试枪的"门卫"，站在菜场的大门前，为每一个进来菜场的顾客测量体温。"我们菜场是附近唯一的大菜场，人流一直都没有减少。我们的要求是，一直到晚上菜场关门，每一个顾客的体温都要测量。"张景坤笑言，自己也记不清一共测了多少人的体温。

　　"自从疫情开始后，为确保把好食品安全生命线，我们虹商集团青年突击队三组的成员就一直在这个岗位上。"张景坤认为，菜市场关系着群众的舌尖安全，更需要精心的清理消毒和严格把控。

　　为了让经营户、群众尽快知悉防疫知识，充分配合防疫工作，三角地青年突击小分队用了最短的时间，将宣传海报张贴到辖区所有菜场内，仅仅两天时间，他们已经在各分场张贴宣传资料30余份，发放宣传材料100余份，广播宣传每天3次。

严守菜场大门，他们站在最前沿

"师傅，请排好队测好体温才能进去。""您口罩没带，不能进菜场，请配合我们工作……"在广灵菜场门口，可以看到"蓝马甲"对每一名进入菜场的人员都要进行体温测量。

疫情防控期间，根据相关部门要求，进出菜场必须测体温、戴口罩，但新市北菜场、曲阳菜场等由于每日人流量大，仅靠菜场内部工作人员已无法负荷，在得知这一情况后，集团本部和大祥商城两支青年突击小分队主动请缨，将值守菜场大门的任务承担下来。

当天，青年突击队就制定了对密云等6家人流量大的菜场值守排班表，两支小分队的突击队员全员上岗，即使外面寒风凛冽，他们仍旧坚定地站在菜场大门口，认真值守，协助菜场工作人员。

每天上午八点到十一点，菜场迎来顾客买菜的高峰期。突击队员用体温仪对所有进入市场人员测量体温，有发烧症状的严禁进入，并建议其尽快就医；对没有佩戴口罩的市民，则一并进行劝离。市民普遍反映，感觉又多了一条安全防线，来菜场买菜心里的恐惧感少了，安全感更强了。

扛起重任，做抗疫站最坚固的后方保障

"我已经连着一周多，早上 5 点多就开工上班了。"食品公司突击队员储家辉这样说道。适逢春节与疫情的双重压力，在员工复工难、配送运输难等不利条件下，为响应防疫保障供给，全力保障提前复工的区政府、区各街道办事处以及江湾医院、中西医结合医院、第四人民医院等单位的食材配套供应，在沪突击队员们主动挑担，大年初三就提前返岗，坚持每天到岗，连续上岗 11 天。和储家辉一样，这些队员们每天天还没亮就从家里出发，去农贸批发市场采购食材，然后又马不停蹄送往各单位。

在对供应、采购、配送各环节严格做好质量控制和疫情防控工作的同时，青年突击队还要确保疫情期间有安全、健康、新鲜的食材持续供应，做抗疫战最坚固的后方保障。

很多"90 后""蓝马甲"都说道，在非典时期，他们还是学生，而如今已然是一名虹商青年人了。为了参加这次志愿活动，大家和家里人再三沟通，坚持冲向防控第一线，献出自己的一份力量。

内容来源：青年报·青春上海　文：陈嘉音

他们：奋战在另一条抗疫火线上

　　77 条常规医疗废物收运路线，15 条疫情医疗废物应急收运路线，每天穿梭于上海的 4000 余家医疗机构、115 家发热门诊医院、1 家定点医院，还要动态对接集中隔离点以及各个道口的医疗废物。疫情发生以来，作为承担本市医疗废物收运处置任务的专业单位，上海城投集团下属的上海市固体废物处置有限公司的这支队伍，成为了奋战在另一条抗疫火线上的主力军。

每天进行"精密计算"人送绰号"活地图"

　　这大概是一条冷知识——全上海除了崇明岛，其他地区所有的医疗废物都是在位于嘉定的固处公司进行专业化、无害化处理。

　　疫情期间，除普通医废要确保正常收运外，涉疫情医废收运点、收运量急剧增加，面对突如其来的疫情和每天全市产生的 100 多吨医废，如何及时、有效、无害化处置？

　　"我们专门制定了定点医院和发热门诊等医疗机构的收运处置方案，采用'白＋黑'模式，确保医废收处无死角、零疏漏、全防控。"固处公司总经理李传华说，所谓"白＋黑"，是指日间收运普通医废、夜间收运疫情医废，疫情医废由专人、专车、专线收运，最大限度地减少接触风险。而随着疫情蔓延，防控要求持续升级，应急方案也不断调整。

　　坐在电脑前，面前的大屏幕实时显示全市各个点位的情况、运输线路的情况，固处公司物流调度主管、"85后"张燕铭每天的工作就是对当天的收运线路进行"全盘调度"。疫情发生以来，他负责监督医废收运全流程运行情况，同时根据全市定点和指定发热门诊医疗机构的具体医废产生量，及时调整收运力量及收运线路，精确计算好路程、时间、点位。

　　运力是有限的，人员也是有限的，要在车辆和人员有限的情况下做到收运最大化，保证用最少的车辆把所有的医疗废物全部收运干净，每天张燕铭的脑子里都在进行精密的计算。

　　上海的三甲医院比如瑞金、长海、中山天天都要安排收运，而疫情到今天这个阶段，输入型成为主力，浦东更是成为"重点对象"。"浦东机场，以及浦东两个发热门诊：浦东新区人民医院和上海市第六人民医院临港分院，天天都要去，包括隔离点等等。"张燕铭说，目前每天白天会安排 70 多辆车，夜间安排 15 辆车开往全上海，根据线路、收运量用不同的车型来安排收运。

从春节至今，张燕铭的"精密运算"就没有停过一天，也得了个绰号："活地图"。

即使只有几公斤也会驱车几十公里去收运

安全交底，交接装车，冷链运输，卸料入库，焚烧处置，这是疫情期间医废收处的流程。虽然只有 20 个字，但要做到应收尽收、日产日清，背后的艰辛和挑战远超想象。

下午 4 点，是 15 条疫情医废收运线路发车的时间，但 45 名收运人员下午 3 点已到岗，他们换上工作服，吃好"早晚饭"，穿戴防护装备，参加行前会，节奏紧凑。

防护服、护目镜、口罩、双层手套、头套，从头到脚，全副武装。考虑到防护服穿脱麻烦，且收运车辆往返通常需要六、七个小时，为了不耽搁整个收运流程，确保防护到位，全部收运人员都穿着尿不湿工作，一路上不敢喝水，也不能摘下口罩透气，在外人看来是种"煎熬"，但他们早已习惯了。

到达医疗机构后，收运人员会在发热门诊或隔离病区的清洁区交

接医废。疫情医废在用 RFID 扎带密封的基础上，还需双层包装，并增加一次性耐压硬纸箱密封，做好标识。运回过程中，全程冷链运输，确保安全。

夜晚 10 点，车辆陆续返回厂区，卸料入库，车辆消杀；疫情医废处置区域拉起隔离警戒线，装有疫情医废的周转箱由机器自动抓取，送至专门一条处置线，经过消毒后，被送入上千摄氏度的焚烧炉中，充分燃烧。燃烧产生的热量用于发电，产生的废气则经过净化后达标排放。整个处置流程全自动化，工作人员只需在中控室通过大屏幕实时监控，通过系统调整相关参数即可完成操作。

而当收运人员脱下闷热的防护服、大口喝水时，他们早就疲惫不堪，甚至连洗澡的力气也没了，此时已是深夜甚至凌晨。

"这就是我们的工作，关键时刻，必须挺身而出！" 固处公司物流运营分中心经理王浩介绍说，疫情初期，一些社区医疗机构有所担忧，希望尽快处理库存的医废。"为了让市民放心，哪怕只有一两公斤的普通医废，我们也会驱车几十公里去收取。"

春节以来，不少人没有在家吃过一顿饭

"傍晚出发、夜晚作业、凌晨归家，这已成为疫情医废收运人员的工作常态。"固处公司党总支书记华青表示，春节以来，不少人没有在家吃过一顿饭。

1 月 19 日，固处公司就连夜召开紧急会议，提前预判进入了应急状态，同时迅速抽调 80 多名骨干和员工组成疫情防控医废应急工作组。1 月 24 日战役正式打响后，先后成立了三支应急收运突击队。除了党员突击队，还成立了医废应急青年突击队，主要由 28 名团员青年组成，并分成了 3 个小组，包括医废应急收运小组、焚烧运营和检修小组、应急协调保障小组。

张燕铭正是此次疫情防控医废应急青年突击队的队员。和他一样

的还有焚烧主管孙佳烨。他负责的是医疗废物的末端处置。"非典的时候我还没毕业,这一次是我 2006 年工作至今工作强度最大的一次。"妻子也是同公司的,他感觉到的最大变化就是:"以前我下班可以和老婆一起走,现在晚上我走得晚,她只能自己坐公交回去了。"

张燕铭本来每年过年都会带着老婆孩子全家到外地自驾游,今年他却没能好好陪过孩子一天。从除夕夜开始接到几家医院要及时收运医废的请求,他便第一时间组织首批医废应急收运小组,前往医院收运医废。每天,他还要陪伴夜间收运人员至医废收运工作结束,回到家已近第二天凌晨。"应该的,此时不战何时战?"他笑说。

内容来源:青年报·青春上海　文:刘晶晶　图:常鑫

构建 24 小时政府与市民之间的桥梁

　　"喂，您好，我是工号 ×××，请问您有什么问题需要帮助？"自上海启动重大突发公共卫生事件一级响应以来，12345 市民服务热线话务受理量逐日攀升，不少市民来电反映防疫管控期间各类生活、生产困难，有咨询居家、出行防疫的方法，更有想通过热线为防疫工作出谋划策。

　　为此，12345 市民服务平台成立了针对新冠肺炎的"受理质量管控"突击队，且专门在平台上增加了"新冠病毒"热词信息集锦，开设了"疫情管控"热点专题，搭好党委政府与市民群众沟通的"连心桥"，做好市民群众的"贴心人"。

新问题新研究，尽最大努力为群众排忧解难

　　仅在 2 月 11 日，12345 热线呼入量就高达到 35039 个，创下了历史来电纪录。为此，自新冠肺炎疫情警报拉响以来，为及时回应广大

市民关切和诉求，12345成立了"战疫之声"青年突击队，24小时轮流坚守岗位，接听来电答疑解惑，倾听民声排忧解难，为政府部门和市民搭建起一座"上情下达、下情上达"的沟通桥梁。

而在受理过程中出现的一些新问题也急需指导，为此及时指导疑点、难点问题，遇到疑难杂症及时请示领导，上传下达，沟通内外，确保受理流程顺畅就变得格外重要。

疫情期间，受理质量管控突击队成员每天多次巡查话房，耐心询问当日值班长话房防控措施是否落实到位，对防护措施做得不是很到位的话务员加以劝说引导，确保话房工作环境安全。

同时，每天和各承办单位、部分群众电话沟通近百次，解答疑惑，内外协调，经常顾不上喝一口水。当一个问题刚解决好，新的问题又接踵而来，受理质量管控突击队经常话房、办公室来回跑，现场了解详情，电话反馈沟通，只为问题能及时解决。

例如，2月10日起上海企业陆续复工，为防控疫情，各级各部门采取了一系列管控措施。受理质量控制突击队梳理当日工单，12345热线接到不少来电，反映一些企业和员工因无法办出相关证明，导致无法复工，希望政府进一步明确办理各类证明的责任主体和具体要求，避免企业和职工四处碰壁、往返奔波。

针对开具隔离期满证明和同意企业复工证明难的问题，突击队队员主动对接相关部门，整理口径话术，及时在线解答，积极做好解释和安抚工作。同时，向市疫情防控工作领导小组办公室及时报告，建议政府相关部门进一步明确操作办法，及时发布相关信息，确保符合规定的企业和职工及时复工。

巾帼不让须眉

疫情管控期间，12345市民服务热线知识库在保障热线顺畅运行中发挥着重要作用，就像人体的大脑，帮助话务员及时、准确回应群众的需求。据悉，目前负责管理、维护知识库的是一群平均年龄35岁的"娘子军"。

从疫情爆发以来，由热线办、电信运营中心10名女同志组成的知识库团队迅速响应，其中未离沪的人员全部取消春节休假、返岗工作，同时增加晚班班务，时刻紧盯政府、媒体的权威信息发布，掌握疫情防控的新动向，并主动对接相关政府职能部门，了解疫情防控的新进展。

知识库团队负责人徐舒文是个外表文静，说起话来轻声轻语的女孩，但是疫情就是命令，疫情就是责任，带领团队其他同志日以继夜、忘我工作。

　　大年初二，热线网站维护员"小谷"临危受命，负责上海疫情防控工作发布会的信息采编。接到通知后，她二话不说马上投入工作，兢兢业业、认认真真，确保话务员掌握第一手的发布会信息。

　　知识信息采编员"小张"业务功底扎实，在热线办吴惠泉老师的统筹指导下，实时做好新冠肺炎"疫情管控"知识库专题的更新、维护，目前该专题已包含 15 个栏目数千条信息，方便群众来电快速查询、快速答复。

　　知识库老将"小吴"，在得知需要人手加班采编信息时，主动请缨，放弃休息，毫无怨言。

　　据悉，1 月 20 日在上海启动重大突发公共卫生事件一级响应之前，该团队就在 12345 市民服务热线平台增加了"新冠病毒"热词信息集锦，1 月 26 日随着本市疫情防控工作的不断升级，又在同一平台开设了"疫情管控"热点专题，为话务员提供内容更加丰富、条理更加清晰、检索更加方便的应答支撑。

内容来源：东方网　文：夏毓婕

青年检察官们伸出的云援助之手，很暖！

在知乎里搜索"魔都检青观"，133 个关注，473 个赞同的成绩或许并不亮眼。但将屏幕往下拉，这个账号回答的问题却与许多人的当下息息相关。

疫情期间健身合同能否终止，拿到退款？疫情影响上班，公司需要发工资吗？每一个提问背后，都可能藏着受疫情波及的个体。不久前，上海检察机关的青年检察官们，自发成立"魔都检青观"团队，免费为网友提供疫情相关纠纷法律咨询。过去的一周里，他们共为网友解答了近百个疑问，而每一次小组头脑风暴，都是为了答案的精益求精。

居家隔离 14 天，答题的那天最充实

因为不久前从浙江返沪，41 岁的王卓在家迎来了 14 天的居家隔离办公期。身为上海市人民检察院第一分院第四检察部的检察官，这可能是她第一次这么长时间远离案卷。

　　隔离期间，她每天起床第一件事就是打开手机。"看看确诊人数又增加了多少，刷一刷跟疫情有关的新闻。"但2月12日这天，她却多了一项工作：为网友做法律咨询。

　　"企业一开工就要裁员，是否侵权？我能够获得怎样的赔偿？""房子租了，因为疫情没法住，能不能不交租金？"一大早，微信群里便消息不断，王卓和同事们几乎一整天都在群里针对每一个问题展开讨论。"除了居家办公，给孩子做了三顿饭外，她基本上都在忙这个，孩子一喊'妈妈'，我就回他一句'找你爸去，妈妈在工作'。"虽然忙碌，但王卓说，这一天是她居家办公的14天里最充实的一天。

　　在上海检察机关中，最近还有百余名青年检察官像王卓一样，投身为网友提供免费法律咨询的工作，而他们都有着一个共同的名字——"魔都检青观"。

　　疫情发生后，上海市人民检察院响应团市委号召，成立了青年志愿者团队。考虑到一些志愿者刚刚返沪，仍需要居家隔离，不适合前往道口、社区参加志愿者服务，在线为网友提供法律咨询的志愿项目"魔

都检青观"应运而生。

　　"想着先行动起来做点事情，也算是发挥我们专业特长。"上海市人民检察院团委书记陈洁婷表示，倡议发出后，本来只是想聚集一些居家隔离办公检察官的力量，但后来许多人积极响应，很快有120多名青年检察官报名加入"魔都检青观"。在一周前，团队成员们被分成了7组，以每组值一天班的形式开始为网友答疑解惑。

房租怎么交成热门问题

　　"曾经给我治病的医生去了湖北前线，很多同事投身志愿者活动。我觉得自己也应该做点什么。"回顾刚开始居家隔离的那段日子，王卓说，各种新闻让她只能在家里长吁短叹，"觉得着急又帮不上忙。"得知"魔都检青观"这一团队后，她立马报名加入。

　　28岁的检察官助理朱鹏锦则认为，疫情发生后，人们对于法律咨询的服务有着巨大的需求。"网上一些延迟复工、倒卖口罩的新闻下面，很多网友留言提出了自己的经历和疑问。"在他看来，加入"魔都检青观"正好可以为这一群体带来帮助。

也正如他所预计的，在正式启动志愿服务后，大量与市民生活息息相关的问题出现在这群年轻检察官面前。其中，租房问题尤为典型。疫情爆发后，全国多个城市采取了交通管制措施，不少年轻人因此无法在春节后返回租住的城市，房租该不该交，该交多少成了热门问题。

"疫情是不可抗力，但这不意味着租客可以完全不用履约。比如有个小姑娘是短租 3 个月，先签了合同，房屋还没交房时，可以跟房东协商要求解除合同。如果是长期合同，之前已经住在里面了，因为疫情影响两三个月不住，则可以与房东协商，减低部分房租，但如果要完全不付，那也是不合理的。"王卓遇到的另一个案例，二房东主动给下家减免房租，接着以此为由要求房东对其减免房租。"都是租房问题，也涉及千变万化的问题，没有统一答案，要根据每个案子的不同情况来判断。"

头脑风暴只为输出最佳答案

"现在的人遇到法律纠纷，需要一个权威的人给出一个意见。"上海市人民检察院团委副书记韩卓韦表示，最初团队也准备了一些典型案例作为回答的模板，但大多集中在刑事案件中，比如不戴口罩外出，隐瞒武汉的行程等是否构成违法，但在实践中，检察官们发现，民事类纠纷更受网友关注。

为了让回答更加专业全面，每一组志愿者内部都分设收集问题、答题、讨论、审核以及发布的人员。每一位检察官在回答完毕后，结果都会交由小组成员讨论修改最后再由组内的"老法师"审核。"平时也有亲友咨询我法律问题，通常随口就回答了。但是现在，一定程度上可能就代表了检察机关，特别要求自己全面稳妥细致地回答。我们回答时的一个疏忽可能就会误导别人。"王卓说，作为组内的审核人员，有时甚至比答题者承担着更重的责任。

虽然组内分工明确，但实际上，大多数情况下，答题、讨论、审核三个步骤往往全组人都会参与。"一开始还担心气氛不够活跃，怕冷场，但是问题一丢到群里之后，大家立刻就讨论了起来，气氛也比较热烈。"上海市人民检察院第二分院第二检察部检察官王建平表示，许多检察官平时主攻刑事案件，但遇到民事领域的咨询时，大家都会主动搜索规范性文件，发到群里面讨论。"可能我找的是一个传染病防治法，其他同事找的是一个突发事件应变的法律。"可以说，每一个问题的回答，都集合了整个小组的智慧。

内容来源：青年报·青春上海　文：钟雷

青年"小巷总理"打了一场漂亮的硬核战

在这场防疫抗疫的战争中，社区里的青年"小巷总理"、社工们打了一场漂亮的硬核防疫战。

在"战场"上，大桥街道华忻坊居委有一对师生并肩作战，"80后"居委干部周倩遇到了阔别25年的新战友——小学班主任；共和新路街道最年轻的居民区书记张敏杰在"老法师"的指导下，做好了社区双重防护；欧阳街道北郊居民区党总支书记吴蓓燕惊呼社区来了"神奇三侠"；宝山路街道会铁居民区的四位年轻妈妈撑起了社区防疫"一片天"；临汾路街道岭南路700弄居委会主任周俊则"为疫消得人憔悴"，三周瘦了整整5公斤。

抗疫，让阔别25年的两人重逢，并肩作战

前不久开晨会的时候，大桥街道华忻坊居委的办公室来了一名杨浦区教育局选派支援社区防控工作的党员、杭州路第一小学副校长。

因为大家都戴了口罩，且工作繁忙。居委干部周倩没有认出这位"新战友"竟然是自己阔别25年的小学班主任。

待师生相认后，周倩分外激动，"这么多老师。我对谢老师的印象最深了"。

因抗疫，这对师生再次相逢。相逢时，当年的新教师已是学校副校长，当年的学生已是两个孩子的妈妈，从私企辞职在居委已经工作四年多。

因抗疫而重逢，当年的学生成了老师，当年的老师成了学生。怎样为购买口罩预约登记？怎样排摸返沪人员信息？……一个教，一个学。在抗疫社区阵地，师生再次携手同行。

让周倩觉得略有些遗憾的是，因为太忙，与老师叙旧的机会不多。"这些天，我们忙得团团转，经常一个上午不停地打电话，下午又要做返沪人员信息搜集。我和谢老师只能等回家后在微信上聊一聊。我已经想好了，等疫情结束后去他家拜访。"

"这么多年他竟然一点没变，做事冲在前面，没有私心。"周倩透露说，谢老师婉拒了轻松的活，选择去经常要就医的重点对象家送口罩。这让她觉得十分感动。

最年轻"小巷总理"在老法师的带领下学社区防护

1989年出生的共和新路街道锦灏居民区党总支书记张敏杰是目前街道最年轻的居民区书记。最近，社区里来了一位"老法师"，老书记带上小书记，让他觉得获益匪浅。

张敏杰最近一天的工作行程是这样的：早上出门前，张敏杰先自测体温，然后戴上口罩，拿着环保袋前往菜场买菜；来到居委会后，他穿戴好塑料雨披、手套等装备，前往小区内正在居家观察的返沪居民家，为他们送上代购的新鲜食材；回到居委会后，他在指定区域内脱下防护装备，用75%酒精进行喷洒，然后晾晒，完成这一系列的规范操作后，才回到办公区域。

由于上门和接待的人多而杂，张敏杰每天要经历多次这样的防护和消毒。"虽然程序多、耗时间，但是为了防疫，我不觉得麻烦。"

前不久，当共和新路街道党建指导员戴光高来到延新居民区时，张敏杰拿来了小区返沪人员的登记台账，讲述了近期地毯式主动排查返沪人员的工作推进情况。"我今天不是检查工作的，而是来指导你们做好自我保护的。"戴光高打断了小张书记的工作汇报，他仔细察看了居委会的办公环境，工作人员的防护穿戴，以及防护物资、消毒用品的配备。

"戴老师告诉我们，居委会负责首问接待的人员要在专门区域上岗，并且穿戴全套防护衣物，对前来联系的居民，首先对其体温测试，所有接待尽量在专门区域完成。"张敏杰说，此次到社区来指导的戴老师既做过医生，退休前又长期担任居民区党总支书记，经验丰富的他连夜起草编写了《社区工作者防护提示》，从社区防控工作关键、专门接待场所设置、消毒防护措施规范等方面，为社区工作者提供了具有操作性的自我防护指导，尽可能降低社区工作者在工作中的感染风险。"有了这套防护提示，好比有了双保险。"

跑腿侠、外卖侠、快递侠助社区打"新冠怪兽"

因为疫情形势严峻，各小区都实行人员进出管控，禁止快递、外卖和非本小区居民进入。但由此也引发了快递堆积拿取不便、孤寡老人和居家隔离人员生活不便等问题。因为小区里"神奇三侠"的出现让原本愁眉不展的欧阳街道北郊居民区书记吴蓓燕备受感动。

这"神奇三侠"分别是跑腿侠、外卖侠、快递侠。吴蓓燕说，疫情防控已经持续一段时间，眼看着一些老人的常用药即将告罄，亟待补给。关键时刻，"跑腿侠"就现身了。他们提前对辖区内的高龄独居老人逐一电话排摸，需要代为买药的就上门收取病历本、医保卡、所需药品和数量的清单。之后统一在欧阳路街道社区卫生服务中心，为这些老人配药，再一一配送到家。

"快递那么多，要不我们来帮忙派送吧，权当锻炼身体了。"看到小区里快递堆积如山。有部分志愿者借了小推车，担当起了"快递侠"的角色，为小区居民派送快递。他们将快递按门洞分门别类堆放整齐，轮班上门，有的"快递侠""轻功"高得，仅一个上午就派送40多户。

当然，"神奇三侠"的角色不时在转化。吴蓓燕自己也当过"侠客"。"当侠客的感觉不错，最近忙并感动着。有一个居民主动打电话和我们说，单位暂时不复工，反正闲着也是闲着，不如到社区做贡献。在我们物资最紧缺的时刻，业委会的一名成员把家里的额温枪拿出来，成为共享额温枪。"吴蓓燕介绍说。

四位妈妈撑起社区防疫"一片天"

2020年的春节注定不平凡，很多人不顾自身安危、放弃家庭团聚，战斗在防控新型冠状病毒的一线。在静安区宝山路街道会铁居民区，有四位妈妈，远离孩子，每天早出晚归，化身社区"最美逆行者"。

会铁居民区一共有8个居委干部，其中4位是"80后""90后"年轻妈妈。"今天物业对垃圾厢房消毒了吗？""我们再研究一下口罩登记工作预案。"每天不断询问了解、沟通协调，让这个"85后"的年轻居民区党支部书记李黎的声音听起来疲惫又沙哑。防控战斗打响以来，从除夕到现在她一天都没有休息过。"病毒也是老吓人的！我工作中每天至少要接触好几百个人，也是很危险的。所以我也做好准备，为了家人的安全，让老公和两个孩子住到郊区的父母家，自己一个人住在附近的家里，也能更好地做好防疫工作。因为要第一时间把外来人员隔离起来，有时半夜三更也有人，住在附近比较方便，可以随时出动。"

预备党员施琪是一名"80后"社工，同时也是一位二胎妈妈，小儿子才8个月大。面对来势汹汹的疫情，施琪主动向李书记请缨加入抗击疫情的战斗。考虑到她宝宝还在哺乳期，李书记本来想安排她暂时在家待命，却被施琪婉拒了："排查和宣传的工作量非常大，我们社工本来就很少，我待命在家，同事们的工作量就增加了……"

个子不高，身材纤瘦，一根马尾显得干练利落，她是会铁居民区"90后"党员社工袁菲洁。虽然孩子刚满一岁，但她一刻也没有休息。每天用一步步的脚印，丈量着社区的每一寸空间。

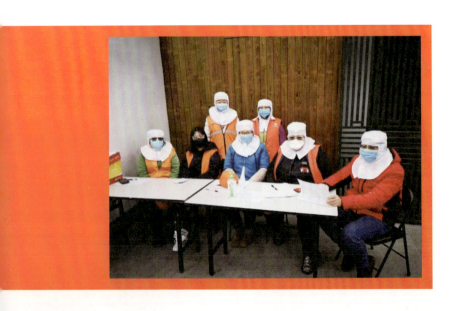

体重降了 10 斤，每天步数 2 万步，"为疫消得人憔悴"

突如其来的疫情，将社区推到了防控疫情的最前线。从大年三十开始，临汾路街道岭南路 700 弄居委会的"85 后"居委主任周俊就一天也没休息过，手机每天用到发烫，每天的微信步数都要 2 万步以上，体重也降了 5 公斤。8 岁的儿子抱怨："爸爸，你怎么这么忙？"周俊开玩笑地说，"这可是爸爸'减肥'的好时机，我以后有很多时间陪你，但现在有人更需要我！"

减肥这个词虽说是玩笑也是真的。周俊透露说，自己最巅峰的时候体重 190 多斤，因前不久做了手术，春节前夕降到了 180 斤左右，现在因为太忙碌，体重又持续降到了 170 斤不到。

家住岭南路 700 弄 2 号的李玉阁老人是一位离休老红军，曾参加过孟良崮及南麻、豫东战等战役，今年已经 92 岁了。平时周俊对老人就很关心。疫情发生后，周俊第一时间联系了李老，得知对方因腿脚不便，无法下楼预约购买口罩，生活物资也短缺的情况后，周俊先帮李老网上预约买口罩，又自己掏钱去超市购买了米、油等生活必需品。预约的口罩到居委会后，他又赶紧给李老送上门，老人异常感动。据悉，李老只是近阶段周俊对口的几十位困难独居老人之一。

内容来源：青年报·青春上海　文：范彦萍

公安战线有群最强翻"疫"官

"Don't leave house!"此前，曹家渡派出所"马世奇"组合艰难的散装英语引发网友们的热烈讨论。

而实际上，随着境外疫情的进展和入境人员的增加，"居家隔离""冠状病毒""及时就诊"……面对来自各国的外籍人员，要如何把这些"高频"词汇转换成换成英语、法语、意大利语等11小语种，还要见招拆招，积极解答对方的各种疑难提问成了难题。

为了减少防疫工作中的各种"散装语言"，一群外语很"6"的警察小哥哥们出动了。

近日，静安公安分局成立了上海公安首支防疫外语小分队，提供11国语言的翻译咨询工作。据了解，小分队的平均年龄只有30岁。

最强翻"疫"官集结！

上周，静安区有2名意大利籍人士返沪。正当这对意大利夫妻在家隔离时，却意外接到了一通电话。

"Buongiorno, io sono un poliziotto chi parla italianodall'ufficio della pubblica sicurezza di Shanghai.（您好，我是上海市公安局静安分局经侦支队民警，会说意大利语。）"熟悉的母语从手机中传出，让其备感亲切。

电话中，这位警官用意大利语嘱咐这对夫妻要在家做好隔离工作，如果有相关症状出现，要及时就医。

打电话的正是防疫外语小分队的白文超警官。他毕业于上海外国语大学西方语系意大利语专业。白文超警官说，他们有一个外语交流群。这通电话，是来源于一位社区民警刚刚发布在群里的"江湖救急"。

在复工复产之后，许多民警在接110涉外警情时，经常碰到外国人求助，或者咨询疫情管控方面的问题。因此，对于外语交流尤其是疫情方面的专业词汇提出了新的要求。

这时"散装英语"有点不够用了，怎么办？

上海市公安局静安分局团委书记张昕表示，在这之前，静安区分局团委已经制作了"疫"卡通学习卡。"我们征集了许多一线执勤民警碰到的问题，以及一些需要告知的事项，在分局出入境管理部门的支持下，制作成学习卡发给全局民警。"他说道。

一支"特别行动队"就这样成立了。

24 小时待命随身携带暖心"小警熊"

3 月 7 日下午,在机场静安区点位前传来了一阵哭闹声。一名来自某疫情相关国家的小男孩被一群穿防护服的"外星人"惊吓到,突然哭起来,吵着要回国。

驻点的外语应急小分队队员,交警支队青年民警吴瑞丰立即上前用流利的英语安慰道:"警擦叔叔这里有只小警熊送给你,让它陪伴你勇敢地战胜疫情。"

小男孩拿过小熊,不好意思地抱了抱,破涕为笑。

至今,应急小分队已送出 10 只"温暖牌"小熊,发挥外语特长体现上海公安更优质的平安服务和上海这座城市的温度。

据了解,静安分局防疫外语应急小分队由分局团委招募各部门外语特长的青年民警参加,目前有 20 名公安青年,平均年龄 30 岁,有着"豪华配置":队里不乏有人参加过中意联合巡逻、联合国维和任务等上海公安重要涉外警务工作。

上海市公安局静安分局团委书记张昕说,分局团委在前期青年民警人才库的筛选机制上,采用招募和组织推荐形式,不到两小时即组建而成,投入到防疫实战中。

目前,防疫小分队一部分去机场、火车站开展防控工作外,发挥外语特长,筑起从空中门户到静安社区的平安长城。留在本职岗位上的,则 24 小时手机待命,随时接通多语种翻译和宣传任务。

母语的温度更是上海的温度

"用对方的母语进行交流,一来是为了更准确地传递信息,二来,也能让对方在这里感受到温暖。"白文超说。一声声道谢与感激,是用母语的温度,更是上海的温度。

至今,特别行动队共妥善处置涉外翻译求助 60 余起,制作新媒体宣传告知疫情小贴士、动态信息 30 余条,被上海发布、警民直通车上海、

ICS 等主流媒体录用刊发，点击量突破百万。

随着分局外语应急小分队不断地释放警方善意，传播防疫宣传知识，小分队也得到 ICS 上海外语频道、962288 上海对外信息服务热线的大力支持，分局团委根据分局党委关于疫情防控最新部署要求，率先在全市制作发布《公安防疫小贴士》（6 国语言）。

除了常规性告知内容外，小分队还加入了最新的疫情电信诈骗新手段，防疫物资诈骗等警方安全提示，确保外国友人在疫情期间正常工作生活。

目前，已经有 8 家领馆联系到小分队，希望提供公安版防疫小贴士，窗口发放和挂到网上作为提示。

"一直以来，我们的工作有两个出发点，一是围绕近期疫情防控防止输入性风险，维护好之前我们来之不易的防控成果，我们一视同仁，希望外国友人积极配合本市疫情防控相关法律法规；二是他们在异国他乡，作为公安青年能奉献青春力量，贡献青春才智，为他们提供生活工作上的便利，既能够展现我们提供更优质的平安服务，也体现了城市的温度。让他们生活在上海感受到温暖，并且通过这种关心，传递疫情无国界，同舟共济，共同战胜疫情。"张昕表示。

在小分队里，大部分队员都是"90 后"，他们的身影也曾出现在《17 年前 SARS，祖国护我成长，今天换我守护祖国》的系列新媒体中："如今，我们已经长大，身披藏蓝色制服，我们积极请战。若有战，召必应！战必胜！"

内容来源：澎湃新闻　文：朱奕奕

为守好上海空中"门户"，
这些人坚守一线筑牢"篱笆"！

　　随着全球多个国家新冠肺炎疫情的发展，近期，防控境外疫情输入成为公众关注的焦点。作为上海的空中"门户"，上海两大机场是联结世界的重要通道，守好这道"门"关系着疫情防控大局。在上海两大机场，有很多年轻人坚守一线，秉承严谨的态度和强烈的责任，做好每一个环节和细节，为上海空港筑牢"篱笆"。

设立特殊通道对重点区域入境旅客登记、测温

　　日前，上海已经明确，有韩国、意大利、伊朗、日本这几个国家旅行或居住史的入境中外人员，一律实施居家或集中隔离健康观察，也就是一律隔离 14 天。

　　目前每个国际航班旅客在浦东机场下飞机后，在进入入境大厅前都要先在等候区完成健康申明卡的填写，内容包括 14 天内居住或旅行过的国家和地区，在此期间是否接触过新冠肺炎患者等。工作人员

核对完旅客的健康申明卡后，会引导旅客逐一进入测温通道，通过红外测温仪。有发热或呼吸道症状的旅客会被直接带到医学排查室进行排查。

针对 14 天内有过韩国、意大利、伊朗、日本等重点区域旅行和居住史的入境旅客，为精准有效防控境外疫情输入，浦东机场设立了特殊通道，对上述重点区域入境旅客逐一进行信息登记、体温检测。

此外，在严格入口、落地和场所管理的基础上，上海对中转、入境检查虽未见异常的人员，采用专门车辆、专用通道，将所有转机或换乘火车的旅客送至航站楼、火车站，同时将信息告知当地政府。

而在消毒保洁方面，上海两大机场每天也都是高频次进行。除了对入境旅客行李等各环节进行高密度消毒，对旅客使用较频繁的航站楼洗手间、母婴室、电梯、自动扶梯等设施都做到每小时消毒一次；对人工、自助值机柜台、现场问讯柜台、旅客座位等设施，每天至少 3 次消毒保洁，根据客流量动态提高至每隔 2 小时消毒一次。每天航后还对 4 座航站楼、1 座卫星厅和 2 处交通中心大空间进行全覆盖消毒。

上海两场的 3 万辆行李手推车也是预防性消毒的重点。工作人员每次回收车辆时，会使用消毒液擦拭车辆把手等旅客接触点。手推车集中停放点位每小时还集中喷洒消毒。

浦东机场跑得最快、战线拉得最长的团队

在浦东机场，有这样一群人，他们每天的工作时间基本都是在凌晨航班结束后，他们工作时要穿一身密不透风的防护、身背近 30 斤重的器材，他们就是——浦东机场消毒团队！

消防急救保障部医务科的钟飞和刘英是这个团队的牵头人，同时也是防疫党员突击队中的两名党员，她们每天的重要工作之一就是组织消毒团队对浦东机场 134 万平方米的公共区域进行预防性消毒和终末消毒。

"我们消毒团队是浦东机场跑得最快，战线拉得最长的人，来回奔波在航站楼廊桥、卫星厅、航站楼停车库等每一个角落。"钟飞说，她们每天要对浦东机场航站楼及卫星厅内的 276 套卫生间、母婴室和243 个旅客休息区域、登机廊桥及捷运站台区域进行预防性消毒，任务非常重，"这个时候再苦再累都是值得的，医护人员是'治'，我们消毒团队是'防'，虽然任务不一样，但为了大家健康的目的是一样的"。

除了负责航站楼区域的消毒团队，每架需要严格消毒的飞机上，也都有机场地面服务保障团队的身影。作为最便捷的交通工具，飞机在提供出行方便的同时，也存在着传播病毒的风险。飞机客舱作为人员最为密集的场所之一，一旦发现了发热旅客，就必须对飞机进行彻底消毒。

为此，每次在严格按照航空垃圾处理流程完成对客舱内固液废弃物的收集、打包、消毒后，保洁员们要将配置好的消毒剂喷洒于毛巾上，对卫生间、厨房间、吧台、地面、桌板、座椅扶手等保障区域进行全面消毒操作。穿着全封闭的防护服，在狭小、密不透风的客舱中不间断作业，一个航班消毒完毕后，他们的衣服往往已全部湿透，额头上也被勒出深深的印痕。突击队承担"疑似发热旅客"专用通道安检任务。

新冠疫情出现以来，在浦东机场 T1 航站楼，一支由荣获上海市优秀党员示范岗的旅检三科党支部"诚行通道"党员和骨干组成的突击队一直在一线坚守。

作为"诚行通道"负责人，突击队成员孙翔主动请缨，以"带头人"角色承担起"疑似发热旅客"专用通道的安全检查任务。每次通道开启之前，他都认真检查每位上岗队员佩戴口罩、手套、护目镜的情况以及设施设备、检查通道的消毒清洁情况，不放过任何死角。

孙翔说，完成"疑似发热旅客"专用通道的安全检查任务需要的不仅是勇气，更需要细致到位的防护措施，"只有这样，才能保护好员工、服务好旅客"。而到了深夜，当员工们完成检查任务回去休息时，孙翔又默默拿起消毒用具，对通道内设施设备、员工休息室进行深度擦拭、消毒，确认无误后，才会离开工作现场。

疫情发生以来，党员突击队将安检推行的举措转化为实际的行动，以过硬的服务打破旅客在过检时的心理恐慌。自 1 月 28 日起，他们带领员工严格落实接触检查环节"一检一消毒"举措，确保每检查一名旅客就将手持金属探测器和手套消毒一次、每隔 30 分钟对消毒巾进行喷洒消毒、每隔 4 小时更换一次消毒巾；落实过检环境"一小时一消毒"举措，派专人负责过检通道消毒。为避免气味难闻等因素干扰旅客，他们采取通道消毒完毕、通风干燥一段时间后再开启的方式轮流使用通道，这些用心的举措获得了旅客的好评。

内容来源：青年报·青春上海　文：刘春霞　图：吴恺

坚守空港一线，他们查获虹桥海关首例输入性病例

　　上海虹桥机场海关查获的首例输入性病例，由一支名为"虹帆"的队伍查获。从 1 月 24 日至 2 月底，他们累计验放出入境旅客 34329 人次，进行航空器卫生检疫登临 19 架次，现场流行病学调查 103 人次，处理跟踪疑似病例 3 人次，移送地方卫生部门 31 人次，劝阻出境 9 人次，确保无一例感染者从虹桥空港口岸进出上海。

　　虹桥机场海关旅检一科科长王荧是"虹帆"这支队伍的带头人。

　　疫情发生以来，王荧在办公室待不住了，从进口现场到出口大厅，从测温台到流行病学调查室，从总控室到收卡处，他一天要跑十多个来回，疲惫中不忘给大家打气，"上海口岸我们是第一线，空港一线我们要当尖兵"。

　　在王荧和旅检一科副科长刘雄岭带领下，全科 14 名同事铆足了劲，忘我奋战。

　　"临近退休的程士松，主动加班加点站好最后一班岗。刘贺生每

天要审核近 5000 份健康申明卡，腰椎间盘突出坐立难安，但坚决表示轻伤不下火线。春节前在老家休假的贝怡琼、黄映岳得知人手紧缺，二话不说自驾返沪……"说起同事，王荧就停不下来。

随着疫情的发展，口岸俨然成为防控阻击战主战场。在防输入风险第一线，"虹帆"成员们继续连续作战。

3 月 10 日，王荧得到前方关员俞振华报告，发现一名从香港入境虹桥的中国籍旅客填写的电子健康卡报警，而其始发地为美国纽约。

关员王丛昀对该名旅客进行流行病学调查与检测发现，体温正常，无症状，初步排除相关传染病可能。

但王荧和王丛昀并没有因此放松警惕，他们分析，该名旅客从纽约（当时未列入高风险疫区名录）始发，目前虽无症状，但考虑到其经历近 24 小时的密闭空间旅程，辗转大半个地球，这期间可能产生接触史。

他们决定，对其进行咽拭子采样，并移交卫生部门。

3 月 11 日，经相关部门反馈，该名旅客新冠病毒检测结果为阳性，成为虹桥机场海关查获的首例输入性病例。

　　回想当天的情形，王荧说："我们坚守在防控疫情输入一线，背靠祖国和人民，使命光荣，责任重大，相信大家齐心协力，一定能打赢疫情阻击战。"

内容来源：澎湃新闻　文：邓玲玮

上海监狱和戒毒所的"守城"之战

　　"从春节至今，我们和家人相守家中，他们却已和家人'失联'少则 28 天，多的甚至已有两个月。"

　　这是一场特殊的战斗，突如其来，猝不及防。

　　新冠肺炎疫情发生以来，无数战士挺身而出，奋战在医院、道口、社区、机场等地，无数市民也积极应对、宅家战"疫"……鲜为人知的是，就在这座城市里，还有一些特殊的战场也一直在与疫情斗争——上海的监狱和强制隔离戒毒所。

　　虽说"宅家"也是战斗，我们练成了"厨神"、看腻了剧集，可这些特殊场所民警的"战斗"却全然不同：全封闭管理中，他们一步都不能踏出大墙，时刻也不能放松警惕，没有互联网，没有娱乐休闲，也没有家人陪伴，有的只是高度紧张、连续作战。从春节至今，我们和家人相守家中，他们却已和家人"失联"少则 28 天，多的甚至已有两个月。

　　大墙背后，小小城池。有坚守付出，有责任担当，也有精细管理，

疫病被拒于城外。

封闭

　　疫情发生后，上海的监狱和强制隔离戒毒所迅速启动"三三制"警务值班模式。民警分为三批，先后经历 14 天场所内全封闭执勤期，14 天医学隔离期和 14 天居家备勤期；在场所上岗的不出二道门；集中隔离观察的不出一道门；居家隔离的不出家门。

　　廖超是周浦监狱四监区副监区长，第一批进入监狱备勤的他，形容"就像碰到了遭遇战"。冲锋在前的第一波士兵，面对着最多的未知。

　　吃住都成问题，二道门封闭管理，食堂不能去了；床铺不够，只能在办公室临时搭，有的房间床板和床垫各睡一人，还有人睡会议桌。

　　全封闭期间，监区民警总数只有三分之一，但工作量不是简单地乘以"3"，因为整条"流水线"都有了断档，有的工作出现空缺，补位的人就立即从头学起，快速顶上。

　　面对从未经历过的突发事件，每个环节都要细化再细化。比如消毒原本只是日常工作中的一环，现在成了重中之重。消毒时要考虑服刑人员之间的流动，于是设立缓冲区，一次一间，消好毒再进去。"紫外线消毒每个监房都要有，每天半小时""体温超过 37.3 度，马上隔离""叠被子幅度要小，小心扬灰传播"……这些小细节，都要一个一个"抠"。

　　从早上五六点一直忙到晚上九点，廖超和同事们才能休息。值夜班的人还要继续打起精神。廖超说："封闭期间的工作是真正的'007'，你问里面的人今天是星期几，他多半说不出来。"

春节期间，周浦监狱给刑满释放人员印发了疫情告知书，叮嘱他们要做好基础防护，勤洗手、戴口罩，适应社会上的防控形势。廖超说："监狱除了要看得住、守得牢，还要确保刑满释放人员回归社会后不能成为防疫隐患。"虽然正值口罩最紧缺的时期，监狱还是给这些人员都发了口罩。拿到口罩，他们也挺"领情"："天天看新闻，知道现在'一罩难求'，这些都是警察自己省下来的……"

呵护

疫情期间，监狱卫生所的工作尤为重要：要保障服刑人员的基本医疗，还要确保监狱的安全稳定，严防疫情输入。

上海市女子监狱医务所里，坐在凳子上的女服刑人员突然开始不住地打哈欠，精神变得很萎靡。夏萍医生叫了她几声，她反应有些迟钝，头一点一点，感觉快睡着了。"这是大脑缺氧的表现，她可能脑出血了，得外出就医。"夏萍判断。

这个50多岁的服刑人员有脑梗病史，半小时前来卫生所就医时神智还挺清醒，做完相关检查突然"嗜睡"。虽然疫情严重，但卫生所医疗条件有限，需要通过CT判断。夏萍迅速请示后，呼叫急救车把她送去社会医院就医。

监狱医务所医生有着"白衣天使"与人民警察的双重身份。去年刚做过肺部结节手术的夏萍，其实还是一个恢复期"病人"。但她听说监狱实行封闭管理后，还是第一时间主动请战，大年初四就睡在了办公室临时放置的高低床上，和同事一起，两个人承担起日常8个人的工作。虽然任务繁重，但夏萍有一定经验，2003年非典时，她是驰援北京小汤山的1383名军医之一。

"眼泪在眼睛里打圈，我不能哭，护目镜花了就干不了事情了……"

电视上广东援鄂医疗队 "95 后" 小护士强忍眼泪的样子，让夏萍想到了 17 年前的自己。那时她也刚 20 岁出头，"非典"来袭，第一时间报名。在小汤山医院战斗的五十多天，她忙到疲累不堪时也会哭，"即使很想念爸妈，给家里打电话时也还是叫他们不要担心"。2004 年转业后，夏萍进入上海市女子监狱成为一名狱警，后又转任监狱卫生所医生。

监区定时消毒，从早 8 点到晚 8 点，每两小时给女犯测量一次体温，还要宣传防疫，指导她们做好自我防护。监狱是集体生活的环境，如果一个房间有人感冒，很容易整个房间的人都传染上。夏萍主要负责护理、检验和配药。封闭执勤人手有限，就诊的病犯多，工作量剧增，消毒、抽血化验、拿药打针，都要一个人独立完成。病犯里一半都有各种慢性病，需要每天服药，光高血压病人就有几百个。夏萍要根据天气变化和她们的血压变化，及时调整用药。她奔忙在各个病区，几乎没有时间休息，而且还要 24 小时待命，不管病犯多晚来都要接诊。肺部做了手术后，夏萍觉得自己体力大不如前，比较容易疲劳，口罩戴久了会觉得闷。

有位女犯患糖尿病，因为并发症不能行走，坐上了轮椅，夏萍每天会去监房给她打胰岛素。看夏萍一直当班，女犯说："夏医生，你连着上了那么多天班，谢谢你，辛苦了。"

牵挂

即使隔着大墙，家人的音讯也总是牵着心。

　　凌晨1点，正在提篮桥监狱封闭备勤的民警陈沪冬接到妻子电话，得知她加入上海第5批支援武汉医疗队，即将出发。妻子张燕红是杨浦区中心医院护士，早就报了名，前几批都没轮到，这回真要去了，陈沪冬有些懵。这是2月17日，武汉的确诊病例正在激增。

　　夜已深，陈沪冬简单嘱咐几句，就挂了电话。躺在高低床上，他一晚没睡着。孩子在江苏老家有老人带，自己在监狱岗位上也算安全。现在老婆要去前线，自己却不能去送她——监狱有纪律，出去再回来要重新隔离，会影响轮班，"少一个人，监区其他兄弟就要辛苦了"。胡思乱想一宿，眼看着窗外的天渐渐亮了起来。

　　"我老婆是一个人从单位走的，"陈沪冬停顿了一下，"想到她自己带着行李，孤孤单单上车，心里就挺难过。"19日晚，妻子出发奔赴武汉。陈沪冬站在监狱备勤楼的楼顶，整好警服，朝武汉方向敬了一个礼。忍了再忍，眼泪还是没忍住。

　　妻子和同事们驰援的是雷神山医院，接手了一个刚造好的新病区，用两天时间安装调试设备，第三天就开始收治病人。远在上海的陈沪冬，每逢休息时，会下意识看看"警务通"专用电话，有没有老婆来电，"她在武汉还交了入党申请书呢"。疫情期间监狱为民警提供了和家里视频通话的平台，可家里老人不会用，他想看孩子，得等妻子有空时"摆渡"——他和她视频，她再拿另一个手机跟女儿视频。

　　自打2012年当上监狱民警，陈沪冬先在白茅岭监狱工作了5年。原本回家就少，因为工作需要，还经常主动放弃休假，直到2017年调回上海工作，才得以每天陪伴妻儿。妻子算过，5年里他回家的时间加在一起也只有100多天。孩子今年5岁，因为聚少离多，陈沪东错过了女儿成长的很多"第一次"。"有时候隔一段时间回去，发现她又冒出两颗牙。"

内容来源：上观新闻　文：刘雪妍

第三章　我们是青年抗疫志愿者

青年志愿者：
守护这座城市的平凡英雄

　　平日里，他们是这座城市的普通人。上班，下班，偶尔吐槽薪水怎么还没涨，加班的时间为何越来越长。

　　但是，一场疫情发生时，他们如同穿上了超人的披风，成为守护这座城市的平凡英雄——有人在道口坚守，测温、填表，重复数百上千次动作，只为了替上海守好大门；有人在社区奔忙，协助居委会做好"疫情排查员"，为居家隔离对象和独居老人买菜、取快递、扔垃圾，当"青春快递员"；有人不顾时差，组织全球接力，成为各类物资"渠道对接员"；工厂缺人手，他们成为编外"物资生产员"，报名赴口罩、消毒剂、防护服生产厂家加班加点；"白衣战士"出征，他们成为孩子的"爱心辅导员"……

　　这一次，他们有着共同的名字——青年志愿者。来自团上海市委的统计数据显示，上海抗击疫情期间，截至4月中旬，全市已组织发动9.8万名青年志愿者上岗服务，在疫情防控及助力复工复产一线组

建了 1927 支青年突击队，突击队员 5.7 万人。

不推脱："来不及"

　　"有些岗位需要三班倒或四班倒，在选择服务时间时，需要通宵值守的时段竟然是最抢手的，很多'90 后'、'95 后'甚至是'00 后'主动要求值守夜班。"在 2 月 17 日举行的上海市疫情防控新闻发布会上，团市委副书记邬斌说，自从 1 月底本市发出青年志愿者招募令后，这样的故事，每天都在发生。

　　生物钟？时差？似乎都是不存在的。

　　随着复工潮的到来，外来务工人员密集返沪，社区居家隔离观察人员数量倍增。在外来人口比较集中的崇明区城桥镇金珠社区，居家隔离、居家观察的人员面临着巨大的管控压力。需求发出，一支 16 人组成的城桥镇社会治安综合治理中心青年志愿者服务队成立了，接到任务当天，便分为 5 组完成了对所有居家隔离观察人员的走访，建立了微信群。金珠社区面积大、楼栋多，加之阴雨天气地湿路滑，就在居民担心家里"粮仓"将尽时，志愿者们扛着大包大包的米面蔬菜，按时按需地送到了各家各户家门口；居家隔离时间长了，有些居民情绪产生了波动，两名具备心理健康咨询师资质的志愿者，每天通过微信为他们抚平情绪。

　　疫情发生后，医用防护服、N95 口罩等成为全国各地紧缺物资。市

青联、市青少年发展基金会发出倡议，希望爱心企业、人士和社会各界朋友捐款捐物，同舟共济。于是，一个个人和手机都几乎 24 小时保持充电状态的微信群诞生了——在沪全国青联常委、上海市新联会副会长邵楠的手机里一下多了 30 多个群。韩国口罩供应群、加拿大救灾物资援助群、上海护目镜防护服群……每一个群有新消息闪动，他几乎都"秒回"。市青联委员、UCloud 创始人兼 CEO 季昕华也开启了"全球购"模式，凌晨 3 点对接完美国资源才入睡，一早 8 点就起来继续跟进，下午则对接欧洲国家，2 只手机不离手，多一次对接，就多一份希望，增一分平安。

抢着说："我报名"

疫情发生正值寒假，尽己所能，奉献上海，成为申城众多青年教师给自己布置的一份特别"寒假作业"。

从朋友圈看到本市一家企业招募防护服生产志愿者，黄浦区荷花池第二幼儿园园长、党支部书记乐洛很快带着另外 4 名伙伴，一起报了名。陆佳萍老师周三刚刚参加居委会的志愿者活动，听闻周五的这项活动，她毫不犹豫又举了手。

在工厂，她们的任务除了折叠和包装防护服，还有一样精细活：

在医用防护服拉链一侧，贴上一条约 1 米长的 3M 贴纸。这也是医用防护服的最后一道防线，拉完拉链，用贴纸封口，才能确保彻底隔绝病毒，丝毫马虎不得。"幼儿园老师嘛，平时做手工做得多，这道工序我们做还真的特别适合。"乐洛笑道。从上午 8：30 至晚上 21 时，除了中饭和晚饭各半小时，一整天时间，大家忙起来连坐下的功夫都没有。"说真的，有苦有累，但能真实地为抗击疫情出份力，很开心。"乐洛说。

G2 花桥道口是上海的"西大门"，普陀区新型肺炎疫情防治志愿服务队招募令发出后，共收到 243 名普陀教育青年的报名，占总人数的 22%。为经过的每一辆车上人员测量体温，核查入沪信息登记表……2 月 3 日，蘑菇亭幼儿园幼儿教师盛蓉在道口度过了一次最特别的生日。她说，回家后和家人一起点燃生日蜡烛的那一刻，犹如点燃抗疫成功的希望。

"看到确诊病例数字每天翻滚，心理不是滋味，总想着怎样才能出点力。"上海音乐学院附属安师实验中学青年历史教师蔡钧说，看到普陀教育青年志愿者招募通知，就如同收到了一支"穿云箭"。穿上最厚的羽绒服出门，再套上雨披和志愿者马甲，蔡钧说，每天随着日光西斜，中午"积攒"的一身大汗到了傍晚时分就化成了阵阵凉意。但即便如此，大家都把自己的"暖宝宝"省给额温枪贴上，只为了确保它正常工作，精准测温。

这，并不是蔡钧第一次做志愿者，2018 年，他曾赴日喀则市上海实验学校援藏一年，并为当地的孩子们创设了第一个书法社团。

"这些做志愿者的经历，让我产生了一种家国情怀。"蔡钧说，身为教育工作者，不仅要在学校里教书育人，而应该为社会贡献更多的力量。虽然开学日期尚未确定，他已经筹划着，如何将抗疫期间自己的所思所获，和学生们分享。

内容来源：新民晚报　文：陆梓华

火车站志愿者坚守一线，
为城市"守门"

　　随着春节返程客流高峰的临近，上海的火车站、高速路道口迎来了越来越多的返沪旅客。除了配备医护人员和工作人员应对疫情，许多志愿者也坚守在这些城市防线。无论是来自社会招募或具有专业技能，他们都以一丝不苟的态度"守门把关"。2月3日，记者走访了虹桥火车站和上海火车站，去看看志愿者们工作中的辛劳，聊聊志愿服务背后鲜为人知的故事。

细致耐心开展志愿服务，"哄"旅客再次测温

　　"您再往前一些，脸要朝向摄像头！"自1月29日起，虹桥火车站的南、北共6个出站口，来了一支新鲜的志愿服务团队，协助现有工作人员和医护人员开展人流引导和秩序维护工作。他们是首批上岗的闵行区青年志愿者，2人一组分布在到达口。

　　此时，小汤正和搭档志愿者逐一检查每位旅客是否通过了红外热

像体温仪。这是一份需要耐心细致的工作。遇见没有通过体温仪的旅客，小汤就会"哄"他们再次定点检测。"看来做长辈哄孩子的能力，这次也算派上用场了！"

上岗前一天，小汤等志愿者都接受了长达2小时的细致岗位培训。培训结束时，她才知道，当个志愿者还需要有那么多的专业知识。只有保护好自己，才能服务他人。

2月1日，60位测量体温志愿者也已经上岗，每天30人轮班工作。看着"圆梦"上岗的首批志愿者们，这次志愿服务负责人钱震敏非常感慨。这段时间，她经常接到志愿者热情满满的报名咨询电话。一位先生曾致电表示，夫人孩子都想报名，还强调了孩子是团员。"由于小孩才读初中，我们婉拒了，但这份心温暖了每个人。"也有不少志愿者希望当天就能上岗。还有不少人来电时都会展示多方能力，比如学过医、有AED证书等。而不少团干部看到招募令后马上改签返沪，随时准备上岗。"在家也是白担心，我们就是想早点上岗做贡献！"

最困难的地方我都没问题

能够成为防疫志愿者，小汤不仅感到荣幸，还有加倍的激动。"当时我看到团区委发布的青年志愿者招募通知，我非常非常想参加，但很担心自己已经 45 岁了，年龄上不通过。"报名后，不放心的她多次电话"骚扰"钱震敏，询问报名和岗位安排事宜，生怕自己不能"上战场"。她也发过言辞恳切的短信：虽然我已经 45 岁了，但是身体健康，我真心想争取一个岗位，哪怕是最困难、别人不愿意去的地方我都没问题。请你们先考虑我，可以吗？

"当我得知自己入选志愿者时，马上就激动地跑去告诉了丈夫！"但是如何向儿子开口，却让她有点犯难。"自从政府号召大家减少外出，我儿子就没有出过家门。这要知道妈妈要去接触那么多旅客，是否会不乐意呢？"临近上岗，小汤才小心翼翼地告知儿子。出乎意料的是，儿子非常支持。"这几天上岗前，我都收到了儿子发来的短信，让我注意身体、保障安全。"其实，小汤的丈夫是一位肾移植患者，体质较差，平常感冒发烧就需要住院。即便如此，他也非常支持小汤的决定。"真的很感谢他们，这样的支持很难得。"

志愿者向前走，只留给家人坚定的背影

另一城市交通枢纽上海火车站里，也有 15 位坚守城市第一道防线

的志愿者。他们来自上海音速青年志愿服务中心，自 1 月 30 日早上 7 点在火车站东南出口上岗，其中 11 人连续工作了 48 个小时。相较于其他志愿者，他们对医疗救护服务更为专业。"平时工作中我们就时常冲锋一线，掌握的医护知识充足。"志愿者龚颢表示，他在上岗前就做好了自我隔离的准备和措施。由于工作原因，他平常在外租房。放假后的一天上午，他刚和父亲从出租屋里把衣物用品打包好搬回自己家，下午就得知志愿者们要集合、赶赴一线。晚上，他又把打包物品原封不动地搬回了出租屋。"我虽然能够保护好自己，但我也做好了被感染的准备。自我隔离是必须的。"

那一天，志愿者赵文昊也收到了报名通知。"我立即报名了，但过后内心却有些忐忑和挣扎。"身为儿子、身为丈夫，他在思考自己的决定是否有点"自私"。担任防疫志愿者，专业度和危险度都比以往工作大得多，对他们所有人也都是大考验。"后来我想明白了，做志愿服务就是应该舍小家为大家。为上海守好门把好关，我们专业人士更该向前。"为了尽可能地减少对家人的影响，他也腾出了家中的小房间进行自我隔离。

发挥专长，注重观察旅客神情预估身体状况

在为抵沪旅客维持秩序、引导人流排队通过红外热像体温仪、检测体温的过程中，音速志愿者们也充分发挥专业所长。"我们还会全神贯注地观察旅客神情。"龚颢说，也许存在有旅客服用退烧药的情况。"但旅客所呈现出的病态、咳嗽眼红等症状，通过仔细分辨还是可以有所察觉。"

多次志愿服务、尤其是抢险救灾工作，使志愿者们提升了对当事人的心理疏导能力。比如检测出体温异常的旅客，志愿者就会请他们先在留观棚里静坐几分钟休息一下，再检测体温。"这一过程中我们都会进行心理安抚和关怀，告诉他们'你们也是受害者，绝对不是病原传播体，心理上不要有负担'。"赵文昊说道。

持续奋战的 48 小时中，当火车站一天的运营结束，志愿者们的夜间工作也随之开启。许多深夜抵沪的旅客选择滞留在火车站南广场区域，人员密集对防疫极为不利。"我们就要疏散人群，清理广场。"志愿者负责人严洪表示，当晚他们逐一与滞留旅客做沟通、说明情况，并且组织了多班夜宵线，慢慢送回了所有人。晨曦微亮，他们来不及休息，便转身返回东南出口，迎接新一批旅客的到来。

内容来源：青年报·青春上海　文：周琳琳　图：吴恺

既能西装革履上法庭，
也能口罩雨衣上一线

　　2月6日下午2点，嘉定花桥高速路道口的入沪车辆排起了长队，在队首，除了民警和医务人员，身穿雨披、戴着防护帽的志愿者们也组成了一道"铁闸"。2月5日，"普陀律师战疫青年突击队"的队长江卫带领10名队员支援抗疫一线，"大家总觉得律师是耍嘴皮子、提笔杆子的，我们希望通过这次行动告诉大家，律师不仅可以西装革履上法庭，也可以戴口罩披雨衣上一线。"在一呼百应式报名的背后，折射的是每一个青年律师为抗疫战役奉献的拳拳之心。

他说："女儿长大了，会明白爸爸的选择。"

　　8点半家里出发，9点40分开会，10点15分集合，11点到达现场，12点准时交接，之后便是6小时的道口坚守，光是看江卫的日程表就能感受到工作的紧张。江卫的本职是一名律师，几天前，"青春普陀"微信号发布的一则招募令，身为普陀区团区委兼职副书记的江卫看到

后立即将其转发在青年律师的微信群中。这一转，一呼百应，很快，一支由青年律师组成的突击队奔赴一线。

2月5日，嘉定花桥高速路道口共开放了8条车道，每条车道上都有6名志愿者把守，来自"普陀律师战疫青年突击队"的8名队员分别担任8个小组的组长。检测体温、询问驾驶员从哪里来以及去向，同时引导他们在"上海健康云"APP上填写健康信息，在每条车道上，突击队的队员们都几乎一刻不得闲。不远处，江卫所在的机动岗，则需要不停在8条车道之间奔波，随时负责人员的调动和协调。

本来安排2个小时轮休，但江卫说，到了时间，不少突击队队员都不肯下来。"大家热情很高涨，很多人要求让年纪大的志愿者先休息。"虽然路口的车辆排起了长队，但经过检测点的驾驶员们大多非常理解和配合，"我自己就听到了好多声来自驾驶员的'谢谢，你们辛苦了'。"江卫说，能在这么短时间内，得到这么多青年律师的响应，组建这么一支有战斗力的突击队，正体现了青年法律人的公益心。

这段时间，江卫的孩子也问过他，为什么大家都要测体温、戴口罩。"我就告诉她，这是一种病毒，要求我们每天生活中要非常讲卫生，爸爸还在读书的时候也碰到过，只要做好防护，就不用害怕。"江卫说，他没有告诉女儿自己在做志愿者，"我觉得等她长大了，自然会明白我的选择"。

跟老战友们并肩战斗，他湿了眼眶

彭盛是这支突击队里的老大哥，看着自己身后穿着制服的公安民警，他可能从未想过自己会以这样的形式和老战友们再次并肩战斗。

在成为律师前，彭盛曾是一名负责出入境管理工作的民警，过去是把守关口，如今是把守道口，同样是责任重大，但彭盛的感受却很不一样。"这一次，各行各业的力量都被调动了起来，本来以为只有年轻人，后来发现各个年龄段的人都有。"即便是50多岁的志愿者，也没人在工作中掉队，看着志愿者们为了抗疫而奋斗，他说，大家充分诠释了"共克时艰"四个字。

彭盛最初是在青年律师联合会的工作群中看到了志愿者招募的消息，"招募词写的是一支穿云箭，青年志愿者来相见，看着就让人热血沸腾。"他随即第一个报名加入。虽然负责的是测量体温、检查身份证这样的细小工作，但彭盛十分珍视这次机会，在采访过程中，他也一再强调，自己只有20分钟的轮岗休息时间，只能接受简短的采访以便及时回到岗位上。

在道口执勤的短短几个小时，让彭盛恍然有了回到过去的感觉，

看着身后同样在忙碌奔波的民警们，他百感交集。2 天后，他们这批志愿者就将离开道口，但这些民警们还将继续坚守在这里。"其实一提到他们，我的眼镜就起雾了。"说到一半，彭盛的眼角泛起泪花，"战友们在一起，最最要紧的就两个字，保重。"千言万语在此刻，似乎都抵不过"保重"二字。

推迟婚礼后，他报名成为志愿者

在普陀律师战疫青年突击队中，28 岁的陈懿斌是最年轻的队员。1 月份刚和交往了两年的女朋友领证，本来计划 2 月 9 日举办婚礼，但突如其来的疫情却使他不得不将婚礼延期。决定延期婚礼后不久，他转而报名成为了志愿者，冲到了抗疫最前线。"感觉应该贡献自己的一份力量，别的我也做不了，就想出点力。"

陈懿斌曾看过网上的一则疫情模型，在模型中，人员流动性对疫情的影响非常大。这让他深知，看似平淡无奇的道口检测，对阻止疫情扩散至关重要。

在检测体温时，偶尔会检测到体温偏高的驾驶员或乘客。不过，由于许多人习惯关闭车窗开空调，因此还需要下车二次检测才能确认体温。随着疫情的发展，一些市民也难免怀有紧张情绪，尤其是初检体温偏高时，往往会有些慌乱。"这个时候我们就需要立即和他解释，尽可能疏导他的紧张情绪。"陈懿斌说，这时候律师们刚好可以发挥沟通方面的特长。

陈懿斌说，在这次志愿者经历中，收获之一是认识了很多优秀的志愿者，但在他看来，更重要的意义在于，成为志愿者的他也算在这次在抗疫战役中，为国家出了一份力。

内容来源：青年报·青春上海　文：钟雷　图：施培琦

返沪高峰来临，这些青年"高招"频出守道口

  车主临到高速道口才知要在"健康云"上申报个人信息，如何将提醒时间前置？重点人群扎堆填写表格，如何分流？为了解释信息填写流程，不少志愿者喊破嗓子，如何减负？

  面对工作流程上的瓶颈，坚守在高速道口的青浦区抗击新型冠状病毒青年志愿者突击队的志愿者们没有选择吐槽，而是采取了MBA式理念，首创"行走的二维码""桌子引流法""A4类法"等亮点频出的工作方法，还制作宣传提示板和伸缩式二维码扫取板，不断优化岗位流程。

守牢道口有"妙招"，行走的二维码和提示板来了！

  通常，MBA班会让学员分组，探讨商业案例。在青浦青年突击队志愿者、御澜湾幼儿园副园长孙晓奕看来，此次青年突击队志愿者解决、处理各类难点的方式，颇有"MBA Style"。

　　在上岗几天后，志愿者们发现了一个问题：返沪人员过道口检查时需要提交"健康云"上的个人信息，但很多人临到道口处才知此事，容易造成车流拥堵。

　　"能不能将道口处的二维码贴在自己身上，每人负责一条车道从一头走向另一头，让车辆中的人员进行扫码登记注册，提高信息填报速度呢？"在志愿者群里进行案例探讨时，来自重固幼儿园的志愿者沈群和组里的小伙伴们想出了这一金点子。没过多久，该方案又有了2.0版，即把二维码固定在伸缩杆上，使用"伸缩式"的行走二维码，这样可以进一步避免志愿者与返沪人员的近距离接触，高效又安全。

　　根据规则，在高速的第一道口，志愿者要负责引导返沪人员完成扫码注册填写个人信息等工作。但不少志愿者发现很多人在具体填写过程中会遇到一些问题。由于志愿者讲解工作量大，且戴着厚厚的口罩难以"隔罩传音"，为此，沈群和来自新青浦幼儿园的志愿者吕怡婷等人不约而同想到了制作"行走的宣传指导提示板"，即将车主普遍咨询的问题分类，做成提示板。

　　为了制作提示板，各组之间也分工有序。由于最近上岗的这批志

愿者大多来自教育系统，不同学科、不同类型学校的老师担任起了不同的角色：语文老师负责设计宣传语；数学老师对宣传版面进行排版；幼儿园老师负责打印工作，并利用KT板等边角料制作提示板。来自"金泽战斗组"的志愿者们则牺牲休息时间，批量制作提示板。

这波操作绝了，"桌子引流法"让现场井然有序

　　高速道口志愿者工作的第二大痛点无疑是现场表格登记处的持续"拥堵"。按照规定，"健康云"显示为B的人群直接放行，A类人员则需到第三道口填写相应表格。

　　金泽突击1队"好样的"小分队的队员们第一天上岗便发现第三道口表格登记处挤满了人。原来，发放表格、登记填写、核查拍照等所有流程都在两张桌子前完成。见此场景，队长孙晓奕立即联系警察，协调新增两张桌子，并重新分配登记志愿者的分工。很快，小组志愿者现场摸索了"登记表格工作三流程"和"桌子引流法"。

　　"简单的说，这四张桌子前的任务各不相同。我将流程拆解成了三个，分别是第一流程空间（按不同类别的人发放表格，第一张桌子）；第二流程空间（志愿者对不会填、不理解漏填等现象加强指导，第二、第三张桌子）；第三流程空间（核查、拍照、信息完善，将部分表格收交留用，部分表格给返沪人员等，第四张桌子）。四张桌子一引流，现场一下子变得有序，大家拉开了空间，减少了感染风险。"孙晓奕介绍说。

在区分 A 类和 B 类的过程中，也不免有乌龙事件发生，比如有的车主明明是 B 类，因为填写有误，"被 A 类"了。针对这一问题，孙晓奕和队员们别出心裁地设计了"A4 类"法，将 A 类人员细分为了四大类，志愿者按类发放表格，给予指导。据孙晓奕介绍，这四大类分别是 A1（明明是 B 类手机上注册错了成为 A 类）、A2（手机上不能提交信息注册的 B 类）、A3（途径／停留过湖北的 A 类和（2 月 9 号起）来自 7 个重点省的 A 类）和 A4（湖北籍、从湖北出发的 A 类。）

青浦团区委相关负责人介绍说，在各个 MBA 式的案例成形后，率先摸索出经典案例的"先行者"还会充当"培训员"。除了在大组中进行经验分享外，各小组组长拿到资料后还会发送到自己小组，供组员学习交流。

内容来源：青年报·青春上海　文：范彦萍

一群"00后"成"移动测温仪"，更有双胞胎兄弟齐上阵

"除了'在家就是做贡献'外，我还可以去一线。"在看到普陀团区委微信公众号"青春普陀"发布的"众志成城！普陀青年志愿者招募令！"后，"00后"周钧儒毫不犹豫地报了名，还拉上了双胞胎弟弟周鸿韬，30日、31日连续两天上岗，紧急支援嘉定花桥高速路匝口防疫查控工作。招募令发布10小时，吸引602人报名，其中不乏"00后"的身影。

志愿者招募，双胞胎一起上

这两天，来自上外贤达的大学生周钧儒和周鸿韬告别了宅家的生活，每天早早出门，他们参与到上海嘉定高速路闸口的人流引导、秩序维护、体温测量等工作中，成为了嘉定道口的"移动测温仪"。

先看到普陀团区委招募令的是周钧儒，根据招募令的要求，年龄18周岁以上、身体健康；近两周没有进出湖北地区，没有亲密接触进

出湖北地区的人员都可以报名。

想为这次疫情防控做点什么的周钧儒觉得这是次好机会，便在第一时间报了名。他觉得，只要自我防护措施做得好，就能去一线为疫情防控贡献力量。

他的报名得到了家人的支持，母亲还提议："干脆让你弟弟一起去。"就这样，双胞胎弟弟周鸿韬也加入了志愿者队伍。经过培训，他们被安排在 12 点到 18 点的班次。

家人群里都是对他们的鼓励："辛苦啦，为你们点赞。""这次真的上一线了。"

"00 后"王鑫是上海师范大学大一学生，他是在学校义工微信群中看到同学转发的报名信息，虽然家在闵行，但他还是第一时间报了名，报完后再跟父母汇报，没想到他们都很支持："非常时期男孩就应该上'一线'，只要防护到位肯定没问题。"作为男生，他的工作时段是 18 点至 24 点。

1 月 30 日，由于车流量大，分在同组的兄弟俩自从上岗后就没休息过。

"你好，测量体温，请问你从哪里来？有没有武汉接触史？"一

系列的规范询问，测量体温，他们很快就上手了。由于气温低，测温仪常常"罢工"，他们不得不往返于车道与集装箱之间重取测温仪，后来他们在手心中贴了暖宝宝，为测温仪"保温"，保证正常工作。

周钧儒在岗时还为不少小宝宝测温，有些宝宝被测温仪吓得哇哇大哭，一开始他有些手足无措，后来也能好好应对。他还感受到北方朋友的热情，每当他完成测温工作，说完"谢谢配合"后，对方总会豪爽地回答："应该的，是谢谢你们，你们辛苦了。"虽然戴着口罩，但周钧儒嘴角也在上扬。

第一天是程序化的询问，到了第二天周鸿韬还进行了温暖升级："通过同组老师的启发，我在测温前的询问会加上'新年好'，在最后会说'一路平安，欢迎回家'，车主们也等了很久，很不容易。"

你们是"00后"？转身一个大拇指

新闻中不断报道的为抗击疫情有大量物资增援的情况，原本周钧儒并没特别的感觉，但通过这次志愿上岗，他发现真的不能浪费防护资源，测温途中，他还看到了一辆返程的集卡，挂着"武汉物资运输"

的横幅，让他真切感受到"在前线"的力量："我们是最早一批'00后'，一方有难八方支援，应该一起努力。"

　　周鸿韬则说起 1 月 31 日上岗休息期间一个小细节，休息室里两位年长的民警走过，一位民警看了他几眼，问了声："你们是'90后'？"周鸿韬回答："不，我们是'00后'。"民警当时并未接话，走出几步，转身给他们竖起了大拇指。这种无言的温暖，让周鸿韬开心了一晚上。"当国家真正需要帮助时，我们'00后'也会挺身而出，责无旁贷。"

内容来源：青年报·青春上海　文：周胜洁

"80后"业委会主任带动
志愿者投身小区防疫

浦东印象春城的业委会主任袁野，是一位热心小区事务的"80后"，他的热心肠感动了不少小区业主，小区还专门建了一个袁野粉丝群。疫情来临，他自掏腰包买了4000个口罩捐给一线有需要的人，而在业委会的号召下，40位小区志愿者积极投入到这个万人小区的疫情防控工作中，成为周边小区的榜样。

4000个口罩，哪里需要送哪里

袁野是一名从事房管工作的基层干部，又做过4年群众工作，一年前，他想改善小区的日常管理，就下决心去参选了小区的业委会。疫情来临，看到小区的防疫工作没什么起色，他开始考虑鼓励居民们一起出力。

因为当过兵，上的是军校，袁野在全国各地都有战友、同学，春节期间，了解到疫情比想象中严峻，他向物业公司询问了防疫物资的

准备情况。了解到物业公司只储备了几百个口罩，他自己开始想办法筹备口罩。

"小区有 3000 户居民，实际入住人数超万人，一旦门岗等一线人员的防疫物资配备不到位，势必会增加感染风险。"袁野本想找到货源对接给物业公司就好，但细想一想，当时大批量购买口罩已经很不容易，价格也已水涨船高，哪怕是"平进平出"，一旦被人说成倒卖口罩，那就好心办坏事了。"倒不如干脆捐出去。"于是，袁野自掏腰包买了 4000 个口罩，除了提供给一线工作人员，得知小区哪户居民家里缺口罩，他也会送去一些。如今，4000 个口罩只剩不足 100 个了。

抗疫一线，40 名志愿者成了风景线

2 月 10 日后，随着企业陆续复工复产，返沪人流不断增加，印象春城小区管理压力剧增，但还有不少物业人员尚未到位。2 月 12 日，业委会在小区发起了志愿者招募，陆续有 40 位志愿者积极报名，其中大部分都是中青年业主。

这一个月，志愿者承担了大量的工作。高峰时小区 2000 台车有半数车辆需要从主大门出入，车上每个人都要测温、出示各自的出入证，但门岗的物业人员只有 3 位，根本做不过来。志愿者迅速补上，他们

在主大门负责维持秩序，提醒车内人员提前准备好出入证，检查后备箱，拦截、劝阻没有出入证的人员……据了解，最多的时候，在门岗协助工作的志愿者有 15 人。

针对快递、外卖一律不能进小区的问题，志愿者也做了优化。本来居委会要求物业在室外集中设立快递点的初衷，是通过无接触交接防止交叉感染，但物业把快递点设在了小区大门口。"这是疫情期间小区唯一的出入口，人员、车辆都在此处进出，居民们出门取快递也得测温、出示出入证，大大增加了人员交汇的频率，存在安全隐患。"经业委会与物业协商，决定把快递点移到小区西南门内。一是西南门靠近垃圾房，便于处理快递外包装；二是那边有 8 个摄像头，能做到实时监控。而且，志愿者上岗后，还按照楼号对生鲜、果蔬、外卖和普件等类别进行了分拣，业主报楼号领件，居民取件速度大大加快，很好地避免了人群聚集。

重在参与，见证大疫中的大义

作为业委会主任，袁野是整个倡议的发起者，开始的半个月，他每天都陪伴志愿者们从早上第一班坚持到最后一班。后来因为身体原因，他要去医院化疗，才逐步转为巡岗，但每次到现场，他都会盯着志愿者们做好自身防护，和他人保持距离。"他们保护小区，我也要保护好他们。"

志愿者团队的感人事迹有很多。一位物业人员抽调到小区西南门快递点参与服务后告诉袁野，小区一天的快递量超过 2 万件，袁野这才意识到西南门的志愿者每天面临的工作量有多大，但在此前，他们从来没有一句抱怨，只在志愿者群里说"缺人手，求增援"；有一对母女志愿者，女儿 24 岁，得了免疫系统的疾病，袁野出于安全考虑劝她不要参加这个活动，"毕竟免疫力不好的人如果得了新冠肺炎，危险性更大"，但她还是坚持站出来做一些力所能及的事；还有一位小区租户，是一名 57 岁的老党员，他家在另外一个小区，却在这个租住的小区做志愿者……

"通过这次新冠肺炎抗疫，我在基层看到了大疫面前的大义。除了活跃在一线的志愿者，小区居民还捐赠了 1000 多个口罩和其他防疫物品。"如此高强度的志愿者参与，也带动了附近地区一大批小区的志愿者参与到小区防疫中。但袁野也有烦恼，随着最近中青年志愿者们陆续复工，小区的管理又变得有些混乱。"志愿者毕竟不能替代日常的物业服务，如何提升物业依旧是非常迫切的问题。我们小区花 10 年才成立了业委会，未来小区事务的关键，还是要靠每一位业主。只有大家心往一处想，力往一处使，才有可能让小区变成自己理想的家园。"袁野说。

内容来源：上观新闻　文：谢飞君

22 岁听障女孩守护弄堂铁门：哪怕跑跑腿，我也愿意

连续 14 天，每天早上 10 时到下午 3 时，倪珍佳就会穿上橙色的长宁志愿者马甲，走过武夷路两旁的浮雕墙，推一推沿街的铁门，拉一拉把手，确认好门锁的状态，保证这些上了岁数的老洋房、小弄堂的大门都已经关严锁牢。

一位从弄内出来的阿姨跟她打招呼："小姑娘又来啦！"倪珍佳笑笑，走上前去关好门。阿姨有些抱歉，冲她摆摆手："不好意思，又忘记关门了。"她也招手，回阿姨一句："没关系，下次记得。"

隔着口罩，她这话说得有点含糊，得仔细分辨才能听清，而在听别人说话时，她会仔细盯着对方嘴型，或者把左耳助听器凑近，请对方大点声。今年 22 岁的倪珍佳是位听力障碍志愿者，在上海应用技术大学工艺美术专业读大一。

守好这些"有腔调"的门

　　武夷路沿街归华阳路街道飞乐居民区管辖。这是一个混合性小区，既有商品房、售后公房，也有洋房和弄堂，每弄少则一户，多则四十户，共有约 600 户居民，弄口都装有黑色铁门。居民区党支部书记李超毅介绍说，商品房可留一个出口设立门岗，工作人员定点守候，查验进出人员的情况，可要为武夷路这 400 多米路段上 9 扇铁门设门卫，就不太现实，只能靠居民自管。

　　居委会 2 月 16 号为铁门都换了新锁芯，配好钥匙送到居民家中，并嘱咐大家进出时自行将铁门关上，谨防无关人员出入。志愿者倪珍佳作为小区"封闭式"管理巡查志愿者，任务是确保这些开开合合的大门及时关闭。

　　"进出随手关门，保持大门关闭"的告示贴出来后，大部分居民能记得关门，可多年习惯了骑着自行车和助力车直接进进出出，也习惯了快递与外卖送到家门口，这门一锁，还是有很多人不适应。

　　因为使用不注意，160 弄的门锁两个星期内已经换过 2 次，修过 4 次了。昨天倪珍佳刚上岗，住在 2 号楼 101 室的阿姨就指着门锁无奈地说："这个锁又不好用了，明明写了顺时针开，还是有人会反锁，打不开一用力就坏了……"

有40户居民的160弄算是一个微型售后公房小区，外地和外籍租户不少，居委会还专门做了中英文告知书，平时大门敞开，空地上都能挤进去7辆私家车，是最需要"重点关照"的门洞。珍佳也来来回回特别留意这扇门。阿姨拍拍珍佳说："她很负责的，来回走，帮我们把门关关好，工作就是需要大家互相配合。"

因为阿姨说这话时戴着口罩，珍佳看不到嘴型，没有办法作出反应。但看到阿姨竖大拇指，她也会心一笑。

沿路的共享单车倒了一地，珍佳走过时扶起来，她一路步子很快，只有在铁门前会仔细停留，关着的门她就使劲推一推，有的门看似关得严实，其实没有上锁，一推就开，她就用力关好，有时候大铁门上的小门开着，一拉把手才发现其实大门里的门栓也没搭上。

有位爷爷没有关门，倪珍佳就随后上前关门，爷爷赶忙说自己只是出来透透气，走一圈就回去，门只是暂时先不关，倪珍佳冲爷爷点点头，继续把剩下几户巡查完毕，然后又特地拐回来再确认一下爷爷是否已经把大门锁好了。

武夷路52弄29号是一栋三层小楼，住了11户居民，要从大路穿过弄堂，拐过两个弯儿，走到尽头，才能看到那扇隐匿的绿色小铁门，她确认门已经锁好，走出弄堂时抬头看了看高耸的树枝。她喜欢这棵树伸向四周的枝桠，"它很有艺术感，也很有生命力，在努力向上生长。"

做不了语言宣传，跑腿也行

武夷路40号其貌不扬，梧桐树下的门头有复古雕饰的拱券，倪珍佳抬头指着楼口的小窗，说："'李爷爷'就住在这里。"她口中的李爷爷，是当过长宁区领导的李仁杰，已经住在这栋老房子里几十年了。

从四五年前开始，他每年会资助飞乐居委会3名贫困学生，以前每个学生给3500元学费，如今包括倪珍佳在内的两个学生考上了大学，年资助金额也增加到每人 5000 元。

李爷爷每年都要跟孩子们见面，亲手把学费送到他们手里，还附带送几本好书，要求每人年底写一篇读后感。说到自己永远铭记李爷爷的爱心时，倪珍佳认真地在手机里打下"有句话说得好：得诸社会，还诸社会"几个字。

从小生活在华阳路街道，作为飞乐居民区的居民，她也一直被社区这个大家庭爱着，从居委会干部，到楼组长和志愿者，都经常给予关怀。

今年春节，外婆 80 岁大寿，倪珍佳跟父母回安徽外婆家过年，当时村子里还没有这么紧张，也还没有戴口罩的意识。2 月 5 日回到上海后，情况就不一样了，社区工作人员和志愿者们在楼下张贴告知书和防疫宣传海报，喇叭里也在请返沪居民及时扫码登记，居家观察 14 天，于是他们一家主动上报，自觉隔离。

隔离期间看到穿着马甲的志愿者们忙前忙后，她就很想加入，居家隔离的最后一天，她主动联系居委会，给李书记发微信表达自己的意愿："我想做抗疫志愿者，可能我无法做语言宣传的工作，但是信息录入、微信沟通、宣传海报绘制等，我都可以做，哪怕是跑跑腿，我都愿意。"

妈妈知道后，担心她出门不安全。"毕竟这个病毒很厉害，孩子好不容易养这么大了……"现在倪妈妈说起来还有点担心。居委会一

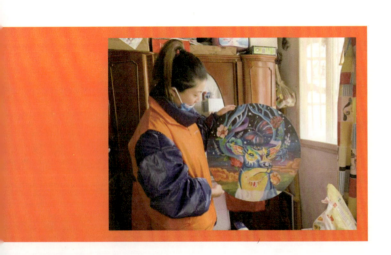

开始也没有同意，因为考虑到倪珍佳情况特殊。"但小倪的态度十分坚定，而且我们刚刚好有这么一个适合她的岗位，到街上巡查不需要很多语言沟通，于是就同意了。"

于是每天两次巡逻，倪珍佳就坚持到了现在，即使这周学校已经网上复课了，每天要看书并且练习的她还是抽出时间来完成志愿服务。

当志愿者是热爱也是习惯

倪珍佳一直都是热心肠。在上海市聋哑青年技术学校读高中时，每年3月5日学雷锋活动，她和同学们都会发挥所长，做一些义卖活动。美术班的同学们做软陶、竹刻、写字画，烹饪班的孩子做点心和饼干，把义卖的款项捐赠出去。

高中时，每年学校会有5名来自西藏的同学，寒假的时候，他们不能回家，珍佳就主动向学校申请，负责带他们在上海玩，逛完外滩和美术馆，还特别带他们去了田子坊里的西藏美食店。

同学拉姆在拉萨的孤儿院做志愿服务，自己花钱给孤儿买了很多文具和衣物，还教孩子们折纸，陪他们做游戏，珍佳一直都想去看看拉姆口中这个美好的地方。2017年的暑假，参加完全国残疾女篮球锦标赛后，她也去到西藏，捐献了自己的爱心。

同窗四年，去年毕业分别的时候，西藏的同学一个个给她戴上哈达，还写信感谢她一直以来用心的陪伴。今年2月24日藏历新年，她还收到了他们"扎西德勒"的祝福。

从2018年开始，她们高中招收辅读班，辅读生中有位00后女孩小清跟她结对，这个小姑娘不愿意和任何人交流，很难接触。倪珍佳选择以笔传心，和她从笔友做起，慢慢了解到小清父母都有精神残疾，由姑姑和奶奶养大，所以安全感缺乏，自卑而胆怯。

倪珍佳于是主动陪伴她，晚上还去宿舍给她讲故事，"有一次她听着听着睡觉了，就躺在我的腿上，看着她就像个小孩子。"小清慢慢敞开心扉，把自己开心的，难过的经历都讲给这个姐姐听，在课堂上做的点心，自己也不舍得吃，等下课偷偷送给倪珍佳。

因为倪珍佳的不断鼓励，一年后，老师们都说小清变得阳光懂事了，有次老师给珍佳看小清写的作文，"里面都是写我的，她记得那么多，我真的很感动。"开家长会的时候，小清的姑姑都来专门感谢她的陪伴。

这次春节后回沪隔离期间，倪珍佳花了三天时间，临摹、练习、折纸，写下了书法"万众齐心，战胜疫情"，家里地方不大，她趴在地上铺开纸张来写，她喜欢墨水的味道，认真地说："我觉得这八个字意义很大，看到很多人都去了武汉，就觉得只要一条心，这个疫情一定能过去。"

她的笔记本里，还画下了隔离期间看到的小动物，远处的楼，门口的锁，窗外的树，春天到了，这棵树也要绿了。

内容来源：上观新闻　图、文：刘雪妍

村里来了F6？"90后""00后"志愿者撑起"道口"一片天

"阿弟，我们自家人，不用拿证件了吧？"

"抱歉啊奶奶，没有出入证、身份证，我不能放行的！"

昨天，记者在浦东合庆镇勤昌村塘东街的一处设卡道口看到，穿着黄色志愿者马甲、手腕上戴着"疫情防控巡查员"袖章的杨乐彦，正在路口严格排查过往行人和车辆，有时候还会遇到同村的"乡里乡亲"。但"六亲不认"的他一板一眼，哪怕亲戚朋友也只好"败下阵"来，老老实实掏出证件、测温后才能通行。

疫情期间，一些"90后""00后"纷纷站出来，主动加入防疫志愿者的行列，这些平日里人们眼中的"小囡"似乎一夜长大。

村里来了"F6"

昨天下午，记者来到勤昌村的这处道口，只见它连接着蔡路集镇，附近春雷、建光、海塘、营房等村的村民也会从此处经过。在记者采

访的这段时间里，行人车辆来往不断，有时候还会有短暂的拥堵。年轻的志愿者们身着绿色或黄色马甲，"一夫当关、万夫莫开"，要进村，先要过道口检查关。

进出的村民们发现，这里多了很多新面孔，口罩包裹之下虽然只看得见一双年轻的眼睛，却有着较真的倔强眼神。他们到底是谁？因为共有 6 人，有人便将他们称为勤昌村新出道的"F6"。

"F6"的成员都是正就读于大专院校的学生，在这些年轻的志愿者中，有 4 位是 2000 年出生的，今年刚刚 20 岁，另外两名也是"90 尾"。

从打游戏到守关口

杨乐彦是这 6 个人中最小的，他的妈妈蔡佩兰在勤昌村委会工作。记者看到，他瘦瘦高高，微卷的头发在头顶扎了个酷酷的小辫子。他说，原本只是普通的"锅盖头"，按照韩国明星流行的发型烫了发，但现在头发长了也没地方理发，干脆自己当"TONY 老师"设计了这个发型。

杨乐彦就读于上海中侨职业技术学院大一。在妈妈蔡佩兰眼里，杨乐彦是个吊儿郎当、叛逆的男孩子，平时喜欢在家打游戏，和所有叛逆的男孩子一样，喜欢和父母顶嘴、斗气！但是她没想到，这一次，儿子会站出来，主动当志愿者。

杨乐彦说，"疫情开始以后，妈妈太辛苦了，有时候连续 24 小时带班，半夜才回来，所以我想帮她分担一些。"

从 2 月 14 日开始，杨乐彦正式上岗，每天下午 2 时到 9 时。"大冷天，站这么长时间不累吗？"记者问。

小杨说，"多穿点不就行了吗？再说我小时候调皮，经常被罚站，练出来了。"

话语间，只见不少人到道口主动掏出证件，有的人接受完检查后特地对志愿者们说"谢谢""你们这些小囡真不容易"。

小杨等志愿者的表现让周围人刮目相看。蔡佩兰说："这一代年轻人特别有规则意识，值守道口是真正的'六亲不认'，平时在村里叫着叔叔伯伯，在道口一律只认通行证。"于是出现了开头的那一幕。而杨乐彦认为：这没有什么稀奇的，这是原则，不能退让。

问他疫情过后想干什么，他坦白地说："想念女朋友了，赶紧回学校吧！"

F6 中的小女生

F6 中，共有 4 名男生、2 名女生。昨天，上海市东海职业技术学

院的大二女生蔡吕澳正好值班。和几名大男孩站在一起,她显得有点瘦小,但守起道口来一样严格、一丝不苟。

她的爸爸蔡跃祥是勤昌村村委会的门卫,也是"守道口"志愿者。由于人手紧缺,他经常连续夜班,值守最长的时候一天只能睡四五个小时。当他看到别人坚持不住时,还经常帮别人顶班。

爸爸的辛苦女儿看在了眼里。蔡吕澳说:"爸爸非常辛苦,忙起来一个星期都不回家,我很心疼爸爸,所以想去陪他一起工作。"

2月17日,蔡吕澳值了第一个白班,从上午7时到下午2时。她说:"感觉挺不容易的,风很大很冷,但是过往的路人也很关心我,路过的时候会问我冷不冷。"偶尔也会碰到不配合的人,"比如前几天有个外村人没有证件非要进来,被我们阻拦后破口大骂;但我们还是坚持拦住她,最后她只能无可奈何地走了。"

蔡吕澳在大学里是学生会纪检部的副部长,但是参与社会的志愿者服务还是第一次,亲身体验了基层工作的艰辛与不易。"好在我在学校里就经常值勤,假期还去必胜客打工,一站也是好几个小时,站功没问题!"

虽然和爸爸一起当上了道口志愿者,但两人却没有被排在一个班过。只有偶尔在白班和晚班交接的时候,父女俩才短暂"交集"。"目前给我排了7天的班。现在学校的网课开始了,我经常是上好课再赶来值班;等到学校正式开学后,我会跟村里商量,只要有需要,可以把我安排到周末,我还是会来的!"蔡吕澳说。

没有豪言壮语

如今,像蔡吕澳这样的年轻人越来越多,李妍、杨乐彦、蔡中立、蔡徐杰、黄俊业……前后共有6位在读大学生来勤昌村委会报到,要求值守一线道口,成为了一道青春的风景线。

这些2000年左右出生的孩子,在其他人眼里,都还是孩子。在排班的时候都会合理安排，尽量不让他们值夜班。只有村民蔡钱明和蔡徐杰父子，上阵"父子兵"，排到了晚上9时到次日7时的"深夜父子档"。

当问到值守道口的初衷，他们没有豪言壮语，基本上都是："想为家人分担一些""在家闲着也是闲着""与其打游戏，不如做点有意义的事情"等简单又温暖的理由。

但这些话让人们分明感到，有责任、担当的他们，已经不再是孩子！

内容来源：新民晚报　文：宋宁华　图：徐程

志愿者齐上阵，
松江"硬核口罩厂"不停转

　　为助力缓解市内口罩供不应求的状况，在口罩极度紧缺的1月下旬，志愿者组织"益路同行"的负责人周蓉组织了包括她本人在内的近200名志愿者进松江区的美迪康医用材料（上海）有限公司做义工，成为了疫情最困难时期上海的"物资生产员"。车墩镇镇工业开发公司、各机关青年以及其他镇属公司职员纷纷走出家门、主动志愿报名前去帮忙。

志愿活动组织者：一切付出都值得

　　前一天敲定好志愿者排班名单，然后第二天下午5点，周蓉开始准备当晚的志愿服务，花近1个小时驱车50公里赶到位于松江车墩的工厂，路上顺便接上一两个志愿者，在厂门口和志愿者们汇合，点名、讲解注意事项、人员消毒、培训怎么穿防护服等等，随后统一带进工厂和当天的工段长来交接，"因为每天来的志愿者都不一样，我们每天都要培训。在当天的志愿者们上岗之后，我还需要再跟厂长沟通一

下前一晚志愿者们工作的情况，差不多晚上9点左右，我再回家。"

回到家，只是换了一个工作岗位。因为志愿者们都是凭借一腔热情来工作，交通、安全、修整，所有的问题周蓉都在担心。在志愿者微信群中，各种各样的问题都有，她需要一一回复。凌晨12点左右是志愿者们的休息时段，她也会进群看看大家的反馈，安排后勤补给人员给送送吃的。

从28日募集志愿者、29日正式上岗、9日凌晨最后一批志愿者完成服务，12天里，周蓉几乎没有一个晚上睡过整觉，直到所有志愿者上午下班到家报了平安，她才赶紧补个觉。但她从未抱怨，因为她的身边，都是让她动容的志愿者：有"90后"听障志愿者，噪音对她的困扰更大，却毫无怨言；有一对小情侣，说没电影看了，就一起到车间做志愿者权当谈恋爱了；有50岁的"小姐姐"，把退休之年的第一个生日，安排了来车间做"义工"……"我们花了11天给在本次疫情中被政府应急征用的口罩厂，提供了近200位志愿者，每天提供近12小时的志愿服务，创造了逾300万的产能。"周蓉觉得，一切付出都值得。

95后"打工仔"：男同志就多干点体力活

95后松江车墩镇团委社工窦天健是位于松江的"硬核口罩厂"特

殊的"打工仔、打工妹"中的一员。在美迪康公司工作的第一天,他参与了口罩质量检测,第二天则参与了箱子搬运,先用纸板固定好,然后做成箱子,放入塑料袋后搬入车间。这是一件重复性的体力活,一天下来,窦天健和同事们一起合作搬运了上百个箱子。

用餐区,志愿者们安静地就餐。"志愿者们都在抓紧吃饭,为中午12点的开工养足精神。"窦天健说道。他在美迪康公司工作的第一天参与了口罩质量检测,第二天则参与了搬运箱子。先用纸板固定好,然后做成箱子,放入塑料袋后搬入车间。搬运箱子可是件重复性的体力活,从拼装箱子到最后封上胶带,一天下来,窦天健和同事们一起合作搬运了上百个箱子。

搬运箱子时,为了防止头发落入箱子内,根据规定,还需佩戴工作帽。一天下来,全副武装的窦天健,因为闷热出了不少的汗。当记者问到一天下来累吗,窦天健笑着说道:"还好,紧急情况下,男同志就多干点体力活。"

"90后""打工妹":哪里需要就去哪里

"硬核口罩厂"内不仅有临时"打工仔",还有"打工妹"。在生产线上干起活来,也完全不输专业员工。"90后"的车墩镇机关青年陈艳就是其中一名"打工妹",当她看到机关分支群的美迪康公司

的招募信息后，就主动申请报名。

工作的第一天，陈艳从早上 8：30 到下午 4：30，工作时间几乎全程站立，连喝口水的时间都没有。高强度的生产线工作，对于女孩子来说，这并不是一件轻松的事。"工作时因为注意力全部在口罩质检上，自己还没觉得，下班后发现身体腰酸背痛。"

"第一次面对机器出现故障或者因为原材料不够，产生不合格的口罩时会有些手忙脚乱。"一回生二回熟，经过师傅的指导后，陈艳琢磨出了窍门。她抓紧维修工维修机器的时候，快速找出质量不合格的口罩，比如缺少内芯或者挂耳的口罩，再找出合格的口罩进行替换。

生产线上，陈艳手边有两捆口罩，一捆 25 个。如果一个个口罩满满检查时间肯定来不及，一天下来陈艳已经练就了"火眼金睛"。一箱 1600 个口罩，陈艳基本上能够在 40 分钟内完成质量检验。一天下来，她已经算不清具体检测口罩的数量，她说大约有 2 万个口罩。

陈艳说，从新闻上看到目前口罩的需求量很大，因此觉得自己有责任，希望能为国家尽一份自己的力量。"我现在报了不少疫情防控的志愿服务，随时随地准备出发，哪里需要就去哪里！"

内容来源：青年报・青春上海　文：陈宏、陈泳均

他们为前线"战士"做"战袍"，一天剪近千件衣服线头！

如果没有这场疫情，在陆家嘴金融城一家外资银行工作的青年白领顾祥舜，做梦也想不到，自己会干起给衣服"剪线头"的工作。

疫情发生后，无数医护人员奋战在救人的第一线，前线防护服告急！浦东周浦的上海诚格安全防护用品有限公司原本是一家生产工业防护服的企业，按照安排，他们5天就完成了生产线改造与设备调整，转产医用防护服。他们日夜赶工，面临人手紧缺的问题。

"防护服厂缺辅工，具体工种包括产品整理、质检、包装，需要志愿者帮忙！"2月9日，浦东新区科经委就相关情况与团区委对接后，团区委立刻行动起来，着手进行志愿者招募及后续工作。当晚9时许，通过直属团组织、区青联、青年社会组织等微信群，发布了招募防护服生产服务志愿者的海报。短短12个小时，就报名700多人，其中还包括不少外区的志愿者。征集令发出后的第二天一早，第一支志愿者小分队就来到工厂报到上岗！

剪干净每个线头，为医护人员护航

顾祥舜就是在朋友圈看到这个招募志愿者的英雄帖后，第一时间报的名。

"我去年刚入了党，看到这么多医护人员奋战在抗'疫'第一线，很感动，所以就想为他们做些什么，用实际行动向他们致敬。"一件防护服的流程大致是：裁原料，缝纫，剪线头，检验，贴商标，包装，清点，装箱。当志愿者的第一天，顾祥舜分配到的工作就是给防护服"剪线头"。

剪线头看似简单而重复，真要把每个线头都剪干净，还不太容易。顾祥舜一天剪了800-1000件，他琢磨出一套技巧：从帽沿处开始检查，然后到拉链两边，再到4个手裤脚管："通常最重要的就是拉链两边的线头，去掉这里的线头可以大大减少使用损耗率。因为拉链用力拉上拉下，如果被线头卡住这件衣服就很有可能会被扯坏。"顾祥舜认真地说道，"更要紧的是，如果让医护人员暴露在病毒面前，就很危险。"

母女搭档支援抗"疫"前线

今天，走进诚格厂如火如荼的生产现场，记者看到，除了缝纫是由厂里的技术工人操作以外，其他岗位都有身穿绿马甲的浦东青年志愿者。

　　杨高虹和胡晨芳是一对母女，女儿是 95 后，妈妈是 75 后。她们早上 8 点半就到岗了，戴口罩、量体温、登记、核查身份，全部通过后才能上岗。

　　胡晨芳是上海中医药大学针灸推拿专业的大四学生，因为疫情，原本应该实习的她暂时在家休息。"我正好有空，就想出一份力，能做多少就多少。"清秀的小胡开心地说，今天第一天上岗，她就做了裁剪和检验两个工种，这些劳动虽然机械而重复，但一想到是支援抗"疫"前线的，就浑身是劲儿。"那几个叠衣服的志愿者都非常认真，有些男孩子可能这辈子都没有叠过衣服，但叠起防护服来，比女生还要认真，看了特别感动。"

　　从事警务工作的妈妈，看到女儿报名，也跟着报了名，爸爸本来也想参加，可惜"超龄"了。"女儿一直在当志愿者，我们母女俩一起当志愿者，还是第一次。"妈妈说，"只要有空，我们就会来的。"女儿则表示，接下来她会动员高中同学，一起来做这件有意义的事。

　　志愿者的工作为辅助性质，为配合一线技术工人的工作时长，志愿者服务时间分为白班和夜班。白班为早上 8 点至晚上 9 点，夜班为晚上 9 点至凌晨 5 点。每个班次至少 20 人，并适时根据生产要求增加。长时间、高强度的班次安排，对专业的技术工人来说压力都不小，对

志愿者的挑战就更大。志愿者严帅说："我们技术工作做不了，但叠衣服和装箱，都能干！"长时间站立、埋头工作非常辛苦，但很多志愿者都舍不得轮换休息，从头到尾不停地在工作。

随着志愿活动影响的扩大，还出现了许多"夫妻档""父子档""兄弟档""群友档""单位档"结队报名。截至目前，已安排上岗300人，累计完成产品质量检查、整理、装箱2万余件。

浦东团区委相关负责人介绍说，为确保志愿者符合岗位要求，同时也切实关心好志愿者，团区委努力把工作做细做实。例如，在志愿者报名时，高度关注和强调个人健康情况；进厂开展志愿服务前，实地发放《致青年志愿者》温馨提示，联合厂方落实好志愿者防护及体温检测等措施；在志愿服务过程中，则实行分组包干、领队负责，加强与厂方、驻厂单位沟通，努力提升工作效率。团区委还为每位志愿者购买了保额50万元的"守护志愿者"特定保险；服务完成后，为大家贴心准备了点心及电子版感谢信，并一一确认志愿者是否安全到家。

内容来源：青年报·青春上海　文：郭颖　图：周紫薇

师生接力，研制 3D 打印防护用具

　　"戴上这款护目镜，回头率一定百分百。酷吗？"见惯了电视中的标准化护目镜，当看到上大机自学院智能基础件团队负责人、民进会员华子恺主任发来的师生接力研发的 DIY 护目镜照片时，记者笑了。

　　这个春节，一群上海大学师生远程组队，夜以继日研发了 3D 打印防护用具，他们将成品送到医护人员手上，将护目镜的模型数据与打印参数全网公开，供大家免费下载。

火速成立"突击队"，熬夜研发的模型信息无偿在线公布

　　因为工作的缘故，华子恺团队长期和医护人员打交道，针对各类医疗器械、医疗技术的痛点研发各类工具，提供各种解决方案。春节前夕，看到视频里铿锵有声的"不计报酬，无论生死"的誓词时，这位"80后"高校老师被震撼了，决心和师生们为一线的医护人员做些什么。

"原本我们并不知道护目镜长什么样，随着疫情的蔓延，护目镜的出镜率高了。大家才知其庐山真面目。"锁定了攻坚目标，他快速招募了一支"突击队"，火速集结了由五名老师、三名研究生组成的研发团队。定方案、做模型，大伙每天干到凌晨两三点。短短两天时间，模型的雏形就出炉了。

辛辛苦苦设计出来的模型，华子恺和团队成员商量后，打算将模型链接上传到百度云，作为开源信息，供公众免费下载。这么做的初衷是：学校的确有3D打印机器，但产能较低。开源后，一些有需求又有3D打印机的医院、企业可以直接打印。

果不其然，模型链接发布后，来自上海乃至全国的不少企业、医院慕名找到了华子恺和他的小伙伴们。

2月2日，护目镜成型后，华子恺找到了学校的快速制造部，对其进行小批量加工。因实验室产能有限，快速制造部的两位老师采取了两班倒的值班模式，这样设备得以24小时开机。第一批护目镜成品完成后，华子恺所在的智能基础件团队立马将"爱心镜"送至第一人民医院，供门诊医护人员备用。

截至2月20日，上海大学工程训练中心已经出炉了护目镜110副、面屏200多个、护目面屏50多个。未来，这些防护工具将无偿分送到有需要的医院。目前，已经有包括第一人民医院、新华医院、儿童医学中心、华山医院、第一康复医院、同济医院等多家医院接收到了这些爱心防护工具。

"除了护目镜外，我们还在自费制作护目面屏，将它们分送给医生、学校辅导员、保安、宿舍阿姨等一线人员。"华子恺说。

一开始护目镜很"丑"，20代后它们变美了

从1月28日开始投入研发，出炉第一代模型，到经过20多版修改后最新的模型应运而生。华子恺形容说，"整个过程像打了鸡血一样。"

  年初七开始华子恺团队又投入了面屏的研发，甚至还研发了护目镜和护目面屏做在一起的联体款。

  华子恺说，近期他们在研究一种"神秘武器"——负压隔离罩。"我们在和重症监护室的医生交流时得知，当医护人员为病人插管、取痰的时候感染风险最大。所以这款负压隔离罩可以定向将病人呼出的气抽出去。形成一个相对较好的隔离环境。"

  "我们的第一代护目镜样子的确丑了点，戴上后像机器人，很另类。"当发来第一代的护目镜照片时，华子恺忍不住笑了起来。

  在打印过程中，团队成员还尝试了不同打印材料与成型方法，最终选用了光敏树脂或热塑性聚氨酯弹性体（TPU）进行打印工作。样品完成后，团队成员亲身试戴，"吹毛求疵"般地找问题，补不足，并邀请医生试戴数小时后给出宝贵意见，为的是最大限度地保证密封性、提高护目镜的强度、提升配戴的舒适度。

  华子恺表示，这件事能做成绝非他一个人的功劳，而是学校、师生的接力相助。如上海大学工程训练中心于 2 月 1 日接到护目镜的 3D 打印加工要求，当得知是为医护人员抗击疫情而赶制的，工训中心快速制造部迅速响应，当天做出样品。这让他异常感动。

内容来源：青年报·青春上海　文：范彦萍

让医生、护士吃上热饭！
他用双手传递市民的爱心便当

在蓝色制服、头盔、口罩的包裹下，你很难从送餐队伍中认出叶陪陪，今年春节，这位 32 岁的江西小伙选择留守上海。前段时间，网上出现了不少一线医护人员"吃饭难"的消息，为了让他们吃上热饭，他在不久前报名加入为医护人员送餐的公益队伍中。"我经历过'非典'，这个时候更想为他们出一份力。"这个春节，他用双手传递着市民们对于医护人员的爱与关心。

暂停接单，集中先为医院送餐

上午 10 点半，送完手头最后一个订单，饿了么外卖员叶陪陪掏出手机，暂停了接单模式，走进一旁的环贸 iapm 商场。受疫情影响，5楼本该迎来春节档旺季的餐饮区门可罗雀，但路过一处拐角，几名身穿蓝色工作服的外卖员却聚集在一家名为"三巡海南鸡饭"的店铺门口，店铺的桌子上堆满了用塑料袋装好的餐品。

"今天准备的是海南鸡饭套餐和海鲜叻沙，一共 60 份。"在与店铺负责人确认完餐品数量后，一支 7 人小分队正式出发，他们此行的目的地是与商场一街之隔的徐汇区中心医院。虽然只有短短几百米的距离，路上行人也很稀疏，但一路上，这支队伍的回头率却不低。

"你们去哪里送餐？""去医院。"听到外卖员们的回答，有路人发出"哇"的感叹，还有人举起手机拍照。在医院门口脱帽测完体温后，送餐队伍乘坐电梯来到医院 22 楼。"饭来啦，这个是粉，粉要先吃，不然要凉的，这个是饭，饭可以晚点吃。"将餐品放下后，叶陪陪指着桌面又叮嘱了两句，一旁的医护人员连连道谢。

放下餐品后，为了不影响医护人员工作，一行人很快走进了电梯准备离开。"谢谢你们啊！"在电梯门关上前，一位刚从房间内走出来护士送上了她"迟到的感谢"。电梯里，戴着口罩的外卖员们则相视一笑。

刚走出电梯，小分队的负责人又接到一通电话。"还有一个医院要送。"一行人又匆匆奔赴下一个送餐点。这两天，每到中午和晚上的饭点，叶陪陪都会出现在这支给医院送餐的队伍中。

用自己的双手接力爱心便当

这个春节，原本根据公司的安排，叶陪陪将和站点的 10 多名同事留守上海值班，待 2 月初再错峰回家过年。但疫情的突然爆发，打乱了叶陪陪的计划。"这应该是我 32 年来第一次春节没回家过。"

疫情爆发后，上海的防控力度也不断加强，医护人员成了最忙碌的人。"听公司说很多医护人员都吃不到热饭。"大年初五，公司招募为医院送饭的志愿者，叶陪陪说，他毫不犹豫就报了名。"我经历过'非典'，特别想贡献点自己的力量。"2003 年，叶陪陪所就读的学校中，一名学生被确诊"非典"，学校一下放了半个月假。那段时间医护人员出入学校的画面，至今让他印象深刻。因此，听说医护人员"吃不上热饭"，他第一时间响应报名做志愿者。

叶陪陪所在的志愿者校队，这两天主要负责几个定点医院的送餐。"上海市医疗急救中心、徐汇区中心医院以及一些社区医院都有送。"每天上午 10 点半左右，他和同事们都会自觉停止接单，前往公司事先沟通好的商家取餐，再统一送往有送餐需求的医院。

这些送往医院的餐品中，一部分来自商家的无偿供应，例如 2 月 1 日中午的海南鸡饭，便是由商家免费提供。另一部分来自热心市民的温暖之举。"有人留言说本人不能过去，希望通过点餐的方式捐献自己的爱心，让我们把饭带给门诊的医生护士。"面对收到餐品时面露惊讶的医护人员时，叶陪陪会说："这都是上海市民的一份心意，希

望他们收下。"除此之外,商家也会优先制作送往医院的订单,前两天还有同事为医护人员送去蛋糕庆生。"不仅是我们在努力,大家都在努力,一起共渡难关。"

能够通过自己的双手传递市民的爱心,叶陪陪笑言,每次去医院送餐时他都会心生一份使命感。

10点下班后与父母视频报平安

据饿了么公益送餐上海负责人介绍,免费送餐虽然刚刚实行,但送餐数正持续增加,越来越多爱心汇入的同时,也意味着外卖员们需要更加频繁地出入医院。

"大家一开始都有点紧张,毕竟是一个新病毒,有点不知道要怎么应对它。但这个活动一搞起来之后,大家心里反倒没那么害怕了。"叶陪陪说,去医院送了几次餐后,大伙的精气神都上来了。这两天,除了佩戴公司发放的口罩外,每天上岗前他都会测体温。在送餐时,医生、护士也会在取餐之际送上几句叮嘱。"一般就是提醒我们出门戴口罩,家里多通风。"一些订单上,除了对医护人员的关心外,也会留言感谢外卖员,"小哥辛苦了,这时候能够出来为我们送餐,非常不容易!"叶陪陪每次看到这样的留言,也就不觉得疲惫了。

春节期间,叶陪陪每天9点左右上岗,晚上10点多下班。虽然春节的日均订单量较平时减少了近一半,但依旧有二三十单左右。下班后,叶陪陪才会在微信上跟父母视频报个平安。

"爸妈也盼望我早点回去,不过今年情况特殊,跟他们解释过了。"叶陪陪说,往年的新年愿望里,"多赚点钱"总是排在前面,但今年,他最大的愿望是疫情赶紧过去。而他现在手头最要紧的事,就是尽自己的努力,让市民和医护人员吃上热腾腾的饭菜。

内容来源:青年报·青春上海　文:钟雷　图:施剑平

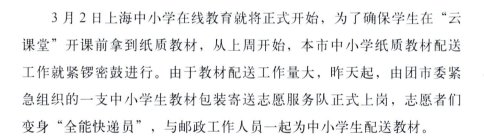

为让学生及时拿到教材，
志愿者变身"全能快递员"！

3月2日上海中小学在线教育就将正式开始，为了确保学生在"云课堂"开课前拿到纸质教材，从上周开始，本市中小学纸质教材配送工作就紧锣密鼓进行。由于教材配送工作量大，昨天起，由团市委紧急组织的一支中小学生教材包装寄送志愿服务队正式上岗，志愿者们变身"全能快递员"，与邮政工作人员一起为中小学生配送教材。

教材分装、打包很累人但很有意义

今天上午9点半，上海外国语大学第一实验学校的一处平房内，老师、邮政工作人员、志愿者正在热火朝天地分装、打包教材，现场堆着各种教材和包裹，胶带的撕裂声充斥在耳边。

上海科技大学大二学生李戊辰是在这里服务的十名志愿者之一，只见他从四种不同的教材堆上各拿一本，然后放到另外一个志愿者手提的包装袋中。"一个年级的教材种类有很多，为了提高效率，我们

在现场进行了分工，一个人负责几种教材，然后一两个人传递，最后再有一个人包装。"李戊辰坦言，这是他第一次发这么多书，"大学里不集中发书，有需要的话都是自己去买，所以也没机会发书。"

虽然一本书没多重，但分装教材绝对是个体力活。李戊辰是个"00后"小年轻，一遍又一遍不停地弯腰分拣教材也让他觉得有点累，"（教材）量太大了，这样一天下来肯定累。"不过，他也坦言，这样的志愿服务很有意义，"想到有些学生拿到的书是我们分装打包的，感觉也不错！"

今天在上外第一实验学校服务的10名志愿者中，有8人是大学生，而"80后"宋立峰则是上海电子信息职业技术学院的教师。蹲在地上忙活了一个多小时，宋立峰口罩后面的脸上已经汗涔涔。"看到团市委网站上志愿者招募的信息后，我和爱人都报名了。"宋立峰说，看到那么多医护人员奔赴一线，自己很受感动，"我们上不了一线，就做点自己能做的事，心里踏实。"

上外第一实验学校教导主任刘海珍介绍说，学校6至12年级共有26个班级，除去少量只下载数字教材和到校领取纸质教材的学生，需要寄送的纸质教材有974份，"教材量还是很大的，比如初三年级，一份就包括14本教材。"

对于志愿者的加入，邮政部门也坦言"帮了大忙"。虹口邮政广中路支局支局长黄俊华说，虹口邮政负责虹口区85所学校教材的配送任务，广中路支局对口的就有17所学校，"从上周开始，我们就一直在分装、打包、配送，志愿者来了以后人手多了，效率也提高了。"

以前觉得快递很简单现在才知有"技术"

今天上午10点多，杨浦区新江湾城时代花园小区门口的人行道两旁，整齐排列的数百个教材包裹放在地上很是壮观。作为一个大型社区，该小区有1700多户，配送的教材量也是"惊人"。

"我是105号60X的，刚才打过电话的。"一位家长上前询问，志愿者马旻月立即按照他的信息帮他找教材包裹，找到后，核对了名字、手机号，这位家长顺利帮孩子领到了教材。

"地上这些已经是今天的第二批了，大概有500份。"马旻月说，为了方便查找，志愿者们按照单双号、号码大小、是否打过电话等对教材包裹的摆放进行了分类，4个志愿者在现场的工作也进行了分工，有的负责分类，有的负责撕面单，有的负责帮家长查找、签收。

马旻月坦言，今天现场工作的高效率是总结昨天经验的基础上才

有的。"昨天下午，我们跟着邮递员去小区设快递点，因为没经验，没有对包裹进行分类，效率很低，有时一个包裹要找半天。"马旻月说，当时邮递员告诉她，送快递也是个技术活，要动脑子，这让她触动很大，回去就开始思考如何提高效率。

"90后"的马旻月是共青森林公园的财务人员，此次共青森林公园青工委的志愿者以团体报名的方式参加了教材包装寄送志愿服务队，昨天起在杨浦邮政民星支局上岗，在完成了分装、打包任务后，今天开始在小区门口进行投递。马旻月说，因为疫情防控，现在快递包裹不能进小区，只能在小区门口，然后打电话通知家长——来取，工作量很大，"以前没接触过快递行业，觉得寄取快递挺简单的，真实体验了之后才发现完全不是想的那么简单，还是蛮不容易的。"

杨浦邮政分公司办公室主任顾奇良介绍说，杨浦邮政负责为区内92所中小学配送教材，配送教材量大约 6.5 万份，目前 88% 的教材已完成封装，"比如民星支局，配送的教材已全部封装完毕，接下来几天的重点是投递工作。"顾奇良透露，目前杨浦区已完成投递的教材有 2.6 万份，"志愿者的加入为我们增加了人员力量，我们计划 2 月28 日完成全部教材配送工作。"

教材包装寄送志愿服务队预计服务 300 人次

近期，随着大量人员返程、大批企业陆续复工，疫情防控进入关键期，根据市疫情防控工作领导小组部署要求，团市委通过"青春上海"新媒体矩阵再次向全市广大青年发出倡议书，对青年志愿者工作进行再发动、再招募，增强基层一线工作力量。截至 2 月 23日晚，志愿者个人报名新增 3522 人、团队报名 82 个。

团市委专门制定了《上海抗疫青年志愿者报名管理工作流程图》和各单位工作职责分工，明确各级各单位工作职责，广泛排摸岗位需求并有序组织志愿者上岗服务。

2月23日，接到市邮政公司关于支持本市中小学生疫情期间"停课不停学"教材配送工作的需求申请后，团市委紧急组织了一支中小学生教材包装寄送志愿服务队，从2月24日起，到浦东、杨浦、虹口、黄浦4个区的36个网点及学校，协助开展本市中小学生教材包装、寄送工作。其中，2月24日上岗50人，25日上岗46人，预计24日至28日总计上岗人数约为300人。

内容来源：青年报·青春上海　文：刘春霞　图：吴恺

防疫宣传"口罩侠"：
人人为我，我为人人

清寂夜色，摩托轰鸣声传来，打破了深巷寂静。有个小伙，面戴口罩，身着机车服，跨上摩托，风驰电掣般驶出月浦盛桥新月明星园小区，消失在夜幕深处……这位小伙名叫陆驰宇，就住在这个小区里。当时他刚接到镇团委紧急任务，就立即出发赶至定点药房参与口罩分装志愿服务。

分装口罩、发出入证、分发自己筹措的口罩……他的"行头"和"坐骑"，成为了他的标志性装扮。为了做好宣传工作，他以这样的装束出现在自己拍摄的抖音视频中。因为所到之处洋溢着一股侠义之气，他被朋友们和居民们笑称为"口罩侠"。

热衷公益"口罩侠"

"我还挺喜欢这个称呼的。"说起"口罩侠"，陆驰宇有点不好意思地笑了起来，"这一次，口罩就是我的力量，保护需要保护的人。"得知武汉封城的消息后，陆驰宇就开始到处积极联系、筹措物资。通

过努力，他第一批筹措到600多只N95口罩。由于自己是名痴迷速度的"摩托车友"，他便在圈内告知摩托车俱乐部的车友们可以来领取口罩。更多的口罩，则被他免费分发给社区居委会工作人员、志愿者、小区门卫、环卫工人等群体。"我能力有限，所以就从身边做起，基本上就是把家附近的区域都跑了一遍，优先向急需口罩的人免费派发口罩。这些人为了我们的安宁，坚守在高风险的战'疫'工作岗位上。能够尽力保护他们，是我的光荣。"

同时，陆驰宇又在紧急筹措其他物资。他第二批筹措到5000多只一次性口罩后，便来到小区门口、附近公交车站和地铁站免费发放给有需要的居民。发放过程中，他也遇见过没戴口罩的人，便上前赠与口罩。见对方表示自己"身体挺好，不必戴口罩"，陆驰宇便马上解释戴口罩的必要性。在他的劝说下，对方还是戴上了口罩。"那时候还是挺有触动的，觉得自己的努力和付出或多或少让他们提升了防疫认识。"

当热衷做公益的陆驰宇看到月浦镇团委发出的号召广大青年志愿者参加疫情防控《倡议书》后，他主动联系，坚定地表达了想加入镇志愿者团队、参与疫情防控的积极意愿。在镇文明办的指导下，他正式成为了一名光荣的"月浦志愿心"志愿者，成为了月浦镇抗击新冠防疫工作青年突击队的一员。

宣传贴心做到家

找到"组织"后，"口罩侠"陆驰宇认识了许多志愿者伙伴，高速公路道口、口罩厂、小区楼道、居委会、药店……各处都留下了他们的身影。

开展社区工作时，他们会拿着扩音喇叭，"接地气"地在小区里反复宣传防疫措施，提醒居民做好个人防护措施。"现在居民们最关注疫情，尤其是高龄独居老人。较少出门的他们可能对防疫措施不太了解，需要更多的关心和关注，要及时做好宣传工作。"于是，魏新仔便带着印制好的传单、倡议书、防疫建议等，去往小区老人家中宣传。志愿者们"贴心做到家"的宣传方式，不仅让老年居民暖在心间，也被其他居民看在眼里，防疫措施的必要性就这样得到了普及。

宣传工作做得多了，志愿者们也有了心得。"和老年人讲解防疫知识时，要多举例，描绘出形象化的场景。"例如讲述小区消毒情况时，他们便描绘出物业人员背着消毒水、拿着喷头来到电梯间、大堂、活动区等区域消毒这些细致具体的措施。而陆驰宇也逐渐了解了个别居民不太配合的原因，开启了"心理战"：他们自己往往觉得"无所谓"，或者不会被感染，也就不太想后果。在"晓之以理"的基础上，陆驰宇还"动之以情"："万一你们不做好防疫措施感染了，回去传

染给亲朋好友可怎么办呢？这肯定不是你们想看到的。"在"说到心坎"的劝说下，对方基本就"乖乖"戴上口罩了。

随时随地讲防疫

作为一个小有人气的抖音达人，陆驰宇还萌发了拍摄防疫抖音短视频的想法，希望借用影响力更大范围地开展宣传工作。防疫至今，他已经拍摄制作了9条抖音视频。尽管每条视频都不超过1分钟，但是其背后都是他长达三四个小时的心血。拍摄一次就需要二十分钟左右，高要求的他经常重拍，最多的时候拍了七次，光拍摄就花去了两个小时。配音时，为了保证言语和动作配合得当，他也会反复录制。每天从早到晚的志愿服务工作已经很辛苦，但陆驰宇仍对视频非常上心严谨，以慢工出细活。"只要拍出来的内容对大家有用，我花费的时间再长也无所谓。"

事实上，不论志愿者在做哪项工作，他们始终不忘宣传防疫。预约口罩登记居民排起长龙、有些年纪大的老爷爷老奶奶站不住了，陆驰宇就一溜小跑来到老人身边，开始给爷爷奶奶按摩、陪他们唠嗑。"这次申领好口罩，爷爷奶奶你们一定要记得戴哦！"陆驰宇爱笑，陪聊天嘴最甜，这也是他昵称"小太阳"的由来。在他这里，家里怎么劝都不听的爷爷、奶奶们不仅有序排队，还满口答应注意防疫。出入证办理领取结束后，陆驰宇又自费购买了300多个卡套，在小区门口分发给老人和残障人士。"我一边提醒他们回去就用卡套装好出入证，一边也提醒他们尽量少出门。"哪怕只是走在小区里，看到拉下口罩聊天的居民，志愿者们也会笑着上前提醒，讲讲防疫知识。"我相信这世界需要每一个相信自己的你。宣传防疫，人人为我，我为人人。"

内容来源：青年报·青春上海　文：周琳琳　图：常鑫

九宫格 + 火眼金睛，
这两个"谣言粉碎机"不简单

疫情当前，就当大家在朋友圈、微信群刷着各类消息的时候，殊不知，其中有很多是伪装成真相的谣言。

徐汇青年志愿者协会理事长李磊和虹口青年微生活的小编刘盈捷最初想到制作"谣言粉碎机"的初衷，都是"刚需"，前者是为了给丈母娘辟谣，后者是自己特别想知道真相。

为长辈绘制精美的辟谣"九宫格"

全国青联委员、徐汇区政协委员、益社创始人李磊起初想到成立益社线上辟谣小组是因为春节想给丈母娘辟谣。"像我丈母娘那样的老年人刚刚学会用智能手机、上微信，他们不停转发各类消息，憋在家，不知道外面的情况，很容易被谣言煽动。"

1 月 29 日，益社线上辟谣小组正式上线，李磊招募了另外两名志愿者，三人分工有序。起初，辟谣的内容做成纯文字。但李磊发现文字的传播效果并不好。随后，辟谣产品更迭成了图文并茂的长图。但问题又来了，一些老人舍不得流量，不愿意转发。三个辟谣官又动足了脑筋，琢磨着朋友圈大家更愿意发好看的图片，是否可以用九宫格的形式呈现。

为了扩大影响力，制作好看的九宫格的图片，李磊开始了线上招募志愿者的行动。吸引了五十多名热心人报名。李磊从中挑选了各有专长的专业志愿者。辟谣小组的人数最多的时候有 20 多人，目前稳定在 16 人，有物理老师、英文极佳的高中生、插画师、国企外企白领等，形成了选题组，文字组和设计组。

"大家好，我曾做了 8 年的编辑，内容的事以后大家交给我吧。"辟谣小组成立一周后，曾经在电视台担任编辑的陈昊也加入了这个团队，上线后的第一句话就自报专长。

志愿者朱懿是一家培训机构的美术老师，她在团队中担任的角色是画面设计。因为供职的机构暂时不会开设线下课程，她表示，自己完全有时间在家画插图，为辟谣尽一份绵薄之力。

"报名的人很多，我从中挑选了有一定专业度的志愿者。在设计

辟谣产品的过程中，我们一直在改进，经过内测后，产品不断地迭代。"李磊表示。

有了两名插画师，三名平面设计师，辟谣小组出炉的辟谣产品也完成了第三次升级：文字——长图——九宫格。

在接触了各类谣言后，李磊发现，有的谣言真假掺半，很难拆穿。"比如有个谣言是说徐汇老盛昌汤包馆有个羊癫疯发作的店主确诊了后回来还在卖包子，网上的配图还有穿防护服的工作人员的画面。后来，我们才发现这是张冠李戴的谣言。将两张毫不相干的图拼在一起。还有个谣言说，华山医院的口罩和防护服没有了。网上议论纷纷，后来华山医院自己发了澄清的文字。我们也做了辟谣。"

李磊说，16名志愿者有100多个微信群，涉及学生群、工作群、亲友群、网购群、业主群等，覆盖的年龄层次、区域很广。"通常谣言都会在各个微信群、朋友圈刷屏。碰到一些谣言快速传播的时候，我们就自己先做判断，然后找官方渠道、政府网站反复核实后再制作辟谣产品。志愿者采取共创的模式，开展线上议事会，有一个选题出来，大家就来来回回在线讨论修改。"

近日，几乎每一天都有一个辟谣主题诞生，比如情人节有节日专题，复工高峰来临辟谣小组专门做了复工期间的用餐指南，有谣言称喂流浪猫有风险，辟谣小组又出来澄清，考虑到不少创业者对政府出台的28条政策比较关心，小组成员又提炼了关键词。"可以说，从一开始的纯粹辟谣，到变成线上内容的倡议者。这些辟谣九宫格发布后得到了很多人的点赞、转发。"李磊说，他们的产品对很多部门共享，欢迎大家转发，未必一定要署名。"其实从2月10日开始，相关部门的辟谣力度很大了。我们发现家长们的画风变了，开始关注疫情下的生活的内容。我们的创作风格也随之改变。"

在李磊看来，疫情总有一天会过去，但线上辟谣志愿小组会继续存在，继续传播社会正能量。

城管队员半路出家当起了辟谣队员

　　"虹青谣言粉碎机第一期 | 注意啦，这些都是谣言！"2月4日，虹口青年微生活发布了第一期的"虹青谣言粉碎机"。秉承着引领思想，弘扬青春正能量的理念，接下来，几乎每一期，该专栏就会粉碎三大谣言。

　　这些辟谣贴的幕后制作者是一名暂时脱下城管服的"90后"小编。1993年出生的刘盈捷于去年12月份赴虹口团区委挂职，曾经是虹口城管队员的他在疫情期间，临危受命，成了一名"辟谣队员"。

　　"对于辟谣这件事，我非常感兴趣。因为我自己也想知道真相是什么。当知道真相后，也会第一时间和长辈分享。"刘盈捷说，自己每天筛选三则重大的和上海、虹口相关的辟谣内容。

　　让刘盈捷印象深刻的是"非沪籍不列入新增病例"的谣言。"这件事在微博上传得像真的一样，在朋友圈刷屏了。我没做这条辟谣帖前，差点信以为真。当时就觉得很有必要辟谣一下。果不其然，这一期的阅读量也很高。"

　　刘盈捷表示，"虹青谣言粉碎机"会坚持下去，到疫情结束了栏目才会跟着结束，作为辟谣队员，他会竭尽全力尽一点青年的社会责任。

　　当问及这位半路出家的小编如何看待城管和辟谣队员的身份差时，小刘表示，这两份工作看起来天差地别，其实有一个共通的地方，就是火眼金睛，发现漏洞，然后及时地打上补丁。"个人的力量很微小。但是如果每个人把微小的力量集合在一起的话，就可以众志成城。防疫如此，辟谣也是如此。"

　　　　　　　　　　　　内容来源：青年报·青春上海　文：范彦萍

这群"少年翻译官"，将最新防疫信息传递给外国友人

"请带好口罩！""新型冠状病毒防护指南"……10日起，沪上不少企事业单位陆续复工。静安区不少白领发现，除了中文宣传材料，该区的国际化办公楼宇还纷纷贴上了制作精美的英文版宣传海报，但几乎没有人知道，这些海报上的英文翻译出自静安区市西中学一群"少年翻译官"之手。

自2月4日接到上海市静安旸昇创益青少年发展中心委托翻译了第一份文件以来，这支近40个人组成的翻译志愿者团队翻译了12份、9000多字的"战疫"英文宣传材料，帮助生活或工作在该社区的外国友人们更及时地掌握防疫信息。

任务需要"抢单"

市西中学团委副书记王璐老师说，招募"翻译官"之初其实是受了旸昇老师们的委托，希望能够请学校国际班的学生利用英语专长，

帮忙把一份石门二路街道需要的防疫资料翻译成英文版本，为外国友人答疑解惑。"没想到，召集令一发出，除了国际班，其他班级的学生也积极响应，抢着参与这项'紧急'而又'特别'的翻译工作。"

高三（2）班的吴越是首批响应翻译"召集令"的志愿者之一。她的母亲是上海市第十人民医院放射科的一名医生，因为疫情的关系从春节前到现在一直没有休息。"假期里，我看了不少关于医务工作者的报道，家中也有一名尽职尽责、早出晚归的医生妈妈，深受触动。尽管毕业班课业比较繁忙，但我还是非常希望'宅'在家中也能尽自己一份绵薄之力来做些贡献。"吴越说，她先后接下"防控科普手册"和"科学防疫"文章的片段各一，为了让翻译更标准、更符合公告模式，她反复和同学、老师探讨，逐字逐句地修订。谈及翻译中的分工，吴越说，有的同学担任组长，对接需求方、统筹工作、分配任务，有的则是校订员，力求翻译信达雅。"大家热情都很高，基本任务来了都要靠'秒杀'，否则还不一定能抢单成功。"

翻译不会停止

高一（4）班的单畅说，她有幸"抢"到了两份素材的翻译工作。"一篇是宣传性质的注意事项，一篇是产业园区的官方通知。翻译的

过程也是深入文字和内容的过程，翻译完之后，我自己有了一种被深度科普的感觉，也不得不佩服社会层面的公告考虑得多么周全和细致。"听说自己翻译的通知已经被张贴在了各个地方，单畅特别高兴："假期中的一点付出可以实实在在帮助到了他人，这一定是每一位志愿翻译官最大的愿望达成。"

目前，随着静安区的企事业单位逐渐复工，这群"少年翻译官"的翻译任务暂告一段落。但是，"翻译官"们纷纷表示，翻译工作不会停，仍会继续选择新型冠状病毒肺炎的科普素材进行翻译，为公众带去持续的科学普及，有的翻译起热播科普视频，有的翻译起关于疫情的有趣小诗。

从关心身边做起

这场疫情、这次翻译，还成为学生们一堂鲜活的"思政课"。志愿团队的成员们纷纷说，在参与志愿活动之前，他们都曾试着通过其他渠道献一份爱心。有的捐过压岁钱，有的想募集口罩等医用装备支援疫区。"作为未成年人，我们被社会呵护着，但也希望贡献一些事。一个高中生所承担的社会责任并不该局限于追责'别发国难财''口罩够不够'等让我们焦虑且感到无力的因素，其实更应该多关心自己身边的社区，能实际帮助到身边的家家户户，便是一名高中生承担社会责任中获得的最大幸福。"高二（9）班的李济海说。

吴越则表示，疫情的发生和志愿服务的参与，对她的未来规划也带来一些触动。"以前，时常能在《新民晚报》上看到上海科技大学的报道，一直心向神往。原本打算在未来从事关于科研工作，志在考入上海科技大学，而在这次疫情中，我看到了关于上科大团队和中科院药物所合作有所作为，一同研究对抗肺炎的药物，使我深受触动，也更加令我坚定自己的决心。"

内容来源：新民晚报　文：马丹

复旦团委发出召集令，"这241个孩子，我们来守护"

"Hi Max，how's your day？（今天过得怎么样？）"周日，复旦大学上海医学院临床专业七年级学生魏依绸打开手机微信视频通话，屏幕另一头，一个眼睛大大的一年级男生正挥着手，大声回答："Great！（很棒！）"两人面前，分别摊开一本《新概念英语》，马上要上第26课了。这不是一次寻常家教，是一位学生志愿者对战"疫"前线医务工作者子女的定期线上辅导。每周二、四、日三次，至今已是第三周。

2月中旬，复旦大学团委发出召集令，力所能及为抗疫一线的白衣战士减少后顾之忧。短短几天，492人报名，面试筛选培训后，共301人上岗，对接241个援鄂和在沪一线医护家庭需求，守护241个娃。

"我们可以为前线做些什么"

"听到不少年轻人在讨论'我们可以为前线做些什么'？考虑到

大学生的优势，就想能不能为医务工作者孩子辅导功课，稍解后顾之忧。"复旦大学校团委副书记甲干初说，发起这次活动之初，校团委对接复旦附属的中山、华山等17家医院，了解前线医护需求，反响热烈。有位医生问，家里孩子考研，能不能请有经验的"小老师"指点下。

由于同学们报名踊跃，校团委又跟市卫健委联系进一步扩大范围，最终，奔赴武汉的近百位医务人员以及留守上海的百余名医务人员的孩子，跟大学生"小老师"们结成对子。这241位白衣战士中，有医生、护士，还有技师和后勤保障人员。

魏依绸说，她幼年曾在武汉生活过一段日子，对那里有感情。在临床学了7年，看到老师们冲在最前线，心里很感动。团委发起志愿活动的第一时间，她就报名了，不过竞争很激烈，报名的从本科生到博士生都有，甚至还有校友。筛选过程中，有家教经验的优先，本科生优先，毕竟离中小学近一点，要教的东西更熟悉些。

接到面试电话时，有个问题魏依绸印象深刻："你能坚持吗？"面试老师解释，这次志愿工作没有确定结束的日子，因为疫情结束没有确切时间表，至少要等孩子们的家长从前线下来，回归家庭常态。她没有犹豫，说："可以。"

"第一次上课，怕上得不好"

没有津贴、教材自备，这样的辅导要求还格外高。上岗前分组，接受培训。针对学前组和中小学组，培训除了掌握上课如何跟小孩子交流、课程如何掌握进度，以及怎样及时与家长沟通外，校方还专门请来心理专家讲授突发情况的应急处理，比如"爸爸妈妈不在身边，孩子觉得孤独怎么办"，小魏说："我在心理方面是外行，但我记得要点，要告诉孩子爸爸妈妈拼搏的意义，是值得骄傲的，辅导时要注意从细节入手，多跟孩子聊聊，多陪伴他们。"

2月16日，魏依绸第一次视频里看见结对的学生小麦（化名），这是一个帅气又聪明的小男生，有点好动，时间长了坐不住。小魏辅导的内容是新概念英语，一个小时一堂课，全程基本都是英语教学，两人之间的对答还挺溜的。小麦的爸爸是华山医院医生，如今奋战在武汉一线。

"第一次上课，有点忐忑，怕上得不好。"小魏说，本科时当过家教，也有支教经验，但网络授课是头一遭。课前，她准备了课本，把要点难点翻来覆去磨了几遍。上周日是第七次课，小麦在屏幕那头已经完全不陌生了，有时还会像朋友一样直呼小魏老师的英文名。前一节课小魏老师布置的句式练习，小麦已经掌握得很熟了，这回，小魏要教更多新单词和句式。

"等疫情过去我们可以见面"

"不同学科、不同年级的年轻人都踊跃参与到志愿招募中来，包括近400名本科生、65名硕士生、28名博士生，还有一位曾参与研究生支教团的毕业校友。"甲干初说，具有医学学科背景的学生志愿者共161名，约占报名人数的三分之一。

"这241个孩子，我们来守护。"甲干初说，待春暖花开时，希望孩子们跟屏幕上的小老师能线下相见。她忘不了与前线医生对接时的那段微信对话——"谢谢你们。""不客气，希望小朋友和志愿者姐姐相处愉快。""一定，等疫情过去我们还可以见面，吃好吃的！""你们在前线辛苦了！"最后的回复是一张护目镜口罩防护服全副武装只看得到眼睛的自拍照，还有"同甘共苦"四个字。

内容来源：解放日报　文：彭德倩

关爱战"疫"一线，
高校志愿者能文能武

他们是希望之光，我们要做他们身后的墙

在防疫的一线，有无数医务工作者、公安消防干警、社区防疫工作者不辞辛劳地奋战着，而他们孩子的学业与心理成为这些医护人员很难割舍的牵挂，近日有 300 余位来自华东师范大学的在校师范生在孟宪承书院教工党支部号召下自发组成志愿者团队，启动面向抗疫一线工作人员家庭子女的学习辅导和关爱行动。

这群 90、00 后的师范学子与那些比他们更年少的孩子们产生了良好的"化学反应"，因为孩子们遇到的种种问题正是他们几年前经历过的，彼此的共鸣往往让他们在一两次授课后就从"师生"成为了朋友。而能利用自己的专业优势为一线工作人员解除后顾之忧，为这场"战疫"提供力所能及的能量，也让这群 90、00 后备受鼓舞。

同为医护子女，辅导更可亲

时钟过了晚上 9 点，宋静雯与屏幕另一边的小吴同学挥手告别后，摘下了耳机，原本 1 个小时线上授课竟然"拖堂"了将近半小时，小吴同学的学习热情让"宋老师"非常欣慰。

宋静雯来自华东师大孟宪承书院 17 级中文系，与她"配对"的小吴是一位初一的男生。周三晚上的第一堂课，双方还是通过耳麦来上课，到了第二堂课，小吴提议视频上课，果然有了面对面的反馈，效率更高了。

"他非常认真地听课，也作出了积极的反馈，"宋静雯说，"而且他今天特别高兴，因为他的母亲终于回家了。"

小吴的母亲是上海一线的医护人员，这段时间都非常忙碌，直到周四才结束了 14 天的隔离回到了家中，"从他说话的字里行间，你都能感受到他的兴奋。"这一点宋静雯可谓感同身受，她虽然是一位为医护人员子女授课的老师，同时她也是一位一线医护人员的子女。

宋静雯的父母都在宝钢工作，身为护士的母亲这段时间一直坚守在医院的发热门诊，由于一来一回要有两次 14 天的隔离，所以父母一直没有回家。"所以我特别能理解小吴的感受，我也很想念父母，尤其是母亲，因为像母亲一样成为一名护士曾是我的梦想。"宋静雯说，"但现在我是一名师范生，在这次战疫中也希望发挥自己的力量。"

白天宋静雯和 70 多岁的爷爷一起在小区内担任排查出入人员的志愿

者，晚上则为小吴授课，"帮助医护人员的孩子学习，就能尽力为他们解除后顾之忧，更安心地投入一线工作。当然这也是在帮我自己，总有一天，我也会站上讲台，"宋静雯说，"不管是之前去福建支教，还是这次为小吴同学这样的医护人员孩子授课，都会成为我未来的宝贵经验。"

既是授课者，也是倾听者

这次华师大启动面向抗疫一线工作人员家庭子女的学习辅导和关爱行动有两个特点，一是志愿者会根据抗疫一线工作人员和他们孩子的需求提供课程，二是除了专业类授课之外，也会进行一定的心理辅导。

在与小吴的交流中，宋静雯发现小吴是一个非常厉害的"理科生"，作为初一学生在编程方面就颇有特长，不过小吴的语文似乎并不怎么好，就读于中文系的宋静雯恰好能够给小吴在语文课程上提供帮助。志愿者们虽然来自不同的科系，专业也各不相同，不过在良好的对接机制下能给不同的孩子提供不同的授课需求。

华师大孟宪承书院 2017 级化学系的杨佳祎这次对接的小王同学是一位初三的学生，小王的母亲也是在一线奋战的医护人员，加上面临中考，小王确实感受到不小的压力，"所以我在授课之余，也在试图为他排解心理压力，我之前在学校辅修了心理学课程，觉得这次正好学以致用。"

杨佳祎表示，上课之余小王也有许多想法、疑惑会向他倾诉，"他遇到的一些问题和经历，我也曾经遇到过，所以我们很容易产生共鸣，我也试着把自己的经验告诉他。比如面对中考，必须保持好的心态，一模没有考好不要惊慌，因为中考是一场漫长的战役，也是一场心理的磨练。"

这次华师大在校师范生组成志愿者团队后，为确保志愿者提供优质精准的辅导服务，书院党委针对网络辅导的特点，对志愿者岗前培训进行了精心策划，也组织了一些专题讲座，明确了这次志愿活动不仅仅是学习辅导，也是一种关爱行动。"学习辅导和心理关爱都是孩子们很需要的，特别是心理上的疏导，"杨佳祎说，"我不仅愿意做一个授课者，也想做他们的倾听者。"

上周末华师大孟宪承书院教工党支部发出为抗疫一线工作人员子女线上授课的号召后，24 小时之内集结了 328 名在校师范生志愿者，他们中很多都是"00 后"的共青团员、入党积极分子，在防疫当前的局势下展现出无限的热情。杨佳祎说："有人说过一句话，这些一线的'逆行者'是我们的希望之光，那么我们这些在校的学生也希望奉献一份力量，凝聚在一起成为他们身后坚实的墙。"

上海中医药大学"指导作文还教打五禽戏"

上海中医药大学青年志愿者在温情守护逆行者的后方时，除了辅导作业，还开启了为一线医务工作者家庭提供健康咨询志愿服务。其中，教打五禽戏，成为 95 后中医青年志愿者的独门秘笈。

上海中医药大学 19 级中药学院的沈智灵和 18 级针灸推拿学院的李凡莲共同结对的是光华医院汪荣盛医生的家庭。在结对过程中，两位 95 后志愿者发现，这是一个二孩家庭，其中，大宝已经上四年级了。汪医生在前线战"疫"，而妻子也要上班，在听闻志愿者能提供些线上帮助时感到很是宽慰。

两位志愿者大致了解了小朋友的学习情况，在讨论后决定以督促完成每日计划，培养良好学习习惯的同时，进行作业辅导和心理支持。

2月17日，服务的第一天，沈智灵和李凡莲为小朋友指导写作。他们还从网上找来一些人物写作范文，作为拓展内容希望能帮助到孩子，激发她的学习兴趣。

此后，两位志愿者还从运动陪伴、养生陪伴出发，提出教结对家庭打上海中医药大学的文化传承特色——五禽戏。通过录制教学视频和线上视频辅助，两位志愿者先让屏幕另一端的小朋友跟着教学视频学习大致动作，随后和两位小姐姐再进行在线视频，教授细节动作，并且在线上学习完后，小朋友可以自己打出一套虎戏。"五禽戏里的小动物，可以很好地引起小朋友兴趣呢！"

沈智灵和李凡莲希望继续陪伴着汪老师的孩子们，共同在后线等待抗疫成功的好消息。沈智灵说，自己有幸能帮助到勇敢战士们，敬佩他们"舍小家，为大家"的精神，"希望我们可以帮助到他们，让他们也感受到我们对他们的支持与感激！"李凡莲也希望，在未来的日子里继续通过线上沟通的方式，为这个无私奉献的家庭带来温暖与

关怀，也盼望着援鄂英雄们早日平安归来！

在线解闷养生咨询

对于奋战在武汉一线岗位上的市中医医院护士吴怡颖来说，内心还时常牵挂独居在家的外婆。作为上海中医药大学大学生志愿者，岳阳临床医学院 2015 级中西医临床医学专业的宋时雨和护理学院 2016 级护理学专业的高晓妍作为和吴怡颖结对的志愿者服务组，在获取联系方式的第一时间，就与吴怡颖的母亲和外婆取得了联系。

宋时雨和高晓妍 2 月 17 日就迅速组建了微信群组，命名为"吴姐姐加油～"，随时随地给吴怡颖的家人提供帮助。

宋时雨了解到，外婆年前得了带状疱疹，已经过妥善的用药治疗，目前正处于好转阶段，同时，通过和吴姐姐妈妈的交流，得知外婆喜欢戏剧。为此，宋时雨特意找了越剧的经典唱段歌单分享给外婆解闷。高晓妍了解到，老人家有高血压史，她便主动编辑了一份高血压护理小贴士，为外婆送去了温暖。

15 级市中医的刘爽和 18 级基础医学院的周孜奕，结对的是光华医院男护师秦明的家人。"秦明是个'95 后'，与我们年龄相仿，将自己奉献给国家，奋斗在抗疫第一线，无暇关心家中母亲。"刘爽说，作为秦明的同乡，而且年龄相仿，能够体会到他一腔为祖国为社会奉献的热血以及对自己家人的牵挂。

上海中医药大学团委说，学校附属医院医务人员中已有 227 位"白衣战士"积极报名赴武汉，投身阻击疫情的第一线，贡献着中医人的热血和力量，守护大家的生命健康。如今，校内大学生也奋战在不同的志愿者岗位上，承担起力所能及的志愿服务工作，用实际行动展现中医青年的责任与担当。

内容来源：青年报·青春上海　文：张逸麟、刘昕璐

一条热线串起一份关怀：
"声"入人心，陪你抗"疫"

　　"你好,这里是12355。我是这里的咨询师,请问有什么可以帮您?"这句"标配"开场白的背后,是一位"90后"心理援助员的严阵以待。

　　疫情之下，公众的心理问题愈发凸显，许多年轻的专业心理援助员也陆续加入了这场防疫大战。一根热线，一份关怀，"声"入人心，陪你抗"疫"。

一部电话，串起一份真挚的共情

　　在江滢看来，求助者在鼓起勇气拨号的那一刻，就已经非常了不起了。

　　江滢是一位"90后"二级心理咨询师，目前在高校从事学生职业发展的工作。去年6月，她加入"12355"青少年心理咨询热线，成为一名心理咨询志愿者。

　　一位初中求助者向她诉苦，疫情期间在家学习，父母处处监管，

自己感受不到父母的爱。久而久之，和父母的摩擦不断增多，擦痕都留在了心里。

这场疫情，成了很多青少年心理问题的"催化剂"。江滢经常接到类似的求助：因为疫情，不少青少年会担心自己的学业、健康甚至人际关系受到影响。"但是交流后我发现，有一部分是日常的困扰，有一部分其实是受到了自身心理疾病的影响。"

在她的手边，放着几页纸，上面是她记录在纸上的一些关键信息。针对每一位来电的求助者，她会先倾听，了解问题后再"对症下药"，而一页页的笔记正是不可或缺的"处方"。

"在青少年心理疏导中，我发现他们其实很'有数'，对自己的心理情况很了解，这点很让我吃惊。这种时候，比起'建议者'，你更需要扮演一个'陪伴者'的角色。"

一根热线，援助员在这头，求助者在那头。最难得的，就是一份真挚的共情。

因此，她有一个习惯，就是会在最后，对求助者赞美一句："你能打这个电话，我很欣赏你！"直面心理问题，从来不是一件简单的事情。她相信，求助者有意愿，也有动力解决自己的问题。

打捞青少年与家长的 100 种情绪

在 12355，心理援助员们有一个热闹的微信群。结束了每天的工作，这些心理援助员们会在群里相互转发课程、疫情知识和心理防疫的守则，以便从中汲取能够引用到心理疏导中的新方法。

"除了线上的督导交流外，有时我对自己的决策不太自信，也会去请教资深的老师。当得到对方的肯定后，我感觉非常开心。"江滢认为，资深志愿者的鼓舞让自己有了前进的动力和勇气。

江滢回忆起自己成为 12355 志愿者的初衷："我觉得，一个平台以及它能给到的督导支持是非常重要的。因为毕竟需要一个指导的老师去帮你看，你做的一些事情会带来什么影响。我就觉得这个平台特别地好，所以等了很久，才等到他们开放报名的机会。"

通常，每次通话时间在半个小时到一个小时之间，求助者在经过电话咨询后，情绪都会得到一定程度的缓解。江滢坦言，紧急危机干预的情况不在少数。有的时候接完一根热线，她先会怔一怔，然后深呼吸。

"挂掉电话会有一瞬间恍惚，怔一怔是为了要重启一下自己。"她解释道。

每次咨询结束后，江滢需要从咨询状态中抽离出来，回归到生活中，避免接收到的情绪干扰到生活。因为很多时候，援助工作会有"副作用"。

心理援助工作的特殊之处就在于，你需要在咨询过程中投入感情，倾听求助者的困扰，再帮其进行合理分析。这也就意味着，援助员要时刻保持良好的个人状态，才可以做好来访者的"情绪容器"。疫情期间，略显空旷的车厢，是她放空思绪的最佳场所。在 12355 接完热线，她总是习惯坐地铁回家。

多年前，一位加拿大老师在心理咨询培训上，将一句话反反复复讲了许多遍。这句话也让江滢记到现在——不要傲慢。她解释道："很多时候知道自己的能力范围在哪里，能做些什么，把自己放平了，其实负面情绪在电话咨询和网络咨询时不太会影响到我。"她表示，现在毕竟不是全职工作，相对比较好调节。

谈及调节情绪的窍门，江滢颇为乐天派地笑道："其实我自己睡一觉就好啦。"反思与抽离从来都不矛盾，正因为需要清醒地反思，才需要迅速地抽离。

对她而言，合上本子，从房间里走出去，就是回到生活里去。

一边学习，一边迎接新的挑战

在12355，心理援助员们有一个热闹的微信群。结束了每天的工作，这些心理援助员们会在群里相互转发课程、疫情知识和心理防疫的守则，以便从中汲取能够引用到心理疏导中的新方法。

"除了线上的督导交流外，有时我对自己的决策不太自信，也会去请教资深的老师。当得到对方的肯定后，我感觉非常开心。"江滢认为，资深志愿者的鼓舞让自己有了前进的动力和勇气。

江滢回忆起自己成为12355志愿者的初衷："我觉得，一个平台以及它能给到的督导支持是非常重要的。因为毕竟需要一个指导的老师去帮你看，你做的一些事情会带来什么影响。我就觉得这个平台特别地好，所以等了很久，才等到他们开放报名的机会。"

一部电话、一台电脑，江滢将一声声暖人心窝的问候传递给一颗颗不安的心。下午3时开始，一次工作2到4个小时，这是江滢的工作时间。同一时段还有另外3名专业的心理咨询师通过电话聊天、线上交流等方式，为需要帮助的人提供心理疏导服务。

据悉，截至2月25日，上海12355共接待咨询2541个，日均接待咨询79.4个。热线咨询767个，涉及疫情相关咨询1163个；共有90位志愿者参与服务，累积在线时长1852小时。

"我现在的状态就是一边学习，一边迎接新的挑战。我一个人的力量是有限的，希望让更多的人知道12355，让更多有资质的志愿者可以为大家提供心理疏导服务！"她这样总结道。

内容来源：青年报·青春上海　文：陈嘉音　图：周紫薇

隔离期间心灵不"下雨"，
他们用专业力量撑起
"防疫伞"

　　"都七八天了，我待在家里都快'发霉'了！""隔离期快要结束了，我能顺利解除隔离吗？""去社区开展防疫工作，安全吗？"新冠肺炎疫情不仅威胁着人们的生命安全，也带来了一定的心理冲击。这其中，具有心理疏导等专业力量的青年社工发挥了重要作用，他们为一线工作者、隔离者等人撑起了一把把"心灵防疫伞"。

集中隔离第 5 天，她收到了一通"特殊"的电话

　　2 月 5 日是李阿姨（化名）被集中隔离的第 5 天。孑然一身来上海打拼的她，因在返沪途中经过湖北而被隔离。前几日，她如实在社区送来的《心理问卷调查表》上写下了自己的状况。这一天，她接到了社工服务团志愿者的电话，表示想要陪伴她度过集中隔离期，而后提出了微信沟通。

　　打来电话的是上海阳光社区青少年事务中心的社工张海燕。除了

中级社工师资质，她还有国家二级心理咨询师资质。和像她一样的社工组成了志愿者团队后，张海燕多次和同伴商议如何为集中隔离者和居家隔离者做好心理干预和情绪疏导工作。通过问卷的发放，他们评估、筛选出了有需求的居民，由社工一一结对，提供线上辅导服务。李阿姨就是其中一位。

在第一次交流中，张海燕感受到李阿姨情绪的低落，她觉得隔离期很漫长、很难熬。"当时我的想法就是引导她感受到自己、家庭和社会的力量，激发她胜利抗疫的信心"。张海燕在知道李阿姨在沪独自打拼后直呼"不容易"，并肯定她具有较强的应对变化和解决困难的能力。通过生活回顾和思绪梳理，李阿姨对自己有了更加客观的认识。本次聊天中，张海燕察觉到她和李阿姨信任关系已经建立，而李阿姨也表示愿意接受志愿者的陪伴。

每天通话一小时，她让屏幕那头的人放下了焦虑

随后两天，为了及时给予李阿姨情绪上的支持和疏导，张海燕每天都会和她聊上一小时。在感觉到李阿姨的心态趋向平稳，并经过团队集体评估之后，大家认为李阿姨的个案辅导计划可以转变为"服务对象在有需求时及时和志愿者沟通"，但张海燕依然在关注着李阿姨。

李阿姨被集中隔离的第 8 天，恰好是元宵节。担心李阿姨有失落感，当晚张海燕依旧主动联系了李阿姨，得知她中午收到了街道工作人员送来的元宵。"李阿姨，我相信您也已经感受到了大家的贴心和细致！您已经度过了一大半的隔离期，继续加油！"

随着隔离期结束的临近，张海燕再次联系了李阿姨，察觉出李阿姨的焦虑："我就快解除隔离了，我能顺利解除吗？我真的要'发霉'了！"张海燕一方面对她的情绪进行了安抚，告诉她曙光即将到来；一方面又积极和有关部门联系，明确相关信息。一番讲解让李阿姨心里有了底。

2 月 15 日，张海燕收到了李阿姨的信息：我已经解除集中隔离了，我的心都放飞了！非常感谢你！这些日子幸亏有你们志愿者的陪伴！看到这几句充满喜悦的话，张海燕也很替她开心。

那个她隔着屏幕了解、熟悉、陪伴的人，终于平安健康地结束了这段特殊时间。

到社区支援工作，现在是为社会贡献的关键时期

自 2 月 10 日开始，上海市阳光社区青少年事务中心的许多一线社工都已被派去支援开展社区防疫工作，比如登记、统计信息，整理表格，线上排摸民宿等。社工队伍中也有"新人"，比如年轻的小王（化名）。她本打算回到办公室复工，接到了街道领导的电话，邀请她前往社区

开展防疫工作。

当时小王有一些担忧，因为自己的口罩数量不多，也没有其他的防护用品。中心督导张秋蓉说，她很理解小王的想法和心情，于是"对症下药"，从其担忧的方面进行了解答。她表示，社区、居委会根据社工的防护条件，会安排他们担任风险较低的后勤工作。另外，小王上下班都开车，也能减少与外界的接触。"最重要的是，小王当初加入我们中心，就是想多做些志愿工作。我便告诉她，这就是关键时候，她要做的是真正意义上的志愿服务。"这样一分析，小王的主观能动性被调动起来，感受到了肩上的责任感，很快就答应了下来。

"第一天工作结束，她还激动地和我说一定要努力工作，决不能做得比别人差！我知道她意识到这份工作的重要性了，年轻人的干劲也有了，放心了许多。"后来几天，张秋蓉都很关注小王的状态，并给予肯定和鼓励。

撑起心理防疫伞，要随时关注社工的状态和情绪

张秋蓉还报名参加了社工协会组织的线上服务隔离人员的志愿者团队，为一线社工做心理疏导，舒缓他们不安的情绪。她每天早上、晚上都会通过电话和线上为他们提供情绪支持和专业督导支持。

无论是资深社工还是年轻社工，家人肯定会担心他们的工作。"其实社工们自己肯定也有担心，但我们仍选择冲锋在前，贡献力量。"张秋蓉坦言。做社工的这段时间，她还要做好本职工作：引导、帮教触法青少年。看到她一直对着电脑手机工作、听到她伴着气管炎带来的咳嗽声说出的真切话语，丈夫和孩子都很支持、认可她的这份工作，对她说"你辛苦了！""我也希望社工们都可以和身边人说说自己的工作，它的社会责任是很有意义和价值的。"

内容来源：青年报·青春上海　文：周琳琳

外语志愿者们暖心共守，
架起沟通桥梁

英语、法语、日语、韩语、意大利语……在上海严控境外疫情的第一线，有一群外语达人，他们"阵地"不同，身份各异，但都用自己所学服务外籍人士，守好上海大门、体现城市温度。

温暖的"一对一"服务，赢得旅客连连赞叹

下午2点半，2名戴着口罩的男士拎着手提公文包向外走来。他们是这趟东京飞抵上海的航班上最先出关的旅客。"你好！欢迎来上海！"在确认旅客来自日本后，马筌与同事们马上用日语开始了服务与指引。"您在上海有固定住所吗？住在哪个区？有没有人开车来接？"虽然刚刚上岗不久，3名市外办系统的翻译志愿者已经熟门熟路，很快就将旅客引导至所在区的办公台前。

马筌所在的位置位于虹桥机场1号航站楼的国际到达出口。机场为乘日韩航班抵达的旅客开辟了专用通道，翻译们的工作地点位于通道出口。周日一天里，3 位翻译总共接待了 200 多名日韩旅客。由于需要经过海关、边检等查验，自一趟航班上的首位旅客出关，到最后一位旅客出关，时间远远超过以往。在这期间，翻译们一直往来于出口与各区办公台前。

一天的任务从中午 12 点才正式开始，短短两个多小时，包含马筌在内的 3 名日语翻译佩戴的护目镜，内部已生成一层雾气。尽管听了其他志愿者的建议，马筌为护目镜擦上了防止起雾的肥皂水，但连续作战之下，效果似乎有限。没有人注意到这个小小的不便，依然奔走忙碌着。

"到了上海感觉就像回家了，就放心了。"日本青年宫城（化名）与女友去年来到上海工作生活，并很快爱上了这里，此次一同返沪，虽然从落地到出机场的时间远远超过了以往，他们也全无怨言。"听到有人用日语对我说一句'欢迎回家！'，一瞬间眼眶就湿了，几乎眼泪都要流了下来。"宫城的女友手里攥着工作人员递上的热水，手在杯子上反复摩挲着，似乎在感受热水的温度，此刻她的心里，或许也是热的。

"好厉害！好厉害！"工作台前，不时能听到日本旅客发出的赞叹。马筌印象中，以往工作中接触的日本人多数是比较内敛的，不会轻易对陌生人表达内心感情，但这次担任翻译的经历却让她有了改观。"有旅客对我说：以前一直觉得日本的服务比中国要好，但这次来上海，接受'一对一'的服务，体验了高效有序的管理，实在是令人印象深刻。"

"现在防控疫情的重点转向了防输入，正是我们发挥外语特长的时候。"马筌说，来到抗疫第一线，自己"完全没有担心"，看到机场为大家每个人都做好了充分的防护，心里反而很踏实。"之前从来没想过，我们这些做外事工作的，有一天居然能像医护人员一样穿上防护服投入到抗疫一线的战斗中。"终于可以为疫情防控贡献力量，市外办的小语种翻译们都倍感自豪。

"及时雨"志愿者暖心守护，架起沟通桥梁

　　"这是消毒片，一升水泡两片可以用来清洁地面，泡四片可以给垃圾喷洒消毒。"穿着肥大的白色防护服，隔着口罩和面屏，朴花子的韩语流畅。她在门口耐心解释，门内的韩籍居民不住点头，说着"康桑阿米达"表示感谢，还说多亏了她的告知，否则自己还以为这是可以口服的药片。这位韩国妈妈跟儿子是长宁区荣华社区的居民，刚从首尔返沪两天，正在居家隔离。随着外籍返沪居民的增加，居委、物业和社区医院的摸排压力都大了起来。对国际社区而言，摸排的第一道关卡是语言，"破冰"任务交给了和朴花子一样及时补位上岗的外语志愿者。

　　早在防疫初期，居委就准备好防疫友情提示卡，由小区热心的外籍居民翻译成多语种版本，告知居民做好自我健康管理，并留下了公共卫生应急电话和居委会的联系方式。虽然提示卡上告知了基础内容，可很多即时和复杂的问题仍然需要面对面沟通。"志愿者们就是及时雨，"荣华居民区党总支书记盛弘说，"英语是通用语，大部分人多少能说一些，但小语种交流多亏了志愿者。"

　　在社区工作站，工作人员们已经做好了分工表，每天都会核对数据，确定好重点地区返回的居民，并根据回程航班通宵值班等候，把每个人都定点送进家门，并及时安排好与上门排查组对接。上门排查小分队由医生、外语志愿者、街道志愿者组成。这天的 3 支小分队由虹桥街道社区卫生服务中心医生张娟带队，她风风火火，一边协调帽子和护目镜等装备，一边叮嘱队友们："填好的'健康状况信息记录表''居家隔离观察承诺书'和'健康观察 15 问'都需要逐页拍照，再返还居民自行留存。"志愿者们告知居民，居家隔离期间，每天都会有医生来测温两次；垃圾放在门口，会有人按时收；还要解答他们在填写信息时遇到的问题，比如同住人和同行人的信息要区分好，紧急联系人可以填同事或其他朋友等。

因为文化差异，有的外国居民概念里只有物业，没有居委，志愿者上门时遇到过对方先打电话给物业确认，还要求撕掉登记的纸张。不过，走访中这样的情况是少数，大部分居民都能理解配合。日语专业大学生志愿者小王早上跟随走访的 11 户日籍居民，几乎都是独自来上海办公的商务人士，虽然不怎么会中文，也都很客气地鞠躬，一口一个"谢谢"，上岗两天，他觉得跟住户的沟通都比较顺畅。

因为已经提前告知，开门看到医生，韩国的李老先生马上主动说："量体温吗？好的好的，我去戴口罩。"身后的妻子也主动拿出手机，声音明快："给你们看我们的随申码，都是绿色的。"在中国工作生活了 22 年，两位老人中文都很好，家门口的玄关上还放着中式的刺绣摆件。夫妻俩一人靠在门口的柜子上，一人俯在地上填起表，李先生一边填信息一边告诉医生们，因为工作关系，自己 2 月 5 号就申请来中国了，可一直到 3 月 4 号才到上海，"我们很合作的，每天都会给公司报告体温，没有事情不会出门。"医生给登记内容拍照留存，李先生想到自己的工作信息没有填完整，忙说还要补充完第三方合同的信息。登记体温时，医生一时找不到笔，李太太赶紧递出一根，"用我们的吧"，还主动要用免洗消毒液帮忙消毒。李先生转身拿出几包饼干递给医生："给你们，辛苦了。"登记完成，大家走进电梯时，他们还说着谢谢，一直没有关上家门。

结束最后一户登记，走出楼道刚好是 18 时整，朴花子家在徐汇，骑自行车回去需要 45 分钟，家住吴泾的小王也要再乘两个小时地铁，居委会办公室里有社工通宵值班，物业工作人员的手机也是 24 小时待命，居民口中的"安心"，是因为每一个环节都有人守护。天黑了，路人还在借着灯光给盛放的玉兰拍照，天气暖和起来了。

一条有人情味的热线，体现一座国际都市的温度

3 月 5 日凌晨 4 时，吴斯琪的手机突然响了起来。听到熟悉的"有一位外宾需要语言服务，您能帮忙接听一下吗？"她马上起床，坐在桌旁握好笔，进入口译的工作状态。在沟通中她了解到这名外籍人士受聘于一家意大利公司，在苏州定居，他想知道自己到中国后，需要在苏州还是上海进行 14 天的居家隔离，吴斯琪将他的疑问转达给同时在线的市民热线话务员，耐心解释最新的隔离政策，并表示会将他的情况汇报海关。挂掉电话，她把热线的日期、时间、电话时长、通话内容以及今后要注意的细节都仔细记录在电脑里，并把整理好的内容

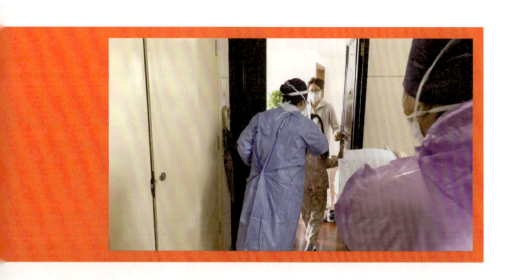

发在市民热线志愿者总群里给大家参考，做完这些，已经快早晨 5 时了。

吴斯琪是上海外国语大学英语语言文学专业翻译研究（口译方向）研三的学生，是上外组织的 32 名学生涉外防疫志愿者之一。上岗半个月，这已是她接到的第 4 通深夜电话。有长住上海的外籍人士半夜回家后发现没有电，慌乱中打来电话询问的；也有外籍人士因为人脸识别失败申请不了"随申码"而着急的。

针对这些意想不到的问题，吴斯琪也在慢慢总结经验："紧紧锁定'上海发布'每天的新消息，多看新闻，紧跟政策，把说话节奏慢下来。"她有丰富的口译实践经历，但远程口译还是第一次，看不到对话双方的面部表情或肢体语言，增加了工作难度。

第一次接电话时，因为背景音嘈杂，来电的外国人问题很多、语气焦急，她有些紧张。"一开始的五六秒，我大脑一片空白，一直等听到 Tokyo（东京），才反应过来对方咨询的问题应该与日本疫情的背景相关。"13 分钟的口译完成后，听到对方原本焦急的语气变轻松，还称赞她中英双语能力都好，吴斯琪非常开心，"因为可以在特殊时期帮助到有需要的人"。

"准 90 后"林楠负责热线的法语、英语接听工作，从 1 月 30 日开始复工，度过了忙碌的 2 月。刚开始外地同事还没回来，林楠的工作时间要延长两三个小时，以保证在人手紧缺的情况下热线 24 小时通畅。林楠很能理解在上海外国人的焦急甚至无助的心情。疫情不可避免地影响生活，如何查询航班、如何办理签证、如何购买生活物资，"每个问题听起来都很普通，但每个问题都很实在、很急迫。"

因此，林楠与同事愿意帮外国朋友想得更周全一些。比如，有外国朋友打电话来问哪里可以预订口罩。按理说，林楠只要找到所在居委会就可以，但她愿意多打几个电话，问清楚要带哪些材料、藏在小巷中的居委会怎么走、居委会从几点开到几点，然后一并告诉外国朋友，最后还不忘记说一句，"之后有任何问题，都可以打给我们。"这不是句客套话，有的外国朋友和居委干部交流不畅，林楠在电话中当起第三方翻译。

一个班次说下来，往往口干舌燥，但林楠却并不觉得累，反而很有成就感。最让她高兴的，是在帮外国朋友解决好问题后，对方真挚的谢意，无论是亲口道声"谢谢"，还是用不同语言发来的感谢短信。

"这是一条有人情味的热线，让外国朋友在上海能舒适便捷生活，体现的是这座国际化大都市的温度。"

内容来源：上观新闻　文：吴頔、洪俊杰、李宝花、刘雪妍

提供翻译材料、献"声"录音……"95 后"志愿者"译"起战疫

　　上海市区两级外办，最近来了近 300 名"不曾谋面"的 95 后上海外国语大学青年志愿者。在市外办的统筹协调下，针对境外来沪主要通道和国际社区需要，学校紧急调配英语、日语、韩语、波斯语、意大利语等语种学生，成为线上社区志愿者队伍，他们活跃在线上、电话那头、电脑屏幕前，24 小时响应，第一时间协助市外办进行重要文稿的快译，也帮助外籍友人解决疫情时期的"急难愁盼"。一句"语言是心意的载体"，也给了志愿者很多新的力量与鼓励。

身在海南心在上海，用意语第一时间做好沟通

　　意大利语专业大四学生何艾倪，此时正在海南，但这丝毫不影响她成为一名语言志愿者。

　　"整个寒假都一直在看相关疫情的新闻，心里十分着急。看着很多同龄人已经冲在这场战疫的最前线，这也激励我一直在寻找各种渠

道，希望尽我所能，为共同抗疫做一些事情。"当看到学校发布招募语言志愿者消息时，何艾倪毫不犹豫报名了。

何艾倪的具体工作是在长宁区外办的指导下在线翻译疫情相关的一些材料，涉及漫画、告知单、有效的预防措施、日常健康监测记录册等文件。

目前意大利疫情形势严峻，上海对重点地区来沪人员也有相应的隔离政策。几天前，何艾倪接到的任务是负责与区疾控中心的一个老师和一位处于隔离期的意大利母亲进行中意互译。这位母亲与她的三个孩子一起在郊区进行集中隔离，何艾倪的工作就是帮他们沟通补充房间消毒用品，以及跟日常生活需要相关的一些问题。

工作是在线上以微信文字的形式进行。就在何艾倪刚刚进群后不久，意大利母亲也被拉进群。何艾倪说，自己能体会到她刚开始看到都是中文时心里的不安和疑惑。当时，这位母亲用英文反问：我不会说中文，为什么把我拉进这个群？

何艾倪即刻用意大利语做出解释："女士您好，我可以帮您翻译。"很快，这位母亲态度发生了明显的变化，整个人也变得安心和平和了。根据这位母亲的需要，何艾倪即时翻译，很快解决了问题。

　　"各位老师的工作量很大，既然我们参与了志愿服务，就赋予了自我更多的责任。"何艾倪认为，有效的沟通，正是解决问题的良好方式，学外语的同学要发挥自身的所学，学以致用，帮助外籍人士打破沟通的壁垒，既帮助他们更有效解决问题，也让彼此之间更好地相互理解，齐心战疫。

　　何艾倪说，她的几位上外小伙伴，不仅提供翻译材料，还主动献"声"，积极录制防疫需要的《健康观察15问》韩语、意大利语、波斯语等语种录音，为重点地区来沪外籍人士的隔离做好协助沟通工作。据悉，这些录音方便社区工作者上门询问排查信息时以备不时之需。

　　今年6月毕业后，何艾倪将作为学校第二十二届研支团成员，参加一年支教，继续帮助他人、奉献社会，用所学服务人民，也在其中实现自我的价值。

"语言是心意的载体"，一句鼓励满满都是新能量

　　上海外国语大学日语专业研二学生刘梦妤，是上海外国语大学学联研究生会副主席。由于日本疫情的扩散，日语翻译人员紧缺，3月初起，刘梦妤身兼二职，同时担任12345日韩热线志愿者日语队伍的负责人，

以及上外市外办翻译志愿者队伍中的日语志愿者。

"翻译的内容包括健康信息登记表、境外来（返）沪人员健康信息登记表、居家隔离注意事项、以及上海各区的调查问卷等。"刘梦妤介绍道。

如今，在志愿翻译中，给她留下印象最深的是一位前辈老师说的金句——语言是心意的载体。"我们翻译完之后，会有外办的翻译老师帮助我们进行审核。"刘梦妤说，那天，老师在审核一个关于捐款捐赠的荣誉证书的翻译后说了这句话。突然之间，就直击刘梦妤的心灵。这让她觉得，翻译并不仅仅是一个文字对文字的过程，而应是一个心灵对心灵的过程，一个信息传达的过程。

当时，这位老师说，志愿者们的翻译用词没有错，但在"信达雅"方面还没有全部到位。大家的翻译，在正确的前提下，还要达到符合日语的表达习惯。于是，老师就荣誉证书修改了很多稿。老师说，因为各界给我们这么多的帮助，给我们捐献了很多的物资，所以，在翻译类似感谢材料之时，不仅是需要表达出意思，还要符合日本的表达习惯，表达出我们的情感。

刘梦妤说，此后在翻译时，自己会格外用心翻译，会考虑如何符合日文表达习惯，如何表达会更加触动人的情怀。为此，刘梦妤也主动在空余时间更多地积累一些专业用语，对于遣词用句也更花心思。

刘梦妤说，这份翻译工作最大的特点就是琐碎和随机，可能需要24小时待命以便随时接受工作群里的通知。于是，这份志愿工作也让她成为了一个"安心"的"低头族"，因为，看到消息秒回，亦是一个志愿者的良好风貌。

整合资源，提高效率，他们希望"让服务等需求"

上外团委介绍，面对越发突出的防输入需要和大学网上教学的开展，如何提高涉外防疫志愿服务效率，应对各种可能出现的情况成为了最重要的任务。为此，学校也采取了更进一步的响应机制。

首先是进一步厘清理念，既要保证网上教学秩序正常有序，又要让同学们积极参与实践锤炼本领，及时完成上级任务。上海外国语大学采取了分级分类的方法，面对市级需求积极提供翻译人才，主要用于核心文稿快译和为内容输出"提供子弹"；对区级需求，主要配备语音和翻译俱佳的学生，针对特殊需求提供和调整外译产品，如语音、公众号推送等等；对于街道社区则主要服务于口语交流和日常咨询。

其次是建立了储备库，正如医疗需要"病床等人"一样，面对防疫急需，上外各院系特别是语言专业采用全覆盖形式，联系在境内的学生"能上尽上"，采取"服务等需求"的模式进行储备，借鉴进博会每年上外派出最多志愿者的经验参与"护卫城市大门"。

目前，语言志愿者的储备库里已经有 1100 多名师生自发报名，已有近 300 人进入上岗或值班状态。在这样的特殊时期，上外学子将继续用自己专业所学为战"疫"尽一份力量，服务人民，守护上海，报效祖国，奉献世界。

内容来源：青年报·青春上海 文：刘昕璐

携手战"疫"！社区来了外国志愿者

　　这些天，在长宁区翻译志愿者队、崇明区城桥镇明珠社区、东江社区、海岛社区志愿者服务队中，多了一些不同肤色的志愿者，这些或住在上海、或与中国有着密切关联的外国友人们说，在这个特殊时期，他们也要守护家园。

"我也应该做些贡献，非常愿意帮忙"

　　1996 年生的丹尼斯妈妈是匈牙利人，爸爸是德国人，匈牙利语和德语都是他的母语。他是浙江大学留学生，女朋友是中国人。"女朋友的妈妈就是一位志愿者，她邀请我也成了一名志愿者。"

　　此时，丹尼斯远在匈牙利，但这并不影响他的志愿服务工作，"匈牙利与中国虽有 7 个小时的时差，但我可以睡醒起来做翻译服务。"这些天，丹尼斯将随申码使用指南和小区 10 问翻译成了匈牙利语版和德语版。社区干部说起他都赞不绝口，"每遇到和匈牙利、德国有关

的翻译校对任务，他必积极响应。

　　住在江苏路街道的意大利人贾柯木在中国生活了10多年，中文讲得相当流利。为了让翻译更符合老外的表达习惯，贾柯木也加入到了翻译校对志愿者中，他说："疫情期间我也应该做些贡献，非常愿意帮忙。"

　　在外籍志愿者队伍中，还有一对韩国母子。妈妈朴宰顺在韩国公司做设计，周末在韩国学校做韩语老师，1997年生的儿子李建曾在上海中学国际部读书，会中文、韩文、日语、英语四种语言，他现在韩国服兵役。如今，母子俩都成了志愿者。正在服兵役的李建说，"有书面翻译工作，只要微信给我，我一看到会马上翻，晚上6点以后和周末都可以开展连线口译。"当李建不在线的时候，妈妈就马上上阵。目前，儿子通过微信帮助翻译一些英文和韩文文件。妈妈帮助社区审核一些韩语翻译。

"这也是我现在的家"

　　3月1日上午9点，在明珠花苑的门口，进进出出的居民们发现，在穿着制服的志愿者中多了一张异国面孔，来自南非的卡莫格洛"混入"了其他志愿者行列，在这里体验了自己的第一天志愿服务。

虽然普通话不标准，但卡莫格洛的眼睛总是盛着笑意。每当她让居民出示出入证时，大家总是非常配合，也会忍不住还以笑容。在其他志愿者的配合下，卡莫格洛出色完成了首次小区门口的管控服务。"能帮大家做点有意义的事情我非常高兴，如果可以，我愿意继续参加你们的志愿活动"。结束志愿服务时，卡莫格洛还有些恋恋不舍，又用现学的中文为武汉、为中国加油鼓劲。

在明珠社区，通过排摸，居委会工作人员发现有一些留守的外籍人员。志愿者们一一上门，告诉他们，疫情期间如果在生活上遇到困难可以联系志愿者，会有人及时帮忙。

"我听了非常感动，这段时间我也亲眼看到社区里有许多穿着绿马甲、带着红袖章的邻居，他们不怕疫情危险，一直在帮助他人。"卡莫格洛说，她来到崇明工作已有 6 个月，这段时间她交到了许多的中国朋友，也得到了很多帮助，慢慢开始适应在上海的工作和生活。而这次中国遇到这样的困难，她也希望做点什么，"因为这也是我现在的家。"

"要一起守护我们的家园"

和卡莫格洛一样，住在明珠社区的德国工程师提莫·恩斯特（Timo

Ernst）本也准备参加 3 月 1 日的社区志愿服务，但因临时工作原因无法前来。"武汉加油，中国加油，我们是一家人"——他特意录制了加油视频，希望用这样的方式为小伙伴们鼓气。

在东江社区的出入口，近些天也出现了几个特别的身影。来自克罗地亚的托尼（TONI）和法国的吉尔多（GILDO）是大东船务的职员，来自韩国的金晓伸和李暻重是自营店主，在东江社区的号召下，他们也利用自己的闲暇时间成为一名小区出入口志愿者，为所在的小区疫情防控助力加油。

昨天晚上 6 点，4 名外国友人准时在社区的进出口开始了他们的志愿服务，帮助监测体温、查验证件、核实信息，一丝不苟、认真严格。会讲中文的韩国朋友和居民们友好地打着招呼，托尼和吉尔多不太会说中文，"可以用手势，没问题。"托尼笑着说。

和卡莫格洛一样来自南非的查尔斯是爱贝国际少儿英语培训机构的一名外教，他看到了海岛居委会的志愿者招募，自己来到了社区，强烈要求加入志愿者队伍。"在门口，录视频，我都可以！"他说，居委会也为他安排了一项特别的任务，录制外语视频，向城桥各村居的外国朋友宣传疫情防控知识。

"社区工作人员和志愿者都很辛苦，我们要一起守护我们的家园。"查尔斯表示。

内容来源：东方网　文：唐莹
青年报·青春上海　文：刘晶晶

青春战疫

用最接地气的方法报效
祖国，留学生小姐姐
变身志愿者

从伦敦回到上海的第 30 天，25 岁的曹元元终于如愿以偿，正式上岗成为了一名疫情防控志愿者。

4 月 15 日一早，曹元元从位于嘉定南翔镇的家里出发，来到嘉定新城（马陆镇）的一处集中隔离点报到，迎接她的将是为期 14 天的志愿者生涯。"之前在视频里说要'报效祖国'，现在我找到了最快、最接地气的报效祖国的方式。"

曹元元说的"视频"，是她在一个月前回国时拍摄的一路见闻，视频记录下了她花 26 个小时从英国辗转回国的经历，以及到达浦东机场后体验到的防控工作诸多细节。在这个 2 分零 8 秒的视频里，她因工作人员和志愿者的无私付出而感动，数次哽咽、抹泪："太感动了，我要哭了，怎么会这么感人，我是一个中国人我很骄傲，以后一定要好好报效祖国！"视频发出后，在多个平台上一跃而红，全网都在热传这个"英国留学生小姐姐"的自述式视频，"留学生辗转回国入境

那一刻哭了"的话题还上过微博热搜。

当时为何会如此感动，以至于泣不成声？当时拍这个视频，是兴之所至、偶然为之吗？"并不是偶然为之的，坦白讲，视频能火我也不意外，只是没想到会火成这样。在这个视频之前，我一直都在关注这次疫情的信息，看了各种各样国内、国外关于疫情的新闻，积累了太多情绪，终于在入境那一刻集中爆发。现在我当了志愿者，要把自己收获的感动回馈给更多人。"曹元元说。

"在此之前积累了太多情绪"

曹元元是 2018 年赴英国伦敦留学的，学的是艺术，原计划今年 12 月结束留学后回国，但由于疫情的原因，她的回国计划被打乱了。疫情在英国爆发后，部分中国留学生选择回国。曹元元买了 3 月 16 日的机票，经过一路辗转，于 3 月 17 日 21：20 到达上海浦东机场。

作为一个"95 后"，曹元元之前就有拍 VLOG 的习惯，发布在 B 站、微博等平台上。在 B 站，她的账号此前就有数万名粉丝，但她并不认为自己是个网红，"只是把自己日常生活中的点点滴滴记录下来而已"。

曹元元说，之所以要在入境时拍摄那个视频，是因为她在此之前积累了太多情绪。"我真的是一个非常关注时事新闻的人，从 1 月底开始，我就在关注疫情的动向了，也有很多自己的感想。"

在嘉定南翔镇的家中，曹元元向记者展示了她今年新启用的日记本，第一篇日记写于1月29日，其中这样写道："原本以为会是特别顺利的一年，然而最近的一切都把我压得喘不过气。我特别担心国内的疫情，很多新闻让我看得很焦虑……我心疼前线医疗人员，共情于受感染的病人，我一天的情感实在太多了，希望每时每刻都要第一时间了解消息……回过头想想，又觉得有点多余：我了解所有的消息又能怎样呢？我可以分担什么吗？增加的只有烦闷的心情。"

在之后的几篇日记里，她陆续写过这样的话："看了太多关于新冠肺炎的报道，真的很想找别人聊一下，可是知音太少，感觉总吃闭门羹。""还是感到很痛心，最近对学业也热情不大，没有激情了，不知这样的日子还要持续多久，快点过去吧！""为了关注疫情的新闻信息，我投入了太多时间精力，不能再这样下去了，要筛选信息，看了会痛心的新闻尽量不深究、不多看……"

"在国外，可以聊聊疫情的人非常少，我心里很憋闷，看了太多信息却没法表达感想，就通过日记来排解这种憋闷的情绪。"曹元元说。

在英国，要了解国内的疫情相关情况比国内更难、真实信息更不易获得，不少人了解得并不那么全面。曹元元告诉记者，她就见不得

这样。"我总想把自己知道的真实情况、全面情况告诉他们。有几次，我在学校食堂里听到有人在聊国内疫情的不实消息，就直接在食堂的长凳长桌上给同学朋友们'开讲座'，讲国内疫情防控的真实情况，他们就围坐在一起听。"正因有了这些铺垫，在入境那一刻，曹元元长期积累的情绪终于一涌而出。"当时我就觉得，回家了，我终于回家了。深夜里，眼前的每一个工作人员和志愿者都那么可爱。"

"你应该为你是个中国人而骄傲"

曹元元的回国见闻视频，首发在她自己的 B 站账号。发布之后，她浏览评论，热评第一条是这样说的：建议博主一定要发到微博去，让正能量传播更广。于是，3 月 22 日，她把这个视频发到了自己的微博账号。

发出去后，一个主打英国本地内容的海外资讯博主转发了这条微博，然后就被大量转发。在抖音等其他平台上，也有媒体重新专门制作了短视频，点击量、点赞量不俗。

"视频火了，但我自己一开始并不知道。还是一个同在英国留学的朋友把微博上各大媒体转发的情况告诉我，我才知道的。"曹元元告诉记者，那几天，有很多长期不联系的朋友、同学给她发信息，问

她"这个英国留学生小姐姐是不是你"。"其实没想到会这么火，我只是把自己的真实所见所闻所感说出来而已。"

视频不只在国内引起了热议，在留学生圈子里、甚至国外，也是一石激起千层浪。"我把自己拍视频然后被媒体纷纷转发的事告诉了我在英国的班主任，班主任表示难以置信，希望能看看我的视频，我就把视频加上英文字幕之后，通过邮件发了过去。班主任看完之后，给我回复的邮件里写了个大写的'LOVE'，对我说，你真的应该为你是个中国人而感到骄傲！"

在曹元元的硕士生同班同学中，有一个45岁的意大利人，她看到这个视频之后也主动联系了曹元元。"说看了之后很感动、视频很感人，中国的疫情防控工作很了不起。"

成为"防疫闭环"的一部分

尽管拍摄的视频形成了"现象级传播"，但曹元元的心态却很平静："我还是我，生活轨迹不会因此而改变。拍摄VLOG是我的小爱好，不会因此改变自己的职业规划，毕业后还是准备往自己的专业方向发展，做一名艺术教育工作者。"

目前，曹元元依然没收到学校的开学通知，不知道什么时候才能回英国继续学业。"趁着这段时间，我想做点有意义的事情。"

最近，曹元元正在制作一系列新的VLOG。她联系了自己在德国、法国、意大利、英国、美国的五个朋友，通过视频聊天的方式，讲述各个国家的疫情防控细节。"比如，不同国家的社区防疫'健康包'内容有什么不同；不同国家的超市货架上什么东西卖得最火、是否有抢购囤货的情况；不同国家的公共场所防控措施分别是怎么做的；等等。和一个朋友聊大约要花1小时左右，最后会剪辑出5分钟左右的精华部分，制作成一个小视频。主要是想让大家知道各国防控工作的真实情况。"

另外，曹元元也兑现了自己在视频中、日记里的诺言，在居家隔离期间就联系了南翔镇政府相关负责人，表示希望成为疫情防控志愿者。在经过核酸检测、CT 检查都无碍，且已经回国一个月无症状之后，南翔镇相关负责人通过镇里的志愿者服务站，帮曹元元联系了位于嘉定新城（马陆镇）的集中隔离点，为她安排了志愿者岗位。"我很感谢他们给我这个机会，让我能把收到的爱和感动奉献出去。"

采访的最后，曹元元感慨地对记者说："回上海之后，听到一个词叫'防疫闭环'，我感觉这个词真是太贴切了。正因为有无数个无私奉献了时间精力的医护人员、基层工作者、志愿者等，才构成了这个坚实的'防疫闭环'。如愿以偿成为志愿者后，我也是这个'防疫闭环'的一部分了。"

内容来源：上观新闻　文：茅冠隽

第四章　以青春之名　勇担重任

团干部冲锋在前，
守好"上海之门"

疫情不退，我们不退

自1月29日，由闵行团区委招募的志愿者开始守护虹桥火车站后，作为闵行团区委书记的徐豪一直坚守一线。他还自己当起了志愿者，和小伙伴们在虹桥火车站并肩战斗。最初接到任务是大年初二，刚开始几天，徐豪几乎每日都最早到现场，先和火车站了解信息，在岗前会议中向志愿者传达当日有几车次到站，客流约为多少，还要叮嘱志愿者做好自我防护，工作时的注意事项。他觉得，自己就像一名要确保生产安全的车间主任。

2月5日，徐豪凌晨5点就醒了，5点半从家出发前往虹桥火车站，这一天，他穿上隔离服，戴上防护帽、一次性手套、口罩，站在火车站南3出口处，从6：00-12：00，做一名引导旅客登记的志愿者。

每位到上海的旅客都需通过市民健康云平台登记健康信息，显示A类的是从湖北出发或者途经湖北的旅客，需另行登记核查，显示B

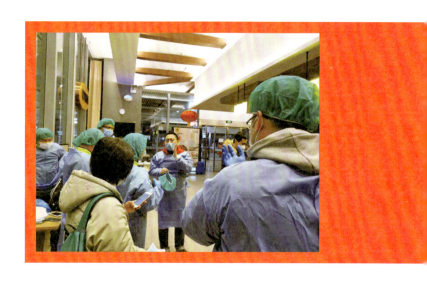

类的为其他地区来沪，则引导至出口处。"请出示手机，看下健康登记的确认信息。""还未填报的请到旁边填报。""A 类人员这边走。"上岗不久，徐豪就迎来高铁到站高峰。他与同组 10 名青年一起，一遍遍重复着一样的话，确认填报短信。整整 6 小时，基本不吃不喝不休息。

亲身实践，就知道该如何优化流程。在出站口地面增加引导地贴，让旅客找得到方向，门口树立填报信息的牌子，附上二维码。后来现场还增加了 30 个小喇叭，一直循环播放："请拿出手机，请出示验证短信。"所有优化都为了一个目标：加快核验速度，避免人群扎堆。6小时志愿服务后，下午，徐豪继续在现场蹲点，查看岗位。

累，徐豪丝毫不觉得，因为他遇到很多暖心事。招募令发布后，有一家三口都想来支援，有青年结束了上午早班后，下午就赶来火车站当志愿者，青年的积极与支持让徐豪分外感动。

把责任扛在肩上，让青春在最需要的地方飞扬

"小朋友，你怎么没戴口罩呀？"2 月 13 日凌晨 2 点，G50 沪渝高速入沪检查站道口上，从湖北返沪的一家四口下车来登记信息，看到一名小学生模样的男孩忘了戴口罩，青浦团区委书记沈竹林上前善

意提醒，并现场教他防护小知识。临走前，还不忘关照这名孩子上车后一定要系好安全带。

2月15日是青浦团区委书记沈竹林连续工作的第二十天，上海有九个高速入沪道口，青浦占了三分之一。为了守住"上海之门"，他一天都不敢懈怠。青浦此次要守住的三个高速道口分别是G50沪渝高速汾湖检查站、S26沪常高速淀山湖检查站、S32申嘉湖高速入沪检查站。在沈竹林看来，这三大道口是"上海之门"，必须牢牢守护好。面对返程高峰的巨大压力，沈竹林动足了脑筋，他与团区委的工作人员锁定了青年干部、青年教师、大学生和社会青年（体制外尚未复工的白领、自由职业者、青年企业家等）这四类稳定性较强的群体，采取了做一休一的工作模式，尽可能减少培训和磨合成本。"我们一半以上的志愿者是相对固定的。招募时采取了就近和长期原则。"

在道口志愿者和同事们眼里，沈竹林是一个大暖男。2月13日零点至上午八点，志愿者岗位最辛苦的一个班次，手持二维码的沈竹林熟练地指导返沪人员进行信息登记，间隙还会与他们聊家常，关心他们返沪后的复工情况，回到上海的家中后如何居家隔离。原来，这一

切都是为他最近正在考虑的共青团如何助力青年复工做"调研"。处女座的他做事非常仔细，最近，他在道口巡访时，发现志愿者缺乏固定的服务交接和休整补给点，便当即研究协调为志愿者建"青春加油站"。他又敏锐地发现志愿者管理流程方面的一些漏洞，马上召集众人为这些漏洞"打补丁"。

愿当花桥道口志愿者的"大家长"

2月5日上午，大巴车载着48名青年志愿者从普陀开往嘉定花桥高速路匝口，其中20多人都是首次上岗，他们要承担花桥8个道口的测温志愿服务。车上，普陀团区委书记杨莉萍成为了岗前培训师。根据前期总结的注意事项和《告志愿者书》，她拿着话筒一遍遍不厌其烦地嘱咐着志愿者。"穿戴好后，一旦拿了体温枪，就不要抓摸自己的头、脸、手机，依照无菌操作来，不要中途戴手套拿手机。""天气寒冷，体温计经常罢工。可以用手心紧握体温计，保持温度。现场也备了暖宝宝，可以维持体温计的温度。"好似爸爸妈妈一般，温暖人心。

想起接到任务的1月29日，杨莉萍用争分夺秒来形容。中午11：30接到任务；13：00"青春普陀"火速发布召集令；13：30召

集街镇和大口团工委书记进行线上会议，动员更多辖区内的青年参加；14：00后，每隔一小时，就在群里公布召集志愿者的人数信息；18：00杨莉萍看了眼后台报名情况，数字显示480人，她焦虑的心稍稍安定；到2月3日，这个数字是：1099人。第一天将工作全部安排妥当，杨莉萍踏进家门已经是1月30日凌晨3点。3小时后，她又出门了，因为第一批志愿者早上8点到岗，她必须在。普陀团区委所有在上海的小伙伴也全员上岗，哪里需要就去哪里，每天24小时分四班，每班都有领队，工作群里，常常凌晨二三点还有消息跳出。

志愿者上岗第一天，只有一个集装箱，休息区、物资堆放区都挤在一起，很多志愿者不喝一口水、不吃一口东西撑满6小时。杨莉萍心疼他们，在联系的增援集装箱到位后，她又对管理志愿者岗位紧急做了合理分配，1号2号集装箱"用餐间"，3号集装箱"清洁物资间"，4号集装箱"志愿者休息间"，让每个集装箱发挥作用。

这个时候我不上，谁上

2月5日凌晨三点多，徐磊才忙完一天的工作；上午不到8点，他又出现在了朱桥道口的集装箱大本营里。而前几天，他还上阵当志愿者，主动值了凌晨至清晨6点的班。问他具体哪一天值的班，徐磊疲累地说："说实话，我已经记不清每天是礼拜几了。"

在朱桥道口上，一座简易集装箱就是不熄灯的大本营，8位嘉定团区委的干事24小时轮番驻扎在那里。一天24小时，每天4个班次，每个班次有72名志愿者，一天就有288名，一周有252个班次。徐磊的手里有一份详尽的《志愿者排班表》，252个格子，每个都要确保填满，工作量不是一般的大这十多天来，徐磊的身份有些多，除了团区委书记外，他还是道口志愿者、搬运工、培训师、接线员……身兼数职的他呵呵一笑："这一刻，我们都是志愿者。"

不能光说不练的他也于前几日当了一回志愿者。零点到清晨6点

的道口，寒风刺骨，这是一种连暖宝宝也抵不住的冷，冷风吹得眼睛都睁不开。时隔多日，徐磊的手上还有被冻伤的痕迹。

徐磊给自己定的出勤标准是：只要能睁开眼就去现场。每天，他最多只能睡四五个小时，少的时候只能眯一会儿眼，见缝插针睡上两三个小时。尽管又苦又累，但防疫的日子里也有许多甜。一名被检查车主看到志愿者们没有护目镜，第二天就送来了100副护目镜，还有好心人送来消毒液、口罩、暖宝宝等物资。一名小朋友画了一颗心，送给前线的叔叔阿姨们。"大家很珍惜这一机会，十分有成就感。志愿者穿着防护服晒的自拍照成了网红款。"徐磊说。

这十多天来，团区委的小伙伴们堪称连轴转，志愿者发动、排班、保障、服务等，几乎每一项工作都需要花费大量的人力、物力、财力、精力。

内容来源：青年报·青春上海　文：周胜洁、范彦萍
图：施培琦

青联委员积极发力，
战"疫"防线展风彩

　　2019 年，上海市青年联合会迎来群团改革后首次换届，委员结构发生很大变化，来自基层一线、新兴领域的青年代表数量增加了不少。

　　如今正处于抗击疫情的关键时期，这些来自基层一线、新兴领域的市青联委员们也积极发力，他们出现在港口、地铁、网络……用自己的方式，坚守岗位，带动青年，为抗击疫情贡献青春力量。

网络大 V 出手，科普如何认识新冠肺炎

　　拥有近 1000 万粉丝的科普微信公众号"混子曰"，近期上线了新冠肺炎的专题，《气溶胶传播是什么鬼？》《注意，新型肺炎的症状不只是发热咳嗽哦！》《屎里也有毒？到底这病毒是咋传播的？》《为啥还没特效药？》，每次推出的专题系列都有几十万的阅读量，1 月 20 日推出的《新型冠状病毒来了，你还不了解它吗？》阅读量更是超过了 150 万。

漫画加文字的形式，背后还有国家卫健委、中国疾控中心、上海市疾控中心的专家支持，第一时间为受众解读对新冠肺炎最关心的问题，用"混子哥"陈磊的话说，这是"用娱乐化、脉络化、图像化的方式降低学习的门槛，专门服务各种不明白。"

陈磊是网络大V，微信公众号"混子曰"创始人，也是上海市青联委员，因疫情宅在家的他，公众号就是他奋战的阵地。

他介绍，公司有一个小组专门负责和专家对接，执笔和新冠肺炎有关的信息，大家将素材整理好、集体学习后，再讨论如何创作。

由于成员们都是"云办公"，线上会议居多，给视觉创作带来了难度，"比如要给漫画人物配一个手势，如果正常工作，我在黑板上一比划就行，而现在，可能要通过视频、电话各种形式进行沟通。"

从学习、策划到创作，新冠肺炎专题下的科普文，每一篇用时都不少于一周，凝结了陈磊和公司青年们的心血。团队中负责运营的宋先生是武汉人，如今他在武汉的家中也为文章的发布出力，"没法到一线去拼搏，只能在家里出份微薄的力量了。"

陈磊说，当前情况下，先把自己的事做好最关键，作为一个科普类微信公众号，就想将知识点展开，进行客观阐述，让更多人了解新冠肺炎，这是作为自媒体人的责任，"看到很多青年留言，说浅显易懂，一目了然，还有带着孩子一起看的，还有孩子发来了临摹我们作品画的画，就感觉我们的工作还是很有意义的。"

带领青年坚守岗位，保障港口运输有序

"如果遇到从重点地区来港的船舶，坐在驾驶室里的你们必须注意船的重点部位和作业盲区。"

在上海洋山深水港集装箱码头，全国青联常委、上海市青联副主席、上海盛东国际集装箱码头有限公司桥吊司机张彦，正坐在46米高空的桥吊驾驶室里，反复吊卸进港的集装箱。同时作为指导员，他还要对青年突击队成员进行现场操作指导。

"一般货船进港，会组织工人上船，遇到作业盲区，工人可进行指挥，协助桥吊司机进行作业。然而疫情当前，重点地区进港货船就不安排工人上船指挥，对桥吊司机而言，工作难度有所增加。"张彦说，"所以我会叮嘱他们，要自己把关，关注作业盲区，注意安全。要保证青年突击队坚守岗位，保障港口货物运输有序进行。"

由于疫情防控，港区人流集中区域都实施消毒和体温测量，人手

不够。张彦注意到公司团委正线上招募青年志愿者，他也积极参与组织，青年员工积极性都很高，如今港区道口、食堂等地方都安排了测温志愿者轮流值班。

疫情当前，有的员工难免产生一些消极情绪，张彦会第一时间进行正面疏导。不信谣、不传谣的他，还经常转发辟谣信息，让更多青年正确认识这次战"疫"，打好疫情防控阻击战。

与轨道交通青年一起守护"上海西门户"

"测温点情况怎样？有高温和重点地区乘客吗？""人工广播要加强，进地铁宣传一定要佩戴好口罩，要分散车门做好上下车引导。"上海市青联常委、虹桥火车站站区车站站长助理高煜正巡视着车站防疫工作，拿着对讲机嘱咐着。

上海地铁虹桥火车站站区紧邻铁路虹桥站和虹桥机场，是上海的西门户。这里是高煜的工作阵地，而坚守是她的使命也是她的担当。

2020年是高煜在这里承担春运任务的第10年，也是最艰难的一年。为应对春运可能产生的大客流，前期高煜带领青年职工做了大量的大客流预判和方案修编工作。

直到腊月二十九凌晨 2：30，她们依然忙碌在站厅内，布置隔离栏杆和停运整修导向。随后，"疫情防控""武汉封城"等信息传遍网络。考虑到运营开始后大客流和工作人员的防疫物资，担心和紧迫顿时袭来。高煜立即召集车站青年突击队队员，盘点车站一日运营所需的防疫物资，并及时分发到位。同时再做方案细化、点位调整，拉开区域、分散客流，尽最大可能按照防疫要求做好应对。

工作时，她手机不离身，不为刷朋友圈，而是实时查看最新防疫工作要求和各条线工作专报群里的数据信息。2 月 3 日站区增加 6 个进站测温点，往返之间，不知不觉她当天的步数就突破了 2 万。她说，岗前需要让员工学会使用测温仪，若有乘客体温超过 37.3 度，要知道如何登记、隔离，还要嘱咐他们做好自身防护，调整好心态，帮助她们做好心理疏导。

上海复工至今，高煜依然忙碌在车站消毒监督、测温巡视、站台监护的各个角落。在她看来，轨道交通青年是抗击疫情的一支重要力量，她们必须守住守好上海的"西门户"。

设立三项机制关心一线环卫工

下午 4 点多，奔波了大半天的上海市青联常委曹锦才走进办公室坐下歇一歇。她刚和同事一起走访居家隔离的返沪环卫工人回来，最

近这些天，她每天都会上门为他们测量体温、了解需求、安抚情绪。

曹锦是虹远环境保洁公司招募的第一批大学生"城市美容师"，2012年，这名"80后"来到上海多伦路公厕工作，她创新意识强，凭着干一行就要干出名堂的劲头儿，如今已经是"曹锦劳模创新工作室"的负责人。

防疫正在关键时期，曹锦紧急创建了三项机制：每日体温测量机制，重点关注返沪员工身体健康状况；返沪人员走访机制，每天走访居家隔离的返沪员工；病毒预防宣传机制，提升班组员工的科学防护意识。

"虽然很累，但很值得。"曹锦觉得，一线环卫工虽不如"白衣天使"奋战在抗疫最前线，但他们每天默默坚守自己的岗位，无论是道路清扫、公厕保洁，还是垃圾清运，他们都一丝不苟。"我也会牢记党员责任，带领班组成员做到守土有责、守土担责、守土尽责。"

每日加班"包口罩"，想为抗疫多做事

晚上6点后，上海雷允上药业西区有限公司药城分公司位于静安寺的门店虽然已经打烊，店内却还亮着灯，10多位员工正在并肩作战，给成箱的口罩分装打包。一整箱口罩5000个左右，她们要将口罩分为

5 个一包，以方便在居委会登记成功、第二天来店取口罩的周边居民。

楼面经理助理吴昊也在"打包员"队伍里。抗击疫情非常时期，作为上海市青联委员、分公司团支部书记，她带头和青年们一起奋战。

这样的加班最近是常态，每天持续一两个小时。一直保持一个动作，不停地数，大家眼睛都看花了。但她说，没有一位员工抱怨为何天天加班，也没有人提出是否可以补休，大家的心都朝着一个方向努力：多做点，再多做点。

从市医药学校中药专业毕业后，吴昊就成为了上海雷允上药业西区有限公司的一名中药调剂员，她练就了蒙眼识别中草药绝活，在抓药、称药方面也狠下功夫。

最近，不少市民都会来配预防感冒的汤药，多的时候一天有 1800 多包。吴昊主动到配方部帮忙，一起核对配好的药，确保药味准确不配错，并帮助进行打包。

进入春节以来，吴昊已经在药店里奋战了多日，虽然累，但她说自己必须带头做，"作为青联委员，坚守岗位，我们义不容辞。"

哪里需要增援，第一个报名的就是他

早晨 7 点，在王港邮件处理中心熬了整整一晚的上海市青联常委柴闪闪觉得眼睛有些发酸。作为中国邮政集团公司上海市邮区中心局上海站邮件处理分中心的一名邮件接发员，这是柴闪闪春节以来上的第三次 24 小时连班，也是首次增援王港邮件处理中心。

由于王港不少工作人员都被抽调保障抗击疫情的救援物资运输，平时货物接发缺人手，作为一名党员，他义不容辞成为了第一批增援人员。

柴闪闪来自湖北襄阳，16 年前来到上海后，这位"85 后"一直奋斗在邮政系统的第一线。他能熟记全国 2600 多个地名，每天处理 1 万多袋邮件，逐渐从一名普通农民工成长为了青年业务骨干。

原本今年春节，柴闪闪也像往年一样，除夕值守，订了初二回湖北的火车票，准备带着妻小回家，看看双方父母。疫情发生后，他早早退了火车票，一直坚守在自己岗位上，哪里需要增援，第一个报名的就是他。

心里牵挂在家乡的父母，柴闪闪就每天视频、微信叮嘱他们：尽量少出门，出门千万记得戴口罩。

柴闪闪还十分关心回老家过年的青年员工，针对他们担心的工作问题及时进行解答、安抚，也提醒在岗职工注意自我防护。"这一次，湖北人再次感受到了一方有难、八方支援的力量。我也号召更多青年职工，关键时刻更要守好自己的岗位。"

从一人努力到带动一批人行动

疫情当前，每个人都在一线，每个人也都是一道"防线"。上海市青联和团市委等共同发起倡议，号召各界青年发扬"一方有难、八方支援"精神，立足岗位作贡献，承担社会责任，捐款捐物，同舟共济。这些来自基层一线和新兴领域的市青联委员们积极响应倡议，不但自己努力，也带动身边青年一起行动。

吴昊第一时间在朋友圈转发了《防控新冠肺炎，我们在行动》的倡议，并转发给了行业青年，鼓励药店青年不怕苦累，坚守岗位。

陈磊将倡议转发到工作群后，便有在沪的青年员工向他表示，若有机会当防疫志愿者，他们都愿报名参加。

张彦在与班组青年驾驶员聊天中得知，这位积极报名成为港口志愿者的青年，是因为看到他朋友圈转发的倡议、致青年书后，深受鼓舞，也想为打赢疫情防控阻击战出一份力。

这些青联委员，和他们身边的青年一起，构成了这场战"疫"的一道道防线，他们正用自己的方式，为抗击疫情贡献青春力量！

内容来源：青年报·青春上海　文：周胜洁

机场来了这群"大白"

严防输入，机场口岸成为防疫第一线的"战场"。

自 3 月 18 日起，机场又迎来一群增援的"大白"。团市委直属机关支援浦东机场海关疫情防控党员突击队首批 43 名队员出征，开启一线战"疫"模式。

8 天支援，24 小时轮班值守，不分白昼黑夜，一遍遍指引，一次次咨询问答，他们用行动学习贯彻习近平总书记给北京大学援鄂医疗队全体"90 后"党员回信的精神，在疫情防控第一线发挥青春力量，践行初心使命。

凌晨 2：00：比跑"全马"还累

突击队支援的是机场第一线海关疫情防控工作，24 小时值守期内，2 人一组上岗，4 小时一班"车轮战"。

用胶带裹紧防护服和一次性手套的"交界处"，戴上医用防护面

罩，市青少年志愿者行动指导中心的陈刘栋在海关"战友"的指导下，成功将自己裹成了"大白"。

作为党员突击队第一批上岗的队员，他在浦东机场 T2 航站楼，协助入境旅客填写《健康申明卡》，进行人流引导。

"请往前走，跟上队伍。"这是他在岗时说得最多的一句话。

"前面还有几道关卡？""我申明卡填得对不对？"面对旅客的询问，他一一给出解答。在初审《健康申明卡》时，发现一些旅客未填写转机地点，他也会及时指出，让他们正确填写。

凌晨 2：00，陈刘栋坚守在岗位，此时一位海关关员带着几名来自非重点国家的入境旅客去做流行病学调查，在等候的时候让他帮忙照看。他一边认真完成这一"临时任务"，一边也了解了海关"战友"的辛苦，"他每天要上 20 多架飞机登临检疫，工作量不小，但他说，每个人都在坚守岗位，听了很动容。"

　　22 日，休整了 2 天的陈刘栋再次上岗，这次在体温检测区，提醒旅客脱帽测温，并记录下每位旅客的信息，时间、名字，过的几号闸口，体温多少，每一分钟，他都在做记录。

　　作为一名运动爱好者，陈刘栋有五六年跑马拉松的经历，一次上岗 4 个多小时，相当于跑一次"全马"，但他感叹，上岗比跑"全马"累得多，4 个多小时不能喝水润喉，腰酸时常提醒着他，精神却始终高度集中，因为身上担着责任，守的是上海门户。

　　看着一批批留学生归国，听着一声声谢谢，他觉得再累都值得。"在艰苦奋斗中才能砥砺意志品质，我会继续守好我的岗位。"

晚上 22：00：小分队紧急支援 T1 航站楼

　　"T1 航站楼客流量还维持高位，压力大，请去支援。"22：00，已穿好防护服的孙宁和杨健楠正走向引导岗位，紧急支援的通知来了。

　　两人原本支援浦东机场 T2 航站楼，承担了非重点国家入境人员流行病学调查的人流引导和调控。站在海关流调区域最前沿，孙宁维持好蛇形通道的排队秩序，观察流调区域进展，控制好放行人数，"您往这边走，那边可以过 2 人，站在线的位置等候。"

上岗 4 小时，他不停地重复着相同话语，控制队伍放行速度。

22：00 至次日凌晨 2：00，这是孙宁 24 小时工作内第二个班次，接到支援任务后，他们穿着防护服，一路小跑着赶到 T1 航站楼，跑出了一身汗。

到达后，孙宁紧急投入工作，依旧是最前线的岗位，这次不但承担重点国家入境大客流的人流调控引导工作，还要进行《健康申明卡》的初审，一些只填写了隔离酒店未填写家庭地址的，他都会友情提醒。

那天有从加拿大、澳大利亚飞来的航班，入境旅客中不少拖家带口，孙宁会注意怀抱婴儿、有推车的旅客，安排他们优先通行，其他旅客也特别理解和配合，一句句"辛苦你们啦！""谢谢你们！"让他感动不已。

孙宁来自团市委基层工作部，这次机场支援让他深感，为铺平海外游子的归国之路，机场每个部门都在通力合作，扣紧每个环节。身为一名共青团干部，一名党员，他在实践中对身份有了深刻认识。

同样支援 T1 航站楼的杨健楠来自上海青干院党办院办，经历了第一个服务日的工作后，体会到了海关等浦东机场工作人员的艰辛。

支援工作在继续，他们也将不惧风雨，勇挑重担，用热情、细致和耐心来缓解旅客的不安与焦急。

每天 24 小时全天候守护

他们在海关流行病学调查区域前，进行人流引导、调控，查看《健康申明卡》，旅客下飞机走进航站楼，可能第一眼看到的就是他们。

他们在体温检测点前，一遍遍提醒入境旅客"摘帽子"，简单的手势和话语，重复无数遍。

突击队队员杨羡之来自青年报社，岗位就在 T1 航站楼入境二次体温检测点，他不但要引导客流，维持秩序，防止人员聚集，为了旅客能尽快通过红外线测温仪，他要重复无数遍"请摘一下帽子。""请脱一下护目镜。"连续上岗 4 小时的他虽然嗓子干涩冒烟，该做的手势，该说的话，丝毫未懈怠。

这次支援让他看到了上海机场口岸防疫情输入工作的严格与细致，环环相扣，让人安心。"身边是战友，身后是祖国"，这句话的重量刻进了他的心中。

突击队队员一线奋战，机动队员随时待命。得知海关信息录入岗位人手紧张，来自青旅集团的王润艳和林巧燕巾帼不让须眉，第一时间支援。

原本安排每 2 小时交替上岗，进行旅客健康信息录入，当她们得知前线需要人手及时回收并整理《健康申明卡》后，便放弃休息，从 18 日 21：00 开始，连续作战 9 小时。辛苦，她们不觉得，青年党员就应勇挑重担。

突击队机动队员任国强在 24 小时待命的同时，还为志愿者写下了一首诗《安心》。

"这一刻您看不清我们的模样，我们全身包裹连眼睛也遮起，然后抖擞上阵日夜战斗，保护我们的国家和城市，让人们生活安心。"

……

"安心是生活的原色，是人人欣赏的杰作，如果您有危险，我们就披甲上阵，纵然筑成人墙，也要保护您远离侵袭，直到安心如初。"

突击队出征之前，团市委党组召开动员会，传达学习《习近平总书记给北京大学援鄂医疗队全体"90 后"党员的回信》的精神，并为突击队提供好各方面服务和后勤保障。作为突击队临时党支部书记、突击队队长、团市委党组成员、市青少年服务和权益保护办公室主任周建军带领支委会靠前指挥，穿梭于两个航站楼摸清一线情况，及时调整工作方案，加强人员配备。

突击队形成了一轮带一轮的衔接机制，前一轮突击队员回来后，会向后一轮接班的队员传递岗位信息、传授实战经验，能快速熟悉工作，适应环境。他们在一线，用汗水与努力，与海关"战友"并肩作战，守好国门，体会责任与担当。

当归国宝宝遇上"大白"叔叔……

除了团市委直属机关支援浦东机场海关疫情防控党员突击队，来自共青团系统的转运志愿者们同样奋战在防输入的第一线。

当归国宝宝一下飞机，看到那么多"白叔叔"，一定会有点懵吧，不用担心，志愿者们用各种方式让他们觉得"萌萌哒"。

"我告诉小宝宝，白色衣服的叔叔阿姨都是保护她回家的人，都是英雄。"对于来自黄浦团区委的转运人员张英华来说，最暖心的一幕莫过于他推着婴儿车，引导英国返沪的一家人。

　　3月17日接到通知，18日晚上到浦东机场T1上岗，张英华一上来就是连续3个夜班。第二个夜班时，他接到接待从英国回沪人员的任务，总共5人，但其中有一个妈妈独自带着一儿一女两个年幼的孩子。于是，张英华主动接过婴儿车，从黄浦的登记点，穿过16个区的驻点和一旁等候的人群，推着婴儿车并引导其他4人上车。

　　一路上，张英华和孩子的母亲聊着天，小女儿在她怀里沉沉睡去。"小女孩也许不会记得曾经有那样一个白色的叔叔推着她走，但这段画面给我留下了深深的印象，多么光荣啊。"

　　张英华负责跟车接送入境人员从浦东机场到黄浦区集中隔离点、区内检测点去做咽试纸检测。平均每班要出2—3次车，每车人数不定，少则两三人，多则近二十人。跟车时，他要仔细核对入境人员信息，与司机、随车特警、黄浦区定点酒店联络人联系好，护送入境人员上车，到达目的地后办理人员移交手续，回到机场后再通知消杀人员上车消毒。

　　"所有到我手上的对象，都经历了海关等多道入境程序，有的经过了长时间的排队等待，尤其是小朋友，会坐不住，我随身备了黑巧克力，查好一路上所需时间，告知整个居家／集中隔离的流程，让乘客慢慢放松下来。"张英华说道，应对大客流带来的繁重工作，耐心和细致是不可少的。

　　　　　　　　　内容来源：青年报·青春上海　文：周胜洁、郭颖

唯有真实，才能立得住脚
——"立扫帚"的辟谣良策

　　自新型冠状病毒感染的肺炎疫情发生以来，网上各种有关疫情防控的谣言就接连不断。人们一边要提防新冠的传染，一边又要接受海量的真假难辨的信息轰炸。热搜的更新牵动着公众神经，催生着不安和恐惧。而这些焦虑的群体情绪无疑成为突发公共卫生事件的"次生灾害"。如何在疫情防控期间保持主流媒体的公信力，避免谣言操纵舆论感情、误导公众判断、影响社会稳定？青年报·青春上海结合自身的团属定位和青年特色，用一把"金扫帚"扫出清朗的网络空间。

　　2月11日晚，"立扫把"挑战风靡全网，据说原因是美国宇航局NASA曾说过这一天地球引力最小，所以扫帚能够站起来。于是乎，朋友圈一夜之间"扫帚林立"，众多网友从好奇到惊奇，玩起了"立扫帚"接力。虽然NASA很快科普，"您可以让扫帚在今天、明天、后天或以后任何一天直立起来，这根本与某一天地球的引力无关"，这顶多只是个无伤大雅的网络梗，但青年报·青春上海的小伙伴却心生一计，从梗中看到了一出"借力使力"打击疫情谣言的妙招。

考虑到当时几天，坊间各种不实传言此起彼伏，比如"彭浦新村整栋楼封闭隔离""大量外地人员翻越高速围栏抄小道从金山进入上海"等，一定程度上让本市疫情防控陷入了更为复杂、严峻的境地，青年报·青春上海深感辟谣的迫切性和重要性。怎样才能进一步唤起公众"不信谣、不传谣"的意识呢？在满目刷屏的"扫帚夜"，青年报·青春上海原创了一张别出心裁的"立扫帚"海报，画面并不复杂，但是造型呼应热点，加上文案"唯有真实，才能立得住脚——不信谣、不传谣。谣言，就该统统扫掉"，双关的表达让人会心，令人叫绝。

海报通过青年报、青春上海的微博首发后，很快获得大量的关注，并被"共青团中央"新浪微博官方号第一时间转发，迅速在全国发酵，在同城也被新民晚报等多家主流媒体账号广而告之，有效提升传播力和影响力。总阅读量超过 130 万，点赞 5587。在用户留言中，高人气的评论包括"团团结合时事，迅速扛起辟谣大旗，好棒！""不信谣不传谣 从自己做起！"

"立扫帚"的一炮打响，提振了青年报·青春上海采编团队的信心。团队经过总结和分析，认为一个好的融媒体产品，首先要坚持正确的舆论导向和价值取向，"立扫帚"之所以获得力挺和广泛转发，是因为它扫除的，是网络空间的乌烟瘴气、一地鸡毛，以正能量的姿态，号召网民"擦亮眼、稳住心"；其次，青年报·青春上海一以贯之地立足青年定位，不断尝试用贴近青年的语系讲述故事，让青年通过喜闻乐见的方式接受观点，"立扫帚"海报在有趣中富有营养，表达生动，文案巧妙；再次，在推动媒体融合向纵深发展的大背景下，青年报·青春上海主动出击，通过文章、海报、短视频、音频、H5 等各种载体全方位宣传，"立扫帚"既抢了速度，又不失深度，还和之后推出的一系列辟谣报道、产品共同编织出融媒体时代的广度，在创新方面具有较好的示范性和推广性。

　　谣言止于智者，更止于"治"者。青年报·青春上海积极粉碎谣言，为公众还原真相，为"科学防控　抗击疫情"贡献一份青春力量，同时也在融合发展的道路上不断挑战自我，从"立得住"到"迈得开"，从"行得稳"到"冲得前"。

内容来源：青年报·青春上海　文：姚佳森

现场＋微信群互动，援鄂战"疫"中一场特别的团支部会议

"我志愿加入中国共产主义青年团，坚决拥护中国共产党的领导……"2月16日下午，在复旦大学附属华山医院援鄂医疗队第四纵队驻地酒店会议室里，临时团支部组织召开了一场战"疫"中的团支部会议，团支部书记毛日成带领援鄂团员青年们重温入团誓言，一声声坚定的誓言响彻大厅。

党旗所指，团旗所向。疫情防控的战斗号角吹响后，复旦大学附属华山医院团委组建了华山医院抗新冠肺炎青年突击队，近200名队员中，有167名赴武汉驰援，其中团员98名，占青年人数的59%。

疫情发生后，为了更好地引领团员青年发挥华山医务工作者救死扶伤、奋勇争先的精神，真正发挥青年突击队冲锋在前的战斗堡垒作用，在院团委的指导下，华山医院援鄂医疗队第四纵队组建了临时团支部，由青年突击队第四纵队队长毛日成任支部书记，并在华中科技大学同济医院光谷院区ICU工作一周后，采用现场＋微信群互动的形式，召

开了第一次团支部会议。

毛日成书记作为感染科的副主任医师、院团委委员，第一批前去支援上海市公卫中心，隔离期满后，又再次驰援武汉。他反复强调："要做好自我的防护，严格按照防护服的穿脱流程，平时注意一些细小的细节，不得有一丝马虎。要做好持久战的思想准备，有困难找组织，团委是娘家，我们是一个温暖的大家庭！这场武汉大决战，我们众志成城，一定会取得胜利！"

急诊团支部书记徐思远主治医师，有着多年的国际救援和赛事保障经验，先后投身尼泊尔地震救援、巴基斯坦瓜达尔港中巴博爱医疗急救中心建设的他，以尼泊尔地震救援的亲身经历和在急诊一线抗击疫情的经验告诉大家，面对疫情首先要克服自己心理上的障碍，学会自我调节，避免在缺氧的工作状态下出现较大的情绪波动。

上房团支部支部委员郭梦月护士表示自己是怀揣着忐忑的心情来到武汉的，但来了之后觉得支援武汉是她这一辈子做出的最正确的决定。作为一名护士，更身为一名党员，在疫情面前就应该化身战士冲锋在前，要倾尽全力向此次疫情抗争。同时也十分钦佩武汉当地的医护工作者，在如此艰难的条件下支撑了如此之久。她相信带着全体华山人的爱，一定可以安全、漂亮地打赢这场战斗！

急诊团员赵伟护士觉得这周的忙碌与急诊的工作有所不同，身着层层的防护装备让人透不过气，四个小时的护理一刻不停，除了体能上的消耗，心理上也得时刻注意防护。急诊出身的他表示有信心可以做好这些工作，同时作为一个男生，也会尽力帮助团队中的同伴一起完成。

急诊团员盛玉涛护士是湖北人，回想起一周前坐在驰援武汉的大巴车上，看着她曾经引以为傲的家乡时，心里百感交集，可她依旧深信："如今的它只是像小孩子着凉感冒了一样！祖国妈妈并没有放弃他，而且倾尽所有照顾他，救治他！看着一群又一群兄弟姐妹们和我一起奋斗在这个没有硝烟的战场上，既感动又安心。我深信在不久的将来，武汉又会回到最初记忆中的模样，加油武汉！"神经外科32病房陈蓓妮护士对第二次进舱的经历印象深刻。当时，有位带着无创呼吸机的老爷爷向她伸出一只手，艰难地说："请你握着我。"她说："他的冰凉透过层层手套传递到我心里，我用双手握住，希望能够给他点温度，我请他坚持，把最难受的阶段抗过去就胜利了，他喘着气还是点头回应了我。那一刻是我觉得最有意义的时刻，他需要的时候我们给他支持和鼓励，这是一切药物都无法给予的，只有我们做得到。"

内容来源：青年报·青春上海　文：顾金华、李毓灵

一次上海火车站里的
主题团日活动

　　细雨中的 3 月第一天，上海交通大学媒体与传播学院 92 单考班的同学们和新闻传播系王茜老师走进了铁路上海站防疫最前沿，参与上海火车站的旅客进出站问询和引导的志愿服务。

　　"亲爱的旅客们，欢迎您来到上海，请您扫描健康云二维码，并领取来沪（返沪）人员告知书……"下午 2 点 54 分，从兰州开往上海的 Z218 次列车缓缓驶入上海站，伴着甜美清晰的广播声，车上走下来 391 名乘客，在志愿者的引导下，扫描二维码、领取告知书，志愿者还会提醒戴帽子的旅客脱下帽子过测温区，以准确测量体温。20 分钟后，南京开往上海的 G7053 次列车到站，120 名乘客下车………这段广播声来自 92 单考班的严觅同学，她拿着自己录制的旅客提示电喇叭在西南出口处不间歇地提醒出站的旅客。其他同学也各司其职，向旅客发放告知书、帮助老年旅客手机填报；疏导短时间集聚站台的旅客有序出站。经过 3 个小时的志愿服务，每个人的口罩里能滴出水来，脑袋

也被防护头盔勒得生疼。看着旅客们在自己的引导和帮助下快速出站，大家都倍感欣慰。

这是一次志愿服务，更是新学期92单考班一节特殊的主题团日活动。据了解，此次服务活动源于上海交通大学媒体与传播学院92单考班学生阚晓君的朋友圈，作为上海音速青年志愿服务中心副主任，共青团上海音速青年志愿服务中心委员会副书记的阚晓君同学自一月底即投入铁路上海站的志愿服务中，平时他会将志愿服务的过程和图片分享在朋友圈中，同学们受其感召和启发，也想着要为抗疫防疫做些力所能及的事情。

92单考班的同学们大多就职媒体行业，上学之外，平日里工作安排紧密。在详细了解过志愿服务的主要内容、防护措施以及工作规范后，经过班级群集体商量，本着自愿的原则，大家协调好时间，利用周末休息日，全班同学相约上海站，加入志愿服务的队伍，而这天也恰是学校开学日。"这就是新学期92单考班一节特殊的主题团日活动吧。"92单考班班长刘蕾在群里和同学们这样说道。媒体与传播学院在得知这一消息后给予了大力支持，王茜老师还将党旗和院旗送到了现场，她说："我们都尽我所能，期待着疫情尽快离去，春暖花开时，让我们在美丽的交大再见。"

作为组织方之一，上海音速青年志愿服务中心自1月28日即常驻

铁路上海站，执行志愿服务的统筹协调、培训指导、后勤保障、岗位
分配等工作。在同学们上岗前，依据规范要求，在专业人士指导下做
好了充足防护。上海音速青年志愿服务中心理事长严洪带领大家熟悉
了旅客进出站路线、出站流程和各关口职能，并为每一位同学安排了
服务岗位，明确了服务职责。大家从上岗的那一刻起，就信守"为大
家把好关、守好门"。经过此次志愿服务，大家感受颇多。"此时能
真切感受到长时间奋战在一线的医护人员的辛苦，他们是最伟大最可
爱的人。"在取下防护头盔的那刻，92 单考班的王吟同学这样说道。
92 单考班的赵倩蓓、王静、孟东同学表示："特殊时期，每个人都可
以用自己的方式为战胜疫情贡献一份力量。""志愿服务就是聚沙成塔，
尽己所能，守护住城市安全生命线。""大家都要戴好口罩、勤快地洗手，
保护好自己就是保护好他人。"

　　疫情就是命令，防控就是责任！作为新时代的青年，作为千万名
交大师生中的一员，当为打赢这场疫情防控战贡献出自己的一份力量。
中国加油，战"疫"必胜。

　　　　　　　　　　　　　　内容来源：上海交通大学新闻学术网

万人"进教室"，"云团课"
为战"疫"助力

24 小时内 10411 人加入讲座，8897 人完成视频学习，7935 人填写课后问卷……近日，复旦大学的一场万人线上团课《抗击新型冠状病毒——一场没有硝烟的战争》引人关注。

此次上线的复旦大学青年讲师团疫情防控系列团课讲座每周一讲，将充分依托复旦大学的学科优势，邀请不同学科领域的青年专家和在抗击疫情一线的青年师生登上"讲台"，从不同角度就疫情防控与同学们进行交流探讨。

2 月 11 日，复旦大学基础医学院病原生物学系副教授陈捷亮主讲团课第一讲《抗击新型冠状病毒》。课程讲述了新型冠状病毒的分离鉴定以及对其病原学、流行病学和临床特点逐步认知的过程，梳理了疫情开始至今关键的演变阶段和防控难点，讲解了切实执行传染病防控三原则的必要性，展现了众志成城、同舟共济的中国精神和复旦上医人的使命担当。课程在线上回应了广大复旦学子对疫情防控的关切，

也在一定程度上打消了同学们因为部分谣言或不实信息产生的焦虑情绪。

"老师介绍了新冠病毒的基本知识，目前的疫情发展、救治情况和有效的防控措施等内容，课程条理简洁、难易适中，既有'干货'又不艰深晦涩，希望以后推出的团课也能够这般'入脑入心'。""希望在党的领导下、人民的齐心协力下，疫情能够得到控制，使广大人民能尽早恢复正常生活。为此我也要出一份力，少出门，戴口罩，勤洗手。""作为一名医学生，肩负的责任重大。我会尽我的力量宣传，保护我的亲人和周边人群，为抗击新型冠状病毒贡献一份力量。""面对新型冠状病毒，我们要充分做好准备，身处后方，我们要时刻注意着自己的生命安全，多多锻炼，增强自己的免疫力，不给前方的医护人员添乱。"课后，这样的线上留言比比皆是。

将知识科普和思想引领在团课中结合起来也是复旦大学团委的一次全新尝试。在同学们的课后反馈中，据高频词云统计，可以看到大量"信心""战胜""加油"等正能量词汇。同学们也开始更多思考，作为团员青年，如何更好地发挥先进性，更多参与到抗击疫情战役中，做出自己的贡献。

"在一方有难八方支援和攻坚克难的中华民族传统引领下，我们必将迎来一个值得期待的春天。""通过此次的疫情也看到了我们国家、学校、甚至身边的人投入其中所做的努力，向在疫情第一线奋斗的战士们致敬。""这不仅是一次医学与病毒的战争，更是对我们国家各方面治理能力、每个国人的挑战，在这样的危机时刻，身为党员、团员，更应该为社会贡献一份力量。当然不具备医学专业能力的我们不可能上到一线救治病人，但我们可以尽所能，通过各个信息平台，为身边的人传递正确的、科学性的知识，提供科学防病的方法等。"

讲座话题讨论区也频频被"武汉加油"刷屏。复旦大学团委书记赵强介绍，在抗击疫情的战役中，校团委一直在思考如何帮助青年树立打好这场人民战争的信心，引领团员发挥先进性。接下来，疫情防控系列线上团课还将邀请国际形势分析、临床心理学等青年教师和在抗击疫情一线的复旦青年开讲。此外，校团委还将利用闯关游戏、线上打卡群、线上歌会等学生喜闻乐见的形式开展正面引导，积极传播正能量。

内容来源：上观新闻　文：彭德倩、王睿

战"疫"团课讲台设到了方舱医院

这一次，他们把讲台设在了战"疫"的第一线。今日下午，同济大学"凝聚青春正能量，众志成城抗疫情"特别主题团日通过 B 站直播，将团课现场设到了武汉的方舱医院。通过连线前线，20 万人在线了解方舱医院的日常实况，走进最美的同济逆行者。团市委学校工作部表示，这也是上海学校共青团"战疫"系列主题团课的第一期。

一线有 21 位队员递交了入党申请书

"同济经管 18 级本科生第七团支部为武汉加油。""同济大学医学院 18 基础团支部为武汉加油。"

下午 3 点开始在 B 站直播的团课，提前暖场阶段，不到 18 分钟弹幕已经破万。等 3 点直播开始时，在线人数已经超过了 4.3 万人。整堂团课内容丰富、节奏紧凑，既有医疗队概况介绍，也有医疗代表分享经历，更有方舱医院内部现场连线。

同济大学附属东方医院副院长、方舱医院副院长、援鄂医疗队领队雷撼也是第一次经历网上团课。在移动帐篷内，他通过网络介绍了医疗队的整体情况。2月3日接到命令，2月4日，同济大学附属东方医院的国家紧急医学救援队集结了55名队员带着30吨急需物资，整建制驰援武汉。

这其中，医护团队共有32人，以重症呼吸科为主，包括ICU、内科、重症护理等，也有心理医生。他们接管的是武汉客厅方舱医院，领取任务后，全队人员花了3个多小时迅速搭建25顶移动帐篷，布置好配置。

雷撼介绍，这一方舱医院分3个区，床位1500张左右，2月7日正式收治病人，几天就全部收满。他们在方舱医院里开展呼吸操、读书会，采取多种措施对病人进行治疗和关怀。同时与后方紧密连线，将心理辅导书、音频资料第一时间送到了方舱医院，供患者阅读学习。

他特别向网络另一端的青年学子介绍了医务人员的辛苦，"穿上全套防护装备的医务人员被包得十分严实，行动受限。一个班次6小时不吃不喝，出舱后，脸上有很深的压痕，衣服湿透，但没人叫苦叫累。"

整支队伍有15名党员，他们在出发前就成立了临时党支部，而如今，有21位队员在奋战一线的同时也递交了入党申请书，"今天到武汉已经21天，身处前线的战士们并不容易，后续我们还将发挥自己的能量，完成好任务，不辱使命，共同战胜疫情。"

现场连线时动情处的眼泪很动人

"认识疾病，观察自己症状的改变，知道进舱的意义，做有准备的患者；控制好情绪，良好的心态对康复是有促进作用的；合理安排活动范围和活动时间，保护自己也保护医护人员⋯⋯"同济大学附属东方医院呼吸内科医生、救援队队员华晶第一时间写给方舱医院患者的一封信，曾在舱内成为一段美谈。

这背后有怎样的故事？面对镜头，华晶告诉青年学子，这一切要从第一天到方舱医院踩点说起。"第一次看到方舱医院这 1000 多张床床位的时候，内心还是挺震撼的。尽管我已经在急救和监护这块已经做了十几年，但仍然面临巨大的压力。患者、医护、包括管理者，可能这种场面都是第一次经历，并没有经验可谈，如何在短期里把整个团队运作好，就是非常重要的课题了。"

华晶说，第一天的时候，有点像"小菜场"，感觉患者走动无序且频繁，这对于救治的效率是会有明显影响的。于是，华晶通过对患者的观察，以及从医护人员人的角度，在全面思考后给出了一些建议，包括通过一些制图，为患者表述清楚地理位置，以及什么时间什么范围去做好一些事情。"大家都行动起来，争做一名合格的患者，胜利已经向我们招手！"

"口罩金属铝条的作用就是要让我们的口罩尽量地紧贴我们的面部，经过塑形以后，要看它会不会漏气⋯⋯"团课上，华晶还在线向同学们带来一段专业的防护技能实操演示，从手卫生，到正确佩戴口罩、脱口罩，直观明了。

在武汉方舱医院负责 B 厅医疗工作的李昕，现场连线时说到动情之处的那抹眼泪，打动了很多人。

"当时我看到救援队的队友已经到达武汉，在金银潭医院抢救患者，我立刻更改了机票归队，报名，自愿加入医疗队。"李昕说，当时自己刚到老家三天，准备过年。父亲为了支持她的工作，帮她带着女儿。

一次，电视新闻拍摄了救援队的画面，女儿在电视上看到了妈妈的身影，就激动地喊出来："我看到妈妈了！"后来，当李文亮医生去世时，对李昕的触动很大。"父亲当时也感受到了我的压力，专门给我写了一封信，他说，用自家的分离，让天下人的合家团圆，我无怨无悔。希望你，在前方大胆战斗！"几小时后，李昕和战友踏入方舱医院，开始救治病人！李昕知道，家人对自己也有很多不舍，但更多的是骄傲和自豪！

"我不是一个人在战斗，我背后有我爱的家人。"李昕来自医学世家，奶奶从医 70 年，在退休后的 20 年，仍用自己的专长在社区服务病人，如今，孙女也薪火相传。"希望能够让奶奶在天堂知道我这么勇敢，她一定会感到很欣慰！"李昕的话语引来现场的掌声。

同济大学附属东方医院赴武汉国家紧急医学救援队副领队王韬还在现场向同学们科普了"灾难医学"的特点。

"儿子，等爸爸回家，陪你一起玩"

镜头切换后，同济大学附属东方医院主管护师、中国国际应急医疗队（上海）核心队员高彩萍"全副武装"地出现在镜头前，现为武汉方舱医院护理部副主任的她，带领屏幕前的青年学子一起探访了方舱医院。

走向方舱医院医务人员的入口，走过缓冲区，打开单开门，方舱医院病房就出现在镜头中。高彩萍介绍说，她所在的区域为 B 区，收治的都是女性病人。镜头中，不少病友正在积极做着锻炼。

穿过病人区域，就到了他们的工作区域，墙上挂着国旗、党旗，一侧区域设有图书角，放置各类书籍。墙上设计了爱心树，"挂"满了病友们的出院祝福、小心愿。

另一侧还有电视机、微波炉、充电宝机器，高彩萍说，午后，病人们也可以选择看会电视，做些运动。

　　一位 2 月 10 日转入方舱医院的病友，因为拍摄方舱医院内的生活而成为了抖音"小红人"。他说，在这里感受到医护人员工作特别细致，操心他们生活的工作人员也很辛苦，于是他举起手机拍起了视频，用视频记录下他们的工作状态，"感谢医护人员给予我第二次生命。我也想对 3 岁的儿子说，等爸爸回家，等疫情过去，带你出去玩。"

这场战"疫"里大家都不放弃，很努力

　　"随着镜头，我第一次看到了方舱医院内部的真实环境，在医生的讲述中，我也知道了前线工作的不易，从组建队伍、搭建医院、建成指挥中心的移动帐篷，到工作陆续步入正轨，医生们用自己的专业能力在挽救生命，安抚病患。"

　　同济大学软件学院 2019 级研究生严熊白雪上完这次团课后感触很深，身为湖北人，她感受到这场战"疫"里大家都不放弃，很努力。"在这场战疫里，虽然人宅在家中，但心一直与前线紧紧相连。医生们的讲述让我们更有信心，相信春回大地，病毒一定会被打败，我的家乡也一定会迎来热闹的春天。"

　　同济大学 2017 级博士研究生许君清感慨地说，这是一场没有硝烟的战争，白衣战士们冲锋陷阵在第一线，青年学子们在后方自当为构筑疫情防控的人民防线贡献青春力量。"我们身为新时代的青年，在这一时刻不仅应当用科学的专业理论知识武装自己，破除盲信盲从，更应当将理智冷静科学的态度传递给社会，为身边的亲友带去科学的防护理念、驳斥不实的谣言。在有条件的基础上，到祖国需要的地方去。医护专业的青年骨干选择了响应国家号召，坚定而执着地逆行抗疫。身在后方的广大青年学子也可以发挥青年力量，争当志愿者，参与到联防联控、群防群治的人民防线中去。"

　　这场特别的团课，最终吸引 20 万人在线观看，弹幕数超过了 3 万条。

　　同济大学团委书记陈城认为,疫情来袭,数以万计的医护逆行湖北,感动了全体同济青年。同济大学各附属医院也相继有 159 名医护人员援鄂,许多同学看到团中央的号召和报道,主动联系想给医护人员做好后方保障服务,同时希望能有机会连线援鄂医护,表达敬佩和慰问。"疫情大考,充分体现了我们国家制度的优越性,充分展现了党组织和党员冲锋在前的先进性,是一场生动的爱国主义教育,为此我们联系东方医院援鄂青年突击队,安排了这一次团课。"

　　打赢疫情防控阻击战是青年学子最好的教科书。团市委学校工作部表示,今天同济团委推出的课程是上海学校共青团战"疫"系列主题团课的第一课,接下来上海学联会联合沪上各个高校团委,陆续推出系列团课。

内容来源:青年报·青春上海　文:刘昕璐、周胜洁

用爱与希望温暖申城

新冠肺炎疫情爆发后，为进一步贯彻落实市委部署，加强对本市困难青少年和上海一线青年医务人员、一线医务人员子女的服务关爱，团市委、市青联、市服保办、市青基会共同推出"青春战疫 希望同行"

万名困难青少年帮扶行动，筹集千万爱心捐款作为帮扶资金，通过资助补贴、结对帮扶、就业支持、服务关爱等方式，将党和政府的关心温暖传递到受疫情影响较大、生活困难的困难青少年中；随着驰援湖北的上海医务人员陆续返沪，团市委积极开展"青春战疫 关爱行动"，除了组织全市多所高校、各区上万名志愿者为抗疫一线医务人员子女提供学习辅导的"手拉手"专项志愿服务以外，还推出了更多面向上海一线青年医务人员、一线医务人员子女的关爱项目，温暖"最美逆行者"的心。

不让一个困难学子"掉线"

"能看了！能看了！"看着手机上的微课界面，小雪终于破涕为笑，脸上露出了灿烂的笑容。在多数孩子享受着网课的便利时，她却为了上课费尽周折。

3月2日，上海市中小学开启"在线教学"，这让小雪手足无措——家里没有电视也没有手机，自己和爷爷奶奶对如何上网课一无所知，老师发的补充寒假作业都没办法完成。

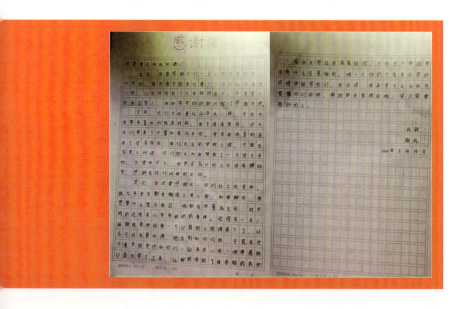

了解到小雪的困境后，青少年事务社工章晖立即为她申请了学习手机和帮扶困难儿童的500元学业资助。除了配备硬件，"软件"支持也得跟上：如何安装、如何使用、如何收看、如何做作业、如何回复班级群信息，反复一遍遍地教。

同样收到学习手机和学业资助的，还有就读于徐汇区某小学的五年级学生小延。"在我这个年龄，并没有什么可以做的，唯一可以做的只有用优异的成绩来报答你们。"小延年纪虽小，却非常懂事，她字迹工整地写下了这样一封感谢信，"将来长大之后，我也要像你们那样，帮助那些家境困难、学习需要帮助的人。"

为最大程度帮助像小雪和小延这样的学生在疫情期间正常参与学习，团市委、市青联协调各方资源，通过社会捐款募集帮扶资金，以上海农商银行储蓄卡的形式发放给6-18岁的困难青少年，还为其中因为缺少硬件设备而无法上网课的学生提供了学习手机，争取不让一个困难学子"掉线"。

一场守护者之间的"爱的接力"

为缓解疫情影响，除了为这群青少年提供500元的学业资助外，还将有一批爱心人士与他们进行结对帮扶，围绕其成长需求，加强正面引导和扶助，帮助树立正确的世界观、人生观和价值观。

小张就读于徐汇区某中学，因为父亲吸毒，目前由母亲独自抚养。疫情爆发后，在超市打零工的母亲收入骤减，生活更加拮据。

在得知情况后，年前来到小张家走访慰问并与他结对的团干部，通过青少年事务社工送来了捐款。"节后第一天上班，我就带着团干部个人捐助的2000元上门，当时小区管制，只能隔着大门送过去。"社工袁晓卿回忆道。

虽然隔着大门，但是"爱的接力"却传递了下去。在原有已开展的团干部结对帮扶基础上，本次"青春战疫 希望同行"帮扶行动还将发动更多爱心人士参与结对，通过每年开展家庭走访，在学习生活上给予常态关心，帮助解决现实困难。

"谢谢叔叔阿姨对我的关心。等到疫情过去了，我想回到学校，开开心心地和同学打一场羽毛球比赛。"小张对社工袁晓卿说。

从"失业青年"到"战疫先锋"

受疫情影响，家住崇明区的小郁因此前就职的游乐场闭园，成了"失业青年"。虽然"因疫失业"，但小郁却没有闲着。2月中旬以来，他作为志愿者天天奋战在崇明城桥镇的金珠小区社区防疫第一线：消毒、测温、发放口罩……哪里需要他，哪里就有他的身影。

"我看到志愿者是个大缺口，于是就联系了镇上的青少年事务社工张燕，告诉她我也想出一份力。她帮了我很多，之前的工作也是她帮忙介绍的。"小郁说。

从曾经的帮扶关系，变成了疫情下并肩战斗的"伙伴"，社工张燕也是感触满满："这些青少年是我们的服务对象，看着他们有了成长，我也很开心。"

在上海，像小郁这样家庭困难又暂时失业的社区青年约1500名。疫情发生后，团市委使用市级专项团费购买口罩、消毒洗手凝胶等防疫物资，配送到他们手中。

除了已经收到的防疫物资，就业岗位也正在"路上"。为帮助18—25岁的家庭困难失业青年解决就业问题，团市委将重点在青联委员和会员团体所在单位中广泛征集文员、编程、销售、厨师、咖啡师、美容美发等适合社区青年的就业岗位信息，搭建就业信息对接平台，将岗位信息通过青少年事务社工"点对点"投送给社区青年。

小施是奉贤区奉城镇朱新村人，全家平时仅靠爷爷打零工的收入维持生计。因为疫情，爷爷无法打工，家里失去了收入来源，已经成年的小施想找一份本镇的工作，既减轻家庭负担，又方便回家照顾爷爷奶奶。

奉城镇团委在平台上主动认领小施的梦想，发动奉城"创二代联盟"的优秀创业青年为他圆梦。很快，他就收到上海盈泰新材料科技有限公司的录用通知。"我一定好好干，用自己第一个月的工资给奶奶买一双走路舒服的老人鞋。"3月11日，小施正式办理了入职手续开始工作。

行关爱，新"福利"丰富多彩

"青春战疫 关爱行动"整合了上海共青团多项资源，面向支援湖北防控疫情的上海青年医务人员、一线医务人员子女，支援上海公共卫生临床中心、复旦大学附属儿科医院这两所定点医院的上海青年医务人员、一线医务人员子女，用各类贴心的项目，实实在在地温暖"最美逆行者"。

针对一线青年医务人员，"名校长公益大讲堂"、上海共青团"青春益友计划"将分别为有需求的医护爸妈和单身医务工作者设置特别通道，在儿童教育、婚恋交友等方面为其提供支持。团市委还联合上海青旅推出"'疫'路凯旋"长三角周边家庭主题游免费体验权益，

为辛勤付出的医务人员和家人提供出游定制专属服务。目前，由耐克赞助的定制款青春战"疫"T恤和亲子运动套装已陆续开始发放。

面向一线医务人员子女，"青春战疫 关爱行动"也准备了诸多"福利"。除了将对接一位"手拉手"辅导志愿者外，符合条件的一线医务人员子女还将有机会担任一次"国旗下成长"升、护旗手，体验一次"亲进金窑洞、助力进博会"素质拓展，参加一期2020年小学生爱心暑托班，享受一项包含研学亲子游、艺术公益课程等多项青少年活动的"青春战疫 关爱行动"暖心包项目，符合条件的还可直通一次进博会、上马系列赛等志愿服务报名。一系列丰富的活动，将为"医二代"们带来在实践中展示自我、全面成长的多彩体验。

疫情防控形势持续向好，但医务人员为全国战"疫"拼过命的样子，当铭记在我们心中。上海共青团将以"青春战疫 关爱行动"为着力点，持续做好一线青年医务人员、一线医务人员子女服务工作。同时，也期待这一系列的花式关爱，成为进一步改善医患关系的新起点，带领广大青年凝聚爱医、护医正能量，推动尊医、敬医好氛围，让良性的医患关系在一点一滴的积累和呵护中开花结果。

内容来源：青年报•青春上海　文：陈嘉音、张逸麟
中国青年报　文：王烨捷

在家做"两操"，新学期开始我就是最健康的崽

"按揉攒竹穴，按压睛明穴……"

"第三套全国中学生广播体操舞动青春现在开始……"

在上海市天山初级中学少先队员王怡人家里，每天都会响起眼保健操和广播体操的音乐，她拉上父母，一起做"两操"。

全市少先队员也和她一样，积极响应上海市少工委的号召，疫情当前，居家做"两操"，让视力不下降、体重不上升，做新学期最健康的崽。

居家做两操，少先队员成父母的老师

王怡人是上海市天山初级中学的少先队员，这个假期"加量"了，她重新安排了每日计划，上午上网课，中午吃完饭后帮父母洗碗做家务，下午看会课外书，并完成家庭作业。晚饭前看电视，了解与疫情有关的新闻。

武汉加油！

我要做健康迎开学的崽

　　自 2 月 5 日起，她在计划中又增加了做"两操"，上午 10 点和下午 2 点，认真做眼保健操，上午 10 点半做广播体操。

　　王怡人做得认真，感觉就像回到了学校上课，她还拉上了在家办公的父母一起运动。她说，特殊时期，作为少先队员，唯一能为祖国贡献一点力量的就是待在家里不出门，宅在家更需要运动，"我教爸爸妈妈广播操的动作，他们也敦促我认真做眼保健操，保护视力。两操虽然简单，但是对自己负责，也是对他人负责。"

　　父亲王先生说，女儿做广播操的时候，就是全家一起运动的时刻，他现在已经学会了中学生广播体操，"孩子久坐不动不好，一直看电子产品也影响视力，两操能让孩子运动起来，既提高抵抗力，也能保护视力。每天坚持，用饱满的精神状态和积极的心态迎接开学的那天。"

　　学校大队辅导员郭天林介绍，全校四个年级 24 个中队都积极开展了居家做"两操"，很多家长跟着一起做，成了自家娃的"乖学生"。

　　作为体育教育专业体操专项毕业的大队辅导员，郭天林还承担了录制中学生广播体操的"重任"，一共 8 节操，长约 4 分 30 秒，郭天

林在家打开手机，一气呵成录制完成，标准的动作让少先队员足不出户也能得到指导。

两操热身、运动妙招，不做"肥宅"族

少先队员居家做"两操"，迎接新学期，这一号召由上海市少工委发出，全市少先队员第一时间行动起来。

长宁区少工委表示，做"两操"受到了少先队员们的欢迎和喜爱，全区 47 所中小学近万名少先队员积极参与，形成了"练一练、晒一晒"的氛围。

在金山，朱行小学、朱泾小学的少先队员们保证每天做两次眼保健操，每天上午做一次广播体操。亭林小学的阳光中队还制作了"两操"视频，队员们在视频中"云相聚"，比一比谁的动作更标准。

在嘉定区卢湾一中心实验小学，队员王鑫彤就成为了父母的老师，每次广播操音乐响起，她都站在父母的前面领操。

在徐汇区，高安路第一小学将广播体操作为热身，每位队员做完后还有"加强版"居家运动，一分钟跳绳、波比跳、高抬腿、乒乓球，保证体重不上升。

在宝山区高境科创实验小学，一批"小绳童"也在行动，做完"两操"后，还坚持每日打卡练习跳绳，坚决不做"肥宅"族。

队员们留心，专家来讲护眼的重要性

市少工委表示，假期容易造成青少年的近视和肥胖，特殊时期也不能进行户外锻炼，不少家长担心孩子视力下降，体重上升。

基于此，市少工委在 2 月 5 日发出倡议，倡议全市少先队员居家做"两操"，迎接新学期。

为方便少先队员做"两操"，市少工委在喜马拉雅平台"萌动上海"账号上推出眼保健操及广播体操音频，供少先队员免费在线或下载使用。

之后应广大家长要求又加紧制作了视频版，除了上海市天山初级中学大队辅导员郭天林录制了中学生广播体操外，来自上海市嘉定区第一中学附属小学中队辅导员柴梓、上海市金山区朱泾小学中队辅导员陈洁也分别录制了眼保健操和小学生广播体操，为少先队员示范正确动作。目前视频也已经登录"学习强国"APP。

据悉，"萌动上海"微信公众号围绕居家做"两操"，至今已经进行了四期推送。在喜马拉雅平台上线的节目，总播放量已近 50 万，受到用户热捧。

目前，全国少工委已经向全国推荐了居家做"两操"，迎接新学期的活动。市少工委表示，下一步他们还将请专家为队员们讲解护眼的重要性，力争在开学前，让少先队员们视力不下降，体重不上升，做新学期最健康的崽。

内容来源：青年报・青春上海　文：周胜洁

第五章　守望相助　聚力前行

青年企业家开启"全球购"

　　"500套防护服已抵港，1000副护目镜明天抵港。"看到这条群消息，邵楠心中有了一丝欣喜。1月31日一早8点开始，他已经连续对接了3个多小时。

　　自抗击疫情以来，湖北及各地都缺少医用防护服、N95口罩、医用（外科）口罩、正压隔离衣、防护面罩、护目镜、消毒液等疫情防控物资。

　　团市委发布了致全市各级团组织、广大团干部、团员青年书，进一步汇聚磅礴青春力量，坚决打赢疫情防控阻击战。上海市青年联合会、上海市青少年发展基金会也发出倡议，希望爱心企业、人士和社会各界朋友捐款捐物，同舟共济。市青联积极与市商务委建立了国内外物资采购对接群，与医学专家建立了医疗物资标准确认群，与市卫健委建立了捐赠医疗物资对接群，还组织大批热心的青联委员，成立了医疗物资采购渠道信息群。

　　疫情当前，为了支援一线医护人员急需的口罩、防护服、护目镜等，上海的青年企业家开启"全球购"模式，不讲条件，不计代价！

N 个群消息迭出，机不离手消息秒回

　　邵楠就是最早行动的一批青年。

　　目前，他除了在市青联的信息群外，还身处防疫物资越南采购群、韩国口罩供应群、加拿大救灾物资援助群、上海护目镜防护服群等各个群。每个群里，既有在上海的人，也有海外华人华侨、一些当地私人朋友，邵楠算了算，可能有近 30 个群。对接了加拿大、德国、瑞士、日本、韩国、越南、马来西亚、泰国、柬埔寨等多个国家，采购口罩、防护服等资源。

　　市青联委员、UCloud 创始人兼 CEO 季昕华也开启了"全球购"模式，美国、加拿大、英国、法国、印度、新加坡……能对接上资源的，基本都在想办法。季昕华也有数不清的微信群，既有直接操作防疫物资对接采购的群，也有未来产业联盟、五道口 EMBA 同学、湖畔大学等资源群，大家群策群力，一起想办法。

　　由于各国有时差，这几天季昕华的作息时间基本是，凌晨 3 点对接完美国资源才入睡，一早 8 点就起来继续跟进，每天下午对接欧洲国家。2 只手机不离手，还常常充着电，保证随时能联系到他。

　　"坐不住"的还有上海市青年联合会副主席、澳门恒和企业集团有限公司执行董事颜奕萍，每天看新闻滚动播出疫情进展，让她觉得必须要做点什么。大年初一，她建起了微信群。

　　由于颜奕萍所运营的公司与医疗没有任何关系，此次完全靠朋友圈打通新渠道。为了联系方便，她的手机多数时候都在充电，方便查看微信信息和接电话，因为各国口罩型号不同，一线采购前都会将口罩和型号拍下发至群内，颜奕萍基本也是"秒回"。"还有口罩的生产合格证我也必须让对方拍下发来，安全的前提就是不能买到假货，质量必须有保证。"

　　有针对性找资源的则是市青联资深常委、上海浦湾文化传播有限公司董事长黄晓明。在东京，他有合作伙伴，也有好朋友。所以开始行动后，他第一时间就在找日本的货源，动用起了自己的日本好友圈。同时，德国的护目镜、美国的口罩也在他找寻的"菜单"中。

守着口罩睡机场，跑店散买千只口罩
　　"全球购"的背后，不仅仅是微信中的资源对接，更是落实到采购、

运输中的不易。

这一次，让邵楠最感动的是世界各地华人华侨对祖国的感情，一批批物资背后是他们每个人的努力，他们联系打电话，得知加拿大可能买不到口罩了，有人准备去厄瓜多尔看看。

有一批口罩要从日本运回国，晚上9点多到了东京的机场，已经没有航班可飞，这位友人就守着十几箱口罩在机场睡了一夜，等第二天交付给航班："那人我并不不认识，但这样的努力和付出，都是因为爱这个国家。"

随着时间的推移，需求的增多，这些青年企业家明显感到，全球的口罩、防护服等医疗物资一天比一天难找。

黄晓明就努力通过日本企业家协会寻找合作方，找到了厂家，目前在与相关部门确认一批10万只医用外科口罩符不符合标准，可以的话，他们准备马上下单，让工厂开工，基本三天可以完工。届时运回中国后，可以支援边检、轨道交通、交警等一线窗口单位的工作人员。

他还与一位关系很好的日本友人及时沟通，一起努力，在29日晚上已经将第一批10万只N95口罩送达了武汉，交给了相关部门。

为买N95口罩而焦急的还有颜奕萍，一想到湖北疫情最为严重，他们便决定将筹措到的1万只N95口罩全部发往湖北，还在联系湖北红十字会等。

另有1000只N95的口罩正在从缅甸运往上海的路上，准备提供给上海的一线医务人员。这1000只口罩，并不是联系到厂家批量拿货，而是靠缅甸当地的朋友、华人华侨一家家药店跑出来的。

由于限购，货源也不多，他们每个人辗转了多家药店，有些没货他们就赶紧跑下一家："他们说辛苦无所谓，买到就好，就等着送回来。"

除了口罩，颜奕萍还直接联系到了国内一家生产医用手套的厂家，这点让她特别欣慰。目前已经筹到了250箱医用手套，其中100箱手套已经对接了上海青基会，将会捐助给上海的医务工作者，其余150

箱将会发往湖北、广东等地，这批货将于 2 月 1 日发货。

注意到上海有不少口罩厂，但没有制作防护服的工厂，这一次季昕华将更多精力放在了防护服的采购上。他们通过各国资源，一个个打电话找渠道购买，网上一旦发现有货也马上下单。目前已经落实了300 多箱防护服，其中 200 多箱发往了湖北。

"为了我们的祖国，大家都在努力"

目前，由邵楠对接，各方努力，共筹措到了 600 万件医疗用品，包括了口罩、防护服、护目镜、消毒液、隔离服、医用手套等。其中部分会给上海的医护人员，其余将会发往湖北、浙江等地。"我们现在的努力，都是为中国而做，不分地域。"

因为对接资源，最近邵楠常常忙到凌晨 2 点才入睡，早上 8 点醒来，他做的第一件事就是拿起放在床头的手机，赶紧将所有未读消息都读一遍。

有人说他"太高尚了"，他却不觉得："现在全球有多少人都在为这个国家而努力，我有这些资源和能力，那就尽我所能发挥作用，对我来说十分光荣，凡事无愧于心，只管去做。"

在他各种群里，很多帮助对接的朋友会发来消息："国家的事就是家里的事儿。""国有难，我们一起努力！"邵楠觉得，他不孤单。

"国家有难，匹夫有责！"这是忙碌了多天的季昕华最大的感受。医护人员在一线为了抗击疫情冲锋陷阵，作为"后勤"，就得保障他们的安全："大家有资源、有朋友，都愿意为这次抗疫出一份力，这就够了。"就在 3 天前，季昕华已经安排了公司同事启程飞往英国，直接去当地对接采购。

想飞一次的还有黄晓明，不过他的目的地是东京。最近一直忙着对接的他，一天拨打、接收的微信电话近 20 个，他考虑去一次东京实地沟通，增加效率。

　　黄晓明一直认为，只有国家好了，城市好了，个人才能更好地生活，这一次看着医护人员在一线治病救人，不能上一线的他觉得既然自己有资源，就可以为国家为城市为这个社会尽一份力，多分担一些。

　　深夜 11 点半，他又收到了一条让他开心的好消息：德国的渠道打通了，可以订到急缺的防护镜和防护服。

　　对于一线医护人员，颜奕萍也是充满敬意："不能让医务人员没口罩可戴，没防护服可穿。我看能帮一点是一点，其实每个人都在努力。"

　　这几天，她还在努力寻求渠道，不少反馈说大批量的口罩可能要等 3 月才有货。就在今日凌晨，她还在联系新加坡的朋友，询问马来西亚方面有无医疗物资的货源，期待着能联系到厂家，听说越南可能有口罩，她也准备和团队一起努力一把。

内容来源：青年报·青春上海　文：周胜洁

渠道对接员：只要还有需要，就绝不停止努力

"1. 价格。2. 口罩来自国外某地。3. 到货时间……"在刘海燕的微信收藏里，有一份医疗物资对接小贴士，这是她成为渠道对接员20多天后，在"实战"中一条条写下的。

疫情当前，医护人员急需防护物资，参与防疫的一线社区工作人员同样也需要。大批热心的市青联委员志愿当起"渠道对接员"，开启"全球购"模式，刘海燕是其中之一，宋波也是。

如今企业陆续复工，窗口单位还在持续奋战，他们继续在几十、上百个微信群里对接，为筹得一只口罩、一套防护服、一瓶消毒液、一把额温枪而忙碌。

大小群置顶100多个：再晕，他们也坚持

"200把额温枪已经从土耳其发货。"从群里收到这条消息后，市青联委员、映像文创 CEO 宋波的心定了。这是他志愿成为渠道对接员第 25 天后收到的又一个小小的好消息。

疫情当前,湖北及各地急需医用防护服、N95 口罩、医用(外科)口罩、护目镜、消毒液等疫情防控物资。随着疫情防控的持续,上海各处也需要口罩、消毒液、额温计等疫情防控必须品。

市青联第一时间与市商务委建立了国内外物资采购对接群,与医学专家建立了医疗物资标准确认群,与市卫健委建立了捐赠医疗物资对接群,大批热心的青联委员加入了医疗物资采购渠道信息群。

宋波是在 1 月 28 日加入医疗物资采购渠道信息群,志愿成为渠道对接员的。之前他每天都关注新闻,看到"白衣战士"上"战场"却没有"防护盾",他于心不忍。

他想着,无论国内外,如果能在防疫时刻筹集到大量医疗物资驰援武汉,也算为抗击疫情做了贡献:"当时我冲着帮大忙去的。"

抱着一腔热情,宋波开始资源对接,大家抛出渠道信息,一起研究、甄别。由于海外有时差,那几天,他每天都熬到凌晨 5 点才睡觉。

医疗物资对接群、摩尔多瓦口罩需求对接群、贵州防疫用品群、遵义防护服捐赠物资统计群……微信群一个个建起,每建一个就置顶一个,对接的大群有七八十个,还有三五人成一个小群落实具体工作,不知不觉,他置顶了 100 多个群,那段时间对宋波来说:"晕得不得了。"

也是在同一天,市青联委员、中伦律师事务所合伙人刘海燕在朋友圈转发了上海青联发布的《防控新冠肺炎,我们在行动》,半夜就有朋友私信:"有韩国渠道可购口罩。"

有渠道可购急需物资,刘海燕志愿成为了渠道对接员。微信群陆续建了六七十个,陌生人也越加越多。当得知青联印度渠道有口罩可购,但必须用英语交流时,"我来!"刘海燕自愿报名。有着十多年外资律师事务所的工作经历,有语言优势的她主动承担下印度等多个国外渠道的对接任务。

无论国外渠道方是 15:13 发来防护服样式,21:42 发来口罩类型,

还是凌晨 1：20 询问湖北收货地址的邮编，刘海燕皆是"秒回"。熬夜、早起，她无时无刻不在看手机，回复确认快一点，再快一点，也许医疗物资就能快一天到达。

一次成功 & 四五次失败：再难，他们没放弃

　　然而，并不是每一次全力以赴，都能让物资顺利抵达上海。刘海燕至今还对东南亚一批口罩没有落地而遗憾。

　　当时，她通过当地华人商会联系上这一渠道，当地热心企业家还去工厂门口守住物资。通过现场传回的消息，共有 100 万只一次性医用口罩，出厂价格每只 0.3 美金，加上工厂到机场、国际运输等费用，最后价格每只 0.4 美金。

　　经过刘海燕来回沟通，在确认口罩规格、型号、价格后，也最终确认了上海需要这批物资，其中有家医院也需要口罩。刘海燕加足马力，运用起自己的专业知识，义务起草了买方和卖方的合同，到这一步，来回沟通已有 5 天。

　　结果一纸禁令让这批物资落地化为泡影。刘海燕特别失望、难过，

尤其觉得对不起医院，没有为一线医务人员出到力。没想到对方还给她来电："谢谢刘律师，我们素不相识，你却尽力帮忙，只要尽力就行了。"那一刻，刘海燕深深感到人与人之间的信任是多么重要。"渠道对接不一定努力就有回报，每一次成功的背后都伴随着四五次的失败。"

这样的遗憾，宋波也经常碰到。遇上外国有口罩货源，有时因为审批手续时间长，或者没第一时间得到反馈，会被其他渠道抢走。宋波曾对接过国外一批 3 万只一次性医用口罩，他耗费好几天确认质量、价格和型号，颇费周折，最后因为报关等问题，不了了之。宋波觉得很遗憾："只能想，可能别人抢到后也是送到抗疫前线的。"

一心想支援武汉一线，但物资的确难找，宋波一度都不想为难自己，干脆就捐一笔善款给上海青基会。但看到不少青联委员都在为物资继续奔忙，他又压下了放弃的念头。

宋波思考着，贡献不在于大小，而在于能否真正帮到人。所以他决定改变策略，专攻"小单"，从大批量转成小规模，几十桶消毒液，一卡车酒精，几万只口罩，虽然规模小，但也实打实解决了一些困难。"谁需要资源，我这里有信息就对接，流程变得短平快，倒也对接了几批武汉的，还有上海及周边。"

随着疫情防控持续时间拉长，上海窗口单位、企业复工也需要防

疫物资。目前宋波对接了三个区的区商务委、街道、派出所等，提供防疫物资支持。

企业复工需口罩、额温枪：再累，他们在继续

大半个月前，刘海燕得知印度有 2 万只欧标 FFP3 口罩。印度方需要 100% 预先付款，她马上将消息与需求方分享，得到"肯定需要"的答复后，她中英文切换，确认每只口罩价格、规格、质量。她又志愿给双方拟定了英文购买合同。四五天沟通后，突然卖方又提出生产厂家价格变化，每只要增加 0.2 美金，刘海燕又再一次沟通、确认，并拟定了补充合同。

运输时，2 万只口罩拆分成两批，第一批 8000 只口罩从摩洛哥发出，上周一已经到达上海，送到了需要的人手中，而第二批 1.2 万只口罩则要从雅加达发货，经北京中转才能到上海。

虽然流程有些磕绊，来回沟通牵扯了不少精力，但能成功一切都值得。刘海燕粗略一算，目前她筹集了 1 万件防护服，50 万只各类型口罩，除统一交给政府调配外，还解决了一些企业复工后所需的防疫物资："为复工的佐冷制业筹集到 2000 只口罩，为胡姬港湾幼儿园筹得 8000 只口罩。"

在国家大事面前，刘海燕觉得个人的力量何其渺小，她也只是利用了宅在家的时间，做了一些小事。身为青联委员，她更把这次志愿行动当作责任，每当收到政府窗口单位或医院发来的感谢时，她觉得一切值得。目前虽然疫情开始好转，但只要有需求，她还会继续帮忙对接。

宋波也觉得自己只是做了件"小事"。他十分佩服那些通过自己的渠道筹集物资，一卡车一卡车往武汉运的热心企业家，他做不到。但他又觉得，只要有心，花了时间和精力，去帮助真正需要帮助的人，无论帮助武汉还是上海，都是支援了抗疫前线。

最近一周多，宋波在针对上海市内的需求做点对点对接。随着企业复工，宝山区航运区园区、金山区漕泾工业园也需要口罩和额温枪，这些物资，宋波已经对接好送了过去。

由于供小于求，一些物资转瞬就被订购，最近宋波的身份也渐渐从志愿者转变成捐赠者，有时自己拍板出钱"拿下"物资，捐给需要物资的窗口部门。

他所在一个园区100多平方米的场地成为了物资中转站，一箱箱物资堆叠着，可循环使用防静电抗菌无尘防化服、KN95+一次性普通口罩、KN90（KN95滤芯）口罩……由他捐赠的物资都在这。捐赠前，他还会在箱体外贴上标贴，写上大大的"加油"，也写上"风雨同行路，微微寸草心"。最近，他正忙着分配物资，每天捐赠两个地方。

忙碌至今，宋波大概筹集到KN95/90口罩约30000只，一次性口罩约3000只，额温枪250把，防护服55件，三星工业防菌除静电防化服100件，丁腈手套1500副。另有约400瓶84消毒液，次氯酸消毒水200公斤。

数量不多，心意却浓。宋波说，只要疫情未退，各方有需要，他能尽力相助的，就绝不停止努力。

内容来源：青年报·青春上海　文：周胜洁

这群年轻"IT人"，
让口罩实现"云预约"

2月2日，上海全面启动"居村委会预约登记＋指定药店购买"的口罩供应方式，各街镇口罩预约法各有妙招。在瑞金二路街道的登记点，只寥寥数人，更多人点开了街道公众号的"疫情防控"界面进行"云预约"。

这一软件产品开发的背后，是上海市信息化青年人才协会会员单位、上海互联网软件集团有限公司100多名"IT人"的志愿参与。今日由协会牵头，已经发布了"免费对接"的"广告"，后续会有更多IT青年加入。

全公司超一半"IT人"投入"战斗"

"居民们，大家好，预约口罩，就上瑞金二路街道公众号，不出门不扎堆好预约！"在正式口罩预约的前一天，社区小喇叭已经响遍了黄浦区瑞金二路街道的各个社区。

今日，街道的登记点没有排队，现场只有些老年人陆陆续续来登记。更多居民点开了街道公众号，打开"疫情防控"界面，能清晰地看到"疫情上报""居家观察""企业来沪人员信息""社区来沪人员信息""口罩预约"五个模块。

只要点击"口罩预约"，提交预约信息，居委会审核确认无误后，将电话通知居民携带证件到居委会领取购买凭证。"线上预约，居民只要出一次门，就可以完成领取凭证和购买口罩的全部流程。不但减少人员流动，也减轻居委会工作压力。"瑞金二路街道永嘉社区党总支书记颜琳说。

根据后台显示，仅一个上午，街道就有1500多户居民通过网络成功预约了口罩。

这一软件产品的提供方为上海互联网软件集团，是团市委下属的上海市信息化青年人才协会会员单位。

作为协会理事，公司副总裁沈慧萍表示，随着疫情防控工作不断推进，他们发现街镇居委承担了大量的排查重任，返沪人员需要登记，重点地区来沪人员需要排查，居家观察者要天天关心，单靠居委干部、社区党团员志愿者压力很大。

沈慧萍说，公司平时也为政府部门提供政务信息化服务，这一次街镇也需要信息化支援。在大年初二，他们就成立了工作群，公司阶梯式通知，响应积极，全公司有 200 多名技术人员，已经有 100 多人投入了这次软件产品开发的工作中。

尽到"IT 人"的一份力量

若一个正常的项目推进，单就前期需求调研，快则 1-2 周，慢则 1-2 个月，有些还需要等各种确认。而这一次，这些 IT 青年们用了"光速"，从需求调研到软件产品研发，一共只用了六七天。

多数青年都在家"云办公"，一张书桌，一台电脑，往往一坐就是一整天，一熬就是一个通宵，根据前期街镇反馈、新闻报道、文字素材等，他们先设计了产品雏形，给到使用方，倾听意见再进行优化处理，如今上线的"疫情防控"产品已经是 3.0 版。

"由于我们接口开放做得好，后期随时可添加内容。比如今日上线的'口罩预约'，就是根据新闻发布的信息，1 天内紧急研发上线的。"

今日，公司项目交付中心微信群里又发出征集令："前期 EFS、IAS 条线等研发的'疫情防控系统'产品需要大量人员参与后续部署。EFS 条线已经干了好几个通宵，后续还需对此产品不断完善各项功能，任务艰巨，请大家积极报名。"

消息刚发出，再次收获了一长串"报名"，还有列队整齐的话语："疫情当下，尽 IT 人的一份力量。"青年的积极响应让沈慧萍十分感动，"比平时报名正常项目都积极，并都快速投入到自己的工作中。"

如今，他们的产品已率先在黄浦区、闵行区免费使用，并逐步向学校、企业推广。

试用效果很好，可免费对接

就在今日，一则广告在上海共青团各工作微信群传递。"广告"上写：由团市委下属的 IT 协会会员开发的"街道、村居疫情防控信息化平台"现向全市免费提供。前期已在黄浦区和闵行区推广，效果很好。报"上海团市委推荐"即可免费对接。

作为团市委下属协会，每位成员都有很强的家国情怀，有的直接捐资 500 万元，有的在全球调配口罩等物资支援一线，有的免费为湖北学生开通网络课程，大家都通过自己的方式履行着这份担当。

协会秘书处相关负责人表示，2 月 1 日晚上，他们火速成立了"IT协会免费技术增援组"微信群，群成员不但有协会秘书处成员，还有三家会员企业的负责人，除了牵头企业上海互联网软件集团副总裁沈慧萍，还有将陆续加入"战斗"的上海谷尼管理咨询有限公司总经理纪鹏飞、上海吉运软件技术有限公司总经理田桂祥。他们共同商讨，若全市需求量增加，会有更多 IT 青年加入支援，为软件开发保驾护航。

沈慧萍说，目前浦东、徐汇、奉贤、崇明、静安、青浦等区都已有相关人员前来联系沟通。其中闵行、徐汇、奉贤将会在 2 号通宵完成部署，协会也在积极协调，根据下一步工作量和人员需求，还会追加会员企业"增援"。

内容来源：青年报·青春上海　文：周胜洁

"爱心接力群" 258 名群友的 给力后援

　　"晓静，上次你不是说穿防护服脱下来都是湿漉漉的吗？我跟大家说了后，都很心疼你们，百丽集团捐了一批短袖T恤，今天刚刚到，打好包就给你们快递过去。"3月5日11时许，虹口公安分局曲阳路派出所民警董瑞和上海支援湖北医疗队队员李晓静通过视频连线，沟通最新一批捐赠物资的情况。

　　这是虹口公安分局曲阳路派出所民警董瑞和她建立的"爱心接力群"群友合力捐助的第七批物资。从除夕夜第一批上海医疗队支援湖北以来，董瑞和她认识或不认识的群友们一起，为武汉抗疫一线的上海医护工作者捐赠了价值30多万元的各种生活物资。

辗转奔波筹集物资

　　春节假期里，董瑞在朋友圈看到一条消息：第一批上海支援湖北医疗队由于出发匆忙，生活用品紧缺。这条消息是上海浦南医院医疗队领队李晓静发的。董瑞马上发去私信，询问医疗队缺哪些东西。原来，医疗队从组队到出发只有短短一天时间，许多护士只携带了一双软底护士鞋。但进入疫情重点区域，按规定隔几个小时就必须消毒，一天下来，被消毒液连续冲刷的鞋子从里到外都湿漉漉的。

1月28日，在家人和朋友帮助下，董瑞辗转联系到武汉家乐福高管冯胜明。得知董瑞自掏腰包给医疗队捐赠物资，冯胜明二话没说，立即应承下来。根据董瑞提供的物资采购清单，他跑了好几家卖场，筹齐了近万元的食品、饮料、消毒液、软底鞋等生活物资。冯胜明还出资额外购买了价值3万余元的生活必需品，连同董瑞捐赠的物资一道于1月31日送达医疗队驻地。

春暖花开就在眼前

大爱无限——是董瑞、冯胜明和李晓静等建的微信群群名。目前，群里已有258名成员了。有民警、基层公务员、教师、企业老总、普通职员等。

在疫情防控特殊时期，对很多人来说，捐款还是一件容易的事，难的是要买到急需的物资。董瑞和群友也面临同样的难题。比如，医护人员需要的护目镜除雾剂，在一般商店难觅踪影。董瑞也犯难，向群友求助。群里有健身达人提供了思路，护目镜其实同潜水镜如出一辙，可以去运动器械商店问问等。这个时候，一位名叫陈超的群友站了出来。她几乎找遍所有运动商品门店，找到几十家门店的地址、除雾剂的库存量……两天后，两大箱护目镜除雾剂从上海装车出发武汉，为一线医护人员解决了大麻烦。

在很多上海医疗队队员心中，"爱心接力群"是他们的"编外后援团"，给了大家许多温暖和力量。"医护人员在一线奋战，我们在后方支援，'打仗'不就要这样吗？所有人众志成城，春暖花开的日子就在眼前了。"董瑞说完揉了揉眼睛，望向窗外，春光正是明媚。

内容来源：解放日报　文：邬林桦

"95后"与"00后"的爱心战"疫"

一群"00后"2天全球募集5000只口罩支援医院

鼠年新春,新型冠状病毒感染肺炎疫情牵动全国人民的心。这几天,上海"00后"女孩金正悦已经通宵达旦忙碌了好几天:从1月23日,她在朋友圈发出第一份医疗防护用品征集倡议,到现在,她已经拉起了一支有104人的、平均年龄不足20岁的热心公益团队,并从全球募集到了近5000只口罩和其他医疗用品,发往包括武汉、上海在内的多家医院。就在打通采访电话的前一分钟,她还在和湖北襄阳的一家医院对接,计划捐赠网友募集的100副防护眼镜和50套防护服,这时候她已经连续12小时没有睡觉了。

"了解到湖北这边缺口罩的事情,我联系了很多人,上海有朋友已经开始集资购买口罩,我这边也很想为疫区做一点事情。如果有武汉和武汉周边的朋友请联系我!"1月23日下午16时45分,金正悦在她的朋友圈发出了第一条募集消息。从那时开始,她的微信就一直在"叮咚"作响，电话也基本成为了24小时热线。"当时，我把群号发在朋友圈里，没想到一下子就有90多个人主动来联系我，现在群里有104个人了，80%是留学生。群友基本都是"00后"，大多数还是04、05年出生的。"金正悦说，这个集聚了一群年轻人的群，群名也非常个性张扬，名为"无名男女子混合雷锋公益团"。

从建群开始，这群"无名年轻雷锋"就在通过各种渠道，从全球采购最为紧缺的医疗用品。"有的从海外代购，有的直接'人肉采购'。群里有一位小姐姐，前天加入群的时候正在去机场的路上，首站目的地是马尼拉。她当即就叫在海外的家人提前一个一个药店'扫货'，等她到了当地之后，她自己还会去采购。亲友采购的500只口罩已经发回国内，她还计划采购500只。"金正悦说，前天有群友在日本代购了1000只口罩，昨天有高中生捐出了自己的压岁钱，都是感动人的正能量。

学音乐的金正悦去年从普陀区的上海音乐学院附属安师实验中学毕业，进入大学就读，将来想从事影视编曲工作。"我一直以来的理想职业和公益完全不搭界。这也是我第一次做公益，还带着这么大的团队。"金正悦说，他们做的事肯定比不上专业的基金会或慈善机构，但是年轻人就是有一股激情和冲动。但就是这样一支"杂牌军"，在短短 2 天的时间内，从全国到全球募集到了近 5000 只口罩，第一批 2000 只口罩已经在发往武汉市区某医院的路上，另外还有 100 只 N95 和 PN95 口罩发往了武汉宜昌的另一家医院。"口罩和防护用品太难买了，我们只能尽一点绵薄之力，而且，希望能够用有限的能力帮助一些物资同样紧缺的基层医院。"

随着群的人员壮大，金正悦和"行深""Meow_lilb""Natalia""浅舟"四位最先响应的热心"00 后"网友组成了"资源分配＋账单结算"小组，分工合作来对募集的资源进行梳理、统筹和统计，并实时在群里汇报进度。这几天，为了尽快把物资送到医院，他们基本没有合眼。"募集的事，并非我一个人的功劳，背后是 5 人小组、104 人大群的功劳。从一开始的手忙脚乱，到现在梳理得相对井然有序，我们从最初的陌生人到现在的亲密无间。这样的经历特别难忘。"金正悦说。

把压岁钱换成爱心驰援武汉

"我们想号召大家利用自己的压岁钱购买防护服，凭借自己的微小力量为武汉一线的医护人员送去温暖。一件防护服是一片爱心，让我们把这个特殊的假期过得更有意义吧！"这几天，网络上一份由上海学生发起的倡议书迅速走红。

成为一道光，从我做起。上海市实验学校学生王佳希、马远翔，上海市民办新世纪中学田靖雯，复旦大学第二附属学校史韵扬积极发起并推动"心星点灯防疫"计划。这群来自上海的小小少年，依靠自己的力量，在上海浦东新区一心公益发展中心及上海华侨事业发展基金会工作人员的帮助下，他们在 36 个小时内募集到 45 万元专项资金，采购到 3000 套符合国标 GB19082-2009 一次性防护服，准备精准投放到武汉抗疫医护人员手中。

目前，全市已经有超过 1700 名学生参与到此次爱心募捐活动中来。据悉，这批物资已经整装待发，驰援武汉一线！

2月11日，13岁的王佳希同学在父母帮助下找到防护服供应来源，发出第一条募捐朋友圈。当晚田靖雯、史韵扬、马远翔等孩子立刻组成战队，发出倡议书。

2月12日凌晨，战队成员联系到"疫情吹哨人"李文亮医院生前所在武汉中心医院，确定了捐赠方案。当天，随着募捐倡议在孩子们的学校散布开来，募捐资金已经超过1500件防护服的预算。

"压岁钱计划"四人组12日晚六点决定正式扩大捐款数量上线腾讯公益平台，在一心公益工作人员的帮助下，晚上十点完成文案编辑，半夜十二点完成线上募集备案递交。

2月13日一早，"心星点灯压岁钱防疫"项目正式通过上线 。

上线后的8个多小时，线上数据显示一共筹集善款19.55万元、近440人次参与捐赠、43位小朋友独立发起一起捐，参与的学校越来越多，各类数据持续增长中。

同一天，项目组与受捐医院一一确认需求，包括武汉中心医院、雷神山医院、武昌医院、驻沪某部队医院等，此外项目组还对接上了上海瑞金医院驰援武汉医疗队、上海某武警医院赴武汉医疗队、西部

战区某医院赴武汉医疗队。

情人节当天，除了四位少年，来自上海市实验学校东校、市三女初、兰生复旦、存志中学、平和双语学校、浦东金囡幼儿园等沪上几十所学校近 2000 名学生也陆续加入了爱心计划。甚至还有来自北京、井冈山的学生，乃至海外的孩子们。

一心公益的负责人表示，3000 件防护服物资会陆续分三批运送到武汉。爱心传递，依旧在延续。

"95 后"申花球迷向上海华东医院捐赠医疗物资

从萌生捐赠想法到完成捐赠，小刘和她的朋友们只用了五天时间。看到一箱箱亲手提来的物资送到医院代表手上，这些平均年龄还不到 23 岁的申花球迷，才算是松下了紧绷的神经。"医生在前线与疫情战斗，我们也想贡献自己的力量。"小刘说道。活动在申花球迷范围内引起了不小的波澜，由此而生的第二轮捐赠，也正在积极推进着。

让小刘下定决心做好这件事的关键人物，是上海申花的队长莫雷诺。"之前看到过莫雷诺公益基金会捐助武汉医院的事，非常振奋人心。"新年前夕，莫雷诺在微博上发出征集物资的信息，小刘深受感动，"队长莫雷诺是一位外国友人，我们是中国人，我们就更应该去做这件事情。"每逢比赛，小刘和她的朋友们都会亲赴现场为球员呐喊，而到了场外，能够和队长并肩战斗也是球迷的愿望。

自新冠肺炎疫情爆发以来，各地医院医疗物资紧张的形势，时时牵动着广大同胞。小刘的一位朋友，之前一直从事医疗器械的相关工作，"我向他了解了一些情况，得知上海的医院也需要相关物资。"在看到一张华东医院公开接受物资捐赠的公告后，小刘选择向这家医院进行定点捐助，"主要是考虑到路程原因。再有我的亲友也曾经在这所医院里接受过治疗。"

"起初我是想一个人捐助的，大概就一箱手套。"想到或许自己的朋友也有同样的想法，小刘发了一条朋友圈，没想到立刻得到了亲朋好友的积极回应。"我哥得知了这件事后，表示也要加入，就又多了一箱。到之前最后完成捐赠，已经是五箱了。"因为自己的个人能力有限，第一次捐助活动只在平时经常接触的小范围球迷群里进行。下单的第二天傍晚，小刘就收到了订购的五箱医疗物资。"家里人一开始以为我当时只是随口说说的，箱子到他们眼前，也小小地震撼了一下。"

医院接受来自社会的医疗物资，捐赠人必须提供相关的产品资质证明，这件事也由小刘一手操办下来。"既然要请别人帮忙，我就把之前收集物资、运输物资的计划安排妥当。"随后，十几个年轻人组了个群，一笔一笔的捐款也越来越多，"其实我的很多朋友都还是学生，并没有稳定的收入，但一到捐款都毫不吝啬。"在捐助完成后，她特意制作了一张表格，没有遗漏一笔善款。

在箱子上写下"上海申花球迷赠"，小刘和她的朋友们将医疗物资送往了华东医院。为了防止疫情扩散，非医院工作人员不能出入医院办公区域，小刘一行人只能等在门口。在这过程中，门口的保安主动前来攀谈，"他看到我们纸箱上面贴了这张纸条，然后说申花真的了不起，不仅球队去年拿冠军为上海争光，就连球迷也为城市做贡献。"而当走出大门的医生了解了小刘等人的身份后，也感到非常亲切，"后来才知道科室里也有不少申花球迷。"一旁的护士也深受感动，向小刘等人再三表示谢意。这些医疗物资将被送到华东医院的各个科室，申花球迷的名字也将流传在上海的抗击疫情前线。"我们还和医生有个约定，等到疫情结束后，邀请他们一起到虹口观看申花的比赛。"

第一次捐赠顺利完成，也让小刘和她的朋友们备受鼓舞，活动产生的效应也随之而来。"活动结束后，有很多球迷来找我，询问会不会有第二次捐赠。"对于只是临时起意的年轻人来说，经手来自陌生人的大量钱款，是小刘前所未有的考验。"当初小范围亲友之间的捐赠，就是担心自己'Hold'不住那么多钱。"

好在申花球迷间的信任，打消了小刘心中的顾虑。"有很多球迷直接来找我，确认身份后就想直接转账。"慎重起见，小刘还是一个个加好了微信，随后组建了一个微信群，"大概两天时间吧，陆陆续续有45位球迷，起初没想到有那么多。"大家慷慨解囊，很快积攒了上万元的捐款。

为了不辜负球迷的信任，小刘将捐款的动向事无巨细地公布在聊天群里。"其实算账并不是我的强项，"小刘说道，"但其实这件事又很简单，就是基本的加减乘除而已。"截至发稿前，小刘已经和申花球迷一道，购置了200只医用防护面罩、1万双医用手套、120副护目镜和60瓶酒精消毒液，从物资的单价到邮费的备注，小刘特意制作了一个表格，金额和物资一目了然。同时因为相关物资紧张，她在购买物资时会通知所有人具体的到货时间，"现货基本都没了，能找到的都是一个礼拜内发货的，已经尽力了。"群友们也纷纷表示理解支持。

第二次委托朋友购买护目镜，对方已经知道了小刘和她身后伙伴的身份，"我的那位朋友完全不看球的，还特意去帮我们找了蓝色的护目镜，说这是申花的颜色。"有时在聊天群中，大家会分享一些其他球队球迷捐赠的新闻报道，"大家都在帮忙，也希望能让联赛早日重启。"

内容来源：新民晚报　文：马丹
文汇报　文：张鹏
东方体育日报　文：龚哲汇

血库告急怎么办？
申城年轻人为爱举手！

团市委发布《无偿献血倡议书》，团员青年"为爱举手"

2月27日，除了结婚证，"80后"小夫妻郑杨和褚鑫钰又多了两本"小红本"——无偿献血证。在上海市血液中心，两人相约一起参与义务献血。因为爱而牵手，这一次，他们要为爱"举手"。

近日，沪上多个献血点一改春节以来的"冷清"，和他们一样，迎来一批批申城团员青年"为爱举手"。春节后通常为献血低谷，加之疫情发生后街头人流量锐减、返沪人员减少等因素影响，当前上海血液募集工作面临挑战。《致全市各级团组织、广大团干部和团员青年参与无偿献血倡议书》发布一周以来，全市各级团组织积极响应，广泛发动。截至2月26日，除各级团组织集体预约外，个人预约总人数达1674人，其中"90后"团员青年695位，"00后"团员青年127位。

为缓解血液库存紧张，按照上海市相关工作部署，团市委于2月21日通过"青春上海"公众号发布了《无偿献血倡议书》，倡议主题推文、

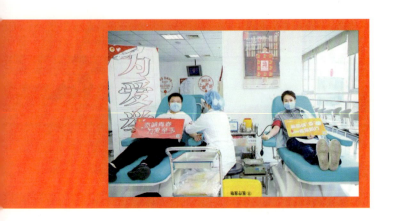

海报在微信朋友圈、微博等社交平台迅速"刷屏"。全市各级团组织积极响应，发动辖区、单位团干部和团员青年争当无偿献血志愿者，在做好自身防护的前提下，采取预约制报名，分批有序地参与到疫情防控期间无偿献血队伍中去。

团市委机关第一时间带头响应，除了怀孕哺乳等特殊情况外，全体机关干部和工作人员都报了名。22日，第一批工作人员来到上海市血液中心，其中24人献血成功。第二批31人今天上午"为爱举手"。"团市委献血比例很高，都和我们血液中心差不多了。"上海市血液中心主任陆韬宏说。

志愿者积极响应，献血战"疫"

李卓是团市委学校工作部的一位工作人员，才刚完成一周社区防疫志愿工作的他，这次也报名无偿献血。此前的一周，每天早上8点半到下午5点，他都驻扎在铜川社区居委会。下午1点到3点，他拿着额温枪站在铜安集贸市场门口，对进入人员测温，规劝未佩戴口罩的人员。站岗完成后，他又是社区的"青春快递员"，给社区老人配常用药，为居家隔离人员送快递。2月5日，他还作为道口志愿者，支援G15高速公路朱桥道口测温。疫情当前，无论是志愿为社区、道口补充力量，还是为爱献血，李卓都觉得只是尽了自己的绵薄之力，"党有号召，团有行动，一起为爱举手"。

同样具有双重志愿者身份的，还有一对在虹桥高铁站守护上海"西大门"的双胞胎姐妹花于鑫和于鹏。姐妹俩积极响应闵行团区委在公众号"青春闵行"发出的无偿献血倡议，在结束了23日的高铁站志愿者工作后，就立刻奔赴梅陇献血屋，加入到无偿献血志愿者的队伍中。据统计，这对双胞胎姐妹这几年各自的无偿献血量都已累计达到1000毫升。

不少"90后"、"00后"也加入了无偿献血的行列中。城建职业学院团委发出献血倡议的两天内，就有33名城院青年完成网上预约，18名成功献血，陈亦辉就是其中之一。

2月24日，陈亦辉在宝山献血点完成了献血。这位年轻的退伍军人在看到倡议书后，他第一时间预约。今年寒假，陈亦辉也没在家"宅"着，过去的一个多月，他一直在小区担任防疫志愿者。陈亦辉的爷爷是一名退伍的老兵，也是一名老共产党员，在爷爷的带领下，一家人积极为一线捐钱捐物。陈亦辉说，"奋战在一线的医护人员深深地鼓舞着我，献血、做志愿者只是我为抗击疫情尽的一点绵薄之力"。

内容来源：新民晚报　文：陆梓华

18岁"成人礼"是一本 无偿献血证

18岁男孩的成人礼

上海石化工业学校化学工艺专业男生陆骏文出生于2002年3月5日，今天，他18周岁了。

这个和"学雷锋日"同天生日的大男孩，送给了自己一份特殊的"成人礼"——一大早，他走进了金山血站，撸起袖子献血200毫升。

"前两天，微信上看到了团市委发布了《无偿献血倡议书》，倡导我们年轻人加入疫情防控期间无偿献血队伍，我就报了名。"陆骏文说，在自己家里，"义务献血"几乎成了传统。爷爷奶奶、爸爸妈妈，都是献血的积极分子，每次献完血，稍作休息，就投入到正常工作中去。

社区卫生院"守门人"

这个特殊的寒假，陆骏文全家都没有闲着。父母不仅在他们居住的金山区吕巷镇干巷社区做防疫志愿者，也积极参与单位组织的志愿

者服务活动；爷爷奶奶也在自己的社区做防疫志愿者。陆骏文自己报名到社区卫生院当了志愿者，在防疫帐篷内为医院防控"守门"，负责给来院病人测量体温。防护服、护目镜全副武装，一穿就是8个小时。本周一正值月初，前来配药的老人家大约有五六百人，大家忙得几乎连午休也没有。

"看见我们一直在忙，会有老奶奶说，'年轻人辛苦了哦'，听到这句话，内心还是蛮感动的。"陆骏文说，正是诸如此类的充实和感动，鼓励着自己一次次投身志愿服务过程中。

志愿服务在路上

陆骏文说，进入石化工业学校后，为了锻炼自己的实践能力，他报名参加了学生会社会实践部。高一年级暑假，他在复旦大学附属金山医院当了一名导医志愿者。起初，觉得只要把医院地图背熟就好了，但是，带队老师提醒他，为了让服务更到位，应该自己去实地走一走，计算一下步数。2019年，中国技能大赛——第十一届全国石油和化工行业职业技能竞赛在沪举行，他作为校化工科学生会主席，担任了会务组组长，率领20多个小伙伴起早贪黑负责各种琐碎的联络事宜；第二届进博会期间，他又成了一片"小叶子"，在金山卫站和上海南站

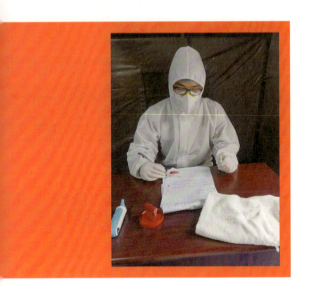

负责轨道交通人流引导。

　　本周，申城中小学生空中课堂开始了，陆骏文说，自己的全天候志愿者生涯也要暂告段落。不过，今天献完血，稍事休息，双休日还是会去社区卫生院帮忙。陆骏文说，志愿服务似乎已经成了一种惯性，假期如果只宅在家，不去做一些什么，会感觉有些空落落的。在一次次的志愿服务过程中，自己的沟通能力提高了，眼界也开阔了不少。

内容来源：新民晚报　　文：陆梓华

"热血"青春！他们撸袖为生命加油！

近百人参与无偿献血，消防指战员换一种方式"救人"

受新冠肺炎疫情影响，近期上海市无偿献血人数骤减，血液库存不足。为有效缓解临床血液供应紧张局面，上海市消防救援总队积极响应，组织全市消防指战员开展无偿献血活动。3月2日、3日，共有90名消防指战员将参加无偿献血，累计献血量将达 20000ml。

"手握拳，捏一下松一下。"在护士的指导下，第一次参与献血的消防员薄延平一边平复着心情一边运动着手部。"还是有点紧张，不过很高兴能贡献自己的一点力量。"

不久前，薄延平收到单位关于报名无偿献血的通知，立马和整个班的战士一起报名。"名额有限，很多人都没选上，我算运气好的。"他说，虽然今年没能回家陪家里人，但是通过献血的形式，也算是为家乡贡献了力量。

这两天，除了家人的健康外，新闻里的医护人员也让薄延平很受

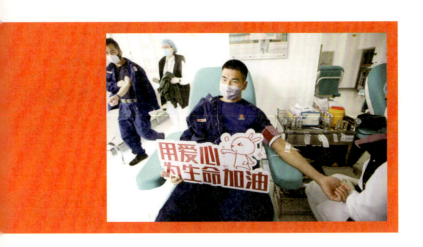

触动。"一方有难八方支援，作为中国人这一点我还是挺自豪的，别的国家可能很难做到像我们这样团结。"

同样一早赶到上海市血液中心的还有来自市消防救援总队的消防员王永兵。22岁的他在四年前成为消防队员，平日奔波于火场救助他人，今天他则换了一种方式救人。

"现在这种时刻，感觉献血也算是每个人的义务吧，都是应该做的。"王永兵说，这段时间消防部门内部也开展了各类防疫的宣传，每天量体温、消毒都已成为常态。虽然疫情当前，但是消防队员们依旧承担着灭火的重任，"昨天晚上还出了趟任务，一直忙到半夜，睡觉的时候已经凌晨一点多了。"但第二天一早，他依旧准时出现在血液中心，加入献血队伍中。"希望献的血能帮到别人吧，哪里需要就往哪里送。"

今明两天，还有许多像薄延平、王永兵这样的年轻消防指战员来到上海市血液中心，累共计约20000ml的血液将带着这群"蓝朋友"的爱心一同被送进血库。

"90后"上海麻醉科医生撸袖为生命加油

"远在武汉的同学们纷纷选择了逆行，其中我的好友也被感染了，但是没有人退缩；而我只能用自己的方式和他们战斗在一起。""90后"的麻醉科医生李茜说。上海市第一妇婴保健院（下简称"一妇婴"）的52名医务工作者，今天作为第一批在院区内集体献血的志愿者，为爱举手，撸袖献血，而李茜就是其中一人。

2月19日，一妇婴发出了热血战"疫"的倡议书，10天之内，全院1500名职工当中已有230人积极响应，主动报名。今天上午，上海市血液中心的献血车开进了一妇婴东院，"热血蒙面侠"们分批填写表格、接受献血前的检查、撸袖献血，一步步流程有序地进行着。

当冰冷的针头扎进手臂，手术麻醉科医生李茜还是忍不住皱了皱眉。这个"不怕献血、但怕打针"的"80后"姑娘，生在湖北、长在湖北，毕业于武汉大学。疫情以来经历了各种各样的心情波动。她牵挂着还在湖北的外公，牵挂着那边的同学朋友，"再过一个月，武大的樱花要开了"。

"遇到抢救时，血液就是生命！"因为怕打针一直不敢献血的李茜，这次一看到医院的热血战"疫"倡议书，马上就报了名。"虽然现在我们没有去武汉，但是在这里还是有很多力所能及的事情。所有的医护人员都在自己的岗位上，做好自己应该做的事情。"

比起李茜这样第一次献血的志愿者，放疗科副主任（主持工作）、

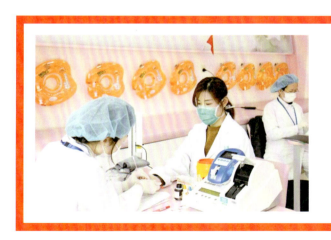

副主任医师杨惊对无偿献血已是轻车熟路，轻松上阵。从大学第一次献血开始，这已经是他第 5 次献血了。"想到一线医护在前线那么危险，我们在后方也应该尽一点绵薄之力！只要大家都尽自己的一份力，都能自觉统一行动，疫情应该很快就会过去。"杨惊说。

健康所系，性命相托。当天献血量达 9200 毫升，加上之前员工已捐献的献血量，一妇婴近期累计总献血量已超过 10000 毫升。

"无论是临床一线的医生、护士，还是行政职能科室、后勤保障和科研团队的工作者，在坚守岗位、做好本职工作以外，都在尽一己之力保障临床用血需求，用一腔热血为广大病患筑牢生命的防线，这是最珍贵的初心。"一妇婴院长万小平表示："心系千里之外的前线，我们现在的责任就是守好后方，用初心、用热血，守护生命的花开，守护母婴健康，珍重待春风。"

内容来源：青年报·青春上海　文：钟雷、顾金华

用滚烫的心"接力"
——上海文艺战"疫"总动员

2月4日，农历立春。我国新型冠状病毒感染的肺炎疫情仍在防控攻坚期，全社会已经行动起来。文化食粮如涓涓细流，滋养心田，更鼓舞士气，上海文艺界责无旁贷，吹响打赢这场精神战"疫"的集结号。

爱心涌动，春回大地。互联网上、"朋友圈"里，文艺工作者携起手来，用一颗颗滚烫的心去咏唱、去接力，讴歌全国上下众志成城，赞美白衣天使大爱无疆，为中国加油，为战胜疫情加油……

黄浦江畔大合唱，《手牵手》战"疫"版接力传唱

立春时节，由上海文艺工作者合唱的《手牵手》战"疫"版在网上接力传唱。

疫情防控是一场硬仗，是对初心使命的一次考验，医护人员冲锋陷阵，干部群众齐心协力，各行各业行动起来，文艺工作者没有例外。

从策划到录制，不到24小时，文艺工作者"兵贵神速"，在从严防控疫情、做好卫生消毒的同时，大家有序走进录音棚，来了一次互不相见的黄浦江畔大合唱。

"手牵手，我的朋友，爱永远在你左右。""不要再恐惧，绝不要放弃。"廖昌永、黄英、茅善玉、谷好好、史依弘、傅希如、佟瑞欣、韩蓬、周冰倩、钱惠丽、高博文、黄豆豆、朱洁静等20多位文艺工作者为战"疫"献声。

"这次'云合唱'要献给所有倾力参与疫情防控阻击战的人们。"东方卫视中心副总监张颂华介绍，MV的制作由中共上海市委宣传部指导、上海市青年联合会支持，上海广播电视台统筹协调。出现在视频中的不仅有隔空"对唱"的艺术家，还有奋战在防疫一线的医护人员、社区志愿者、道口警察、环卫工人、口罩厂工人、外卖小哥、快递员、公交驾驶员、地铁值班员，等等。

不仅是《手牵手》，与疫情"赛跑"，上海电影集团下属上影演员剧团第一时间创作录制了诗朗诵《风雨中守候》。上海广播电视台马不停蹄24小时赶制出MV《非凡英雄》。上海话剧界录制了经典文学作品朗诵选段的声频。上海评弹团、上海滑稽剧团等也拿出各自绝活，用乡音传唱防疫知识。

援鄂医生李佳作词，廖昌永演绎抗疫公益歌曲《勇气》

3月13日，经由上海市委宣传部牵头，在上海市卫健委的关心支持下，上海广播电视台东方卫视以及上海人民广播电台、上海音乐学院以及上海交通大学医学院附属仁济医院联合发布著名歌唱家、上海音乐学院院长廖昌永倾情演绎的抗疫公益歌曲《勇气》以及《勇气》MV。

神奇的是，直到这首歌发布，主唱者廖昌永、歌词作者李佳和谱曲者袁清之间还并不完全认识，但他们就仿佛是熟悉的陌生人，通过歌曲《勇气》进行心与心之间的交流，传递着爱与勇敢的力量。

　　春节期间，仁济医院风湿免疫科主治医师李佳受上海第一批援鄂医疗队队员、她的老师查琼芳医生和全国医务人员抗疫事迹鼓舞，创作了一首抗疫歌曲《勇气》，并请专职音乐人袁清谱好了曲。可是还没来得及录制，她就作为上海第八批援鄂医疗队队员，于2月19日踏上了奔赴武汉抗疫前线的征途。得知这一情况后，在音乐人林中琦等人的帮助下，袁清亲自演唱连夜录制单曲《勇气》，仁济医院也连夜赶制了仁济版MV《勇气》。

　　2月20日晚，上海人民广播电台动感101"想见你，谢谢你"点歌台节目第一时间连线了刚刚抵达武汉雷神山医院的李佳医生，节目

中分享了她创作歌曲的初衷，并播放了歌曲《勇气》，听众们纷纷留言：这首歌声暖人心，激发力量。之后，这首歌曲在沪汉等地被迅速传播歌唱，并被 QQ 音乐、《健康报》新媒体等平台传播到全国各地。

著名男中音歌唱家、上海音乐学院院长廖昌永教授得知此事后，欣然受邀演唱这首抗疫公益歌曲《勇气》并录制 MV，希望以此激励和感谢全国的白衣战士，并和全国人民一起，并肩奋战到胜利的那一天。

据悉，在上海市委宣传部的牵头下，该歌曲由上海广播电视台东方卫视中心派出强大专业团队在沪汉两地同时拍摄制作 MV，著名导演鲁国良执导。录制过程中，来自上海小荧星合唱团童声和声的衬托让歌曲更多了一份感染力，为了配合制作进度，"小荧星们"仅用一天时间就学会并完成了这首歌曲和声部分的录制。

上海市卫生健康委表示，这场抗击新冠肺炎疫情的战斗，充分展现了卫生健康行业的使命担当。勇气，让我们义无反顾。在这场战斗中，全市 20 多万卫生健康工作者勇于担当，坚守岗位。尤其在抗击疫情的最紧要关头，无数白衣战士甘冒生命危险，慨然出征抗疫前线，他们以坚定不移的勇气践行了"健康所系、性命相托"的铮铮誓言。在上海，在武汉，敬佑生命、救死扶伤、甘于奉献、大爱无疆的职业精神每时每刻都在弘扬。"没有一个冬天不可逾越，没有一个春天不会到来。"我们希望，谱写一首动人的赞歌，献给所有的卫生健康工作者；我们坚信，最后的胜利一定属于人民！该作品的发布希望能激励抗疫一线的战士们，能感染更多全国各行各业的人们，为他们带来无穷的精神力量。

从笔端到"云端"，提供"全天候"的精神守护

"为你加油！""请一定保重！""画得真像！传神！"这几天复旦大学附属儿科医院社工部主任傅丽丽的微信"朋友圈"收到一长串祝福。

复旦大学附属儿科医院是新型冠状病毒感染肺炎儿童案例的上海定点收治医院。最近医院总能收到各界爱心人士送来的"惊喜"。傅主任收到的是七旬高龄的高级美术设计师陈小珍在春节假期耗时 7 天反复推敲创作的"白衣天使"主题油画作品。

与死神搏斗，一次次挽回病人生命。文艺工作者由衷钦佩、关爱医护人员，而医界仁心也同时聚焦普及防疫知识，抚慰人心。

"小小病毒我不怕，良好习惯抵御它！"复旦大学附属儿科医院主动加入了这场文艺战"疫"，专门为儿童预防感染创作了童谣，吸引上万网民转发。

从笔端到"云端"，从演出现场"转战"互联网，沪上文艺工作者为国人传递爱与信念。在上海市文学艺术界联合会的支持之下，耄耋之年的著名书法家周慧珺正在筹划将自己心爱的书法作品捐赠奋战在抗"疫"一线的白衣勇士。九旬高龄的越剧名家王文娟不仅捐出 1 万元爱心款，还在镜头中亮相，为战"疫"一线加油。

疫情无情，展馆有心。面对艰难"大考"，上海的博物馆、美术馆也行动起来。尽管暂时闭馆，但市民仍可享受网上观展的艺术体验。点击上海博物馆网站，1 月 28 日上线的"网上博物馆"专题生动活泼。

人们可以欣赏《如意》《春信》《丹青宝筏：董其昌书画艺术大展》《山西博物馆藏古代壁画艺术展》等"云展览"。奉贤博物馆、上海市历史博物馆等还推出网络 3D 版展览，让观众从抗击疫情的"宅生活"中获得更多文化养分。

据上海市文化和旅游局初步统计，春节防疫期间，上海全市 140 家博物馆中，71 家博物馆开设网站，132 家博物馆开设微博、微信公众账号，还有不少博物馆开通抖音、B 站账号，为网民提供场馆信息、展览介绍、语言导览、精品文物、"三维"文物、视频全景等。

打开电视，无论是"上星"的东方卫视，还是服务上海及长三角的新闻综合、都市、纪实人文等频道，都使出"三十六计"排出最新的抗击疫情影视节目版面。上海有线电视、IPTV 等与运营商合作，提供海量免费的及价格优惠的影视佳作内容推送服务，让"宅家"的老老少少各取所需、各得其所。

2 月 4 日正值立春，民营书业连锁"钟书阁"也加入了网络视频直播行列。"非常时期，书店不能就这样沉默下去，我们也开始做线上直播，每天陪伴爱书人，同时确保中国邮政的网购图书订单不间断发货。"直播节目负责人金钟书说。

"疫情发生以来，在上海这座传承红色基因、富有英雄精神的城市里，文艺工作者在第一时间自发行动起来，勠力同心，为武汉加油，为中国加油！"上海市文联党组书记、专职副主席尤存说。

内容来源：新华社　文：许晓青、孙丽萍、仇逸
上海交通大学医学院附属仁济医院

战"疫"进行时，
这些网络文化作品走红

尽自己所能，为抗击疫情出一份力

　　著名舞蹈家、上海青年文联主席、上海新文艺工作者联合会主席黄豆豆表示，在过去的春节假期中，他响应国家号召，呆在家里没有外出，也因此度过了 20 年来在家的最长假期。

　　黄豆豆说，往年春节他们都有外出慰问演出的任务，有时初三初四就要出发到海外，慰问华侨。但是今年，受到新冠肺炎疫情的影响，这些演出任务都取消了。往年的他们，还会到基层去，为普通群众演出，做文艺志愿者。但现在没办法到基层开展面对面的文艺服务，于是，他们开设了网络舞蹈公益课程，第一次尝试用网络的方式，教大家一些基本的中国舞蹈动作。

　　虽然是居家抗疫，但是黄豆豆的春节也十分繁忙，他想尽办法用自己的方式为抗击疫情出一份力。"所有与抗击疫情有关的公益活动找到我，我都会参加。"黄豆豆说，"相比那些在一线的医务工作者，我们能够做的实在太少了。我们只能通过自己的所能，来为抗疫做一点文艺工作者所能做的事情。"

年初一一大早，黄豆豆收听着抗疫前方的各种消息。作为一个文艺工作者，他在想，自己能做什么？上海新文艺工作者联合会有一个微信群，黄豆豆很快将自己的想法发到群里，希望大家群策群力，完成一次公益行动，给全国人民鼓劲。没想到，倡议一发出，立即得到大家支持。"既然要声援一线，何不用歌声表达心声？"这个提议一出来，所有人都觉得好。所以才有了一首《同胞兄弟》。这首歌只有短短三分多钟，大家唱歌都是外行，却传递了上海文艺工作者的心意：医治病，艺暖心。

"我们响应政府号召，足不出门，但可以用发自内心的歌声，把感恩之情送到前方。"黄豆豆说，这首歌的所有创作过程，都不如大家的初衷重要，而他们的初衷就是，"在国家应对疫情的关键时刻，我们特别感恩一线的医护人员，以及正在奔赴一线的医护人员，还有那些坚守在各自岗位的医护人员，感恩他们为了我们所有人的健康、所有家庭的安危而不懈付出。他们太伟大了，值得所有人致敬！"

上海闲话温馨伐？陈靓定制版沪语歌送给抗疫"逆行者"

陈靓，黄浦区青联委员，上海人民滑稽剧团青年滑稽演员，第四届中国曲艺牡丹奖新人奖得主。舞台上，陈靓用幽默生动的语言和动作引得观众笑声阵阵；生活中，他热衷参加社会公益活动，传承和发扬海派文化。

一位华山医院医务人员的家属，给陈靓留言，表示希望陈靓能帮忙改编一首歌曲，送给他在前线的妻子。陈靓很快回复：收到。2月20日，陈靓完成了这首歌曲。这位家属表示，在前线的妻子看到了这首沪语歌非常地激动。他的妻子也对陈靓表示了感谢，网友们被感动，纷纷转发。

陈靓说，沪语是上海这座城市特有的东西，沪语传承这件事，自己会一直坚持下去。感谢陈靓，用沪语温暖了一线医护人员的心，愿他们都能平安归来。

一曲评弹《秀发》，唱给剪短青丝的抗疫白衣天使听

由上海曲艺家协会主席吴新伯作词，上海市青年文联理事、上海评弹团优秀青年评弹演员陆锦花作曲并表演的评弹《秀发》于2月6日发布。陆锦花说，这是她为奋战武汉抗疫第一线，为了工作不惜剪掉长发的复旦大学附属闵行医院"90后"护士刘文进创作的。"我就想一支评弹给她听，这是我写给她的，也是写给所有在一线抗疫的上海医护工作者的。"

闵行医院护士刘文进第一时间奔赴武汉抗疫一线，为了防护的需要而不惜剪掉自己养了很多年的秀发的故事让很多人动容，其中就有吴新伯。吴新伯是著名的评话表演艺术家，他很快写了一段词《秀发》发给陆锦花，问问她有没有可能将此谱成曲。

陆锦花说，其实在此之前，她已经看到了刘文进的故事，很是感动。而在1月28日凌晨收到吴新伯的唱词时，她心潮澎湃，凌晨两点从床上爬起来就开始创作了。"我也留过长发，我知道剪头发对一个姑娘意味着什么。刘文进剪掉了头发，就放下了包袱和恐惧，增加了自己上前线的斗志和决心，是一种义无反顾的体现。"

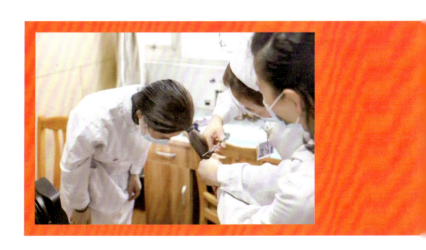

　　为了作品更能打动人心，陆锦花通过闵行医院联系到了身在武汉的刘文进。那是 1 月 31 日，当时刘文进刚刚从第一线下班休息。她告诉陆锦花，剪掉长发她确实很舍不得，但是头发剪掉还可以再长，抗击新冠肺炎疫情已经刻不容缓。

　　陆锦花希望刘文进可以提供几张穿防护服的照片，通过照片来感受刘文进在抗疫前线的状态，从而做到创作的同情同心同爱和同感，但是刘文进说工作时不能使用手机，所以也没有拍摄。陆锦花又让她提供一些下班回到宿舍的照片，刘文进表示脱下防护服，脸上都是口罩深深的勒痕，她也是爱美的女孩子，觉得这样的照片并不好看。

　　和刘文进联系过之后，陆锦花对这个"90后"女护士有了更深的了解。"我为她的精神深深感动了。"陆锦花说，"我就想弹一支评弹给她听，这是我写给她的，也是献给所有在一线抗疫的上海医护工作者的。"

　　吴新伯创作的《秀发》唱词和传统的评弹唱词有所不同，这让陆锦花也觉得必须要以一种创新的方式来进行呈现。当然，这本身也是陆锦花所擅长的，这几年她推出了一系列具有创新性的评弹作品，备受好评。陆锦花说，在创作《秀发》时，她在评弹里加入了流行乐和民谣的元素，而为了通俗，让更多的人能够听懂，她使用了普通话，但是评弹的韵味还在。

　　创作《秀发》是一个夜以继日的过程。陆锦花从 1 月 28 日凌晨 2 点开始创作，1 月 31 日完成初稿，然后又是修改，直到 2 月 4 日演出录制。虽然十分疲惫，但是陆锦花却依然状态激昂，是支援武汉的上海医务工作者无谓生死的精神感动了她。很多参与《秀发》制作的艺术家也都怀着同样的感动。上海音乐学院音乐工程系副教授纪冬泳第一时间为《秀发》制作了伴奏。原武警上海总队政治部文工团退役军人、普陀区文化馆的卜一凡也在百忙中为作品制作了混音。原武警上海总队文工团退役军人、上海音乐学院数字媒体学院"90后"学生缪佳成也在寒假里全情参与了视频制作。他们都用自己的本职工作、自己的

特长爱好，为前线的医护人员加油鼓劲。

　　微信上，刘文进对陆锦花说："刚刚才下班回来，打开微信就看到这个，心里真的是满满的感动。谢谢陆老师，太感谢你们了。你们的心意我们都能感受到。我们一定会保护好自己，平安归来！"

　　这次，刘文进是被安排在武汉金银潭医院的重症病房工作。她表示，她已经习惯了短发的生活。尽管之前的一头长长的秀发她留了七八年时间，是她的宝贝。其实每天把自己裹在防护服里，与死神竞速，她也根本没有时间去在意头发的问题，"剪了头发还能长，抗疫才是第一位的。"她也没有想到自己的剪发之举会引起社会那么多的关注。刘文进觉得，这其实不仅仅是因为她个人，而是因为整个上海医务工作者团队的精神让人们的感动。

　　"我只是做了一个医务工作者应该做的事情，救死扶伤是每一个医务工作者的天职。"刘文进说。她希望在上海的每一个人都做好防护，好好保重身体，大家共渡这个难关，"静待春暖花开之时"，而到时候他们也会平安归来。

内容来源：青年报·青春上海　文：郦亮
上海黄浦官方微信

"90后"女孩画了一幅幅手绘，为疗愈、为感恩

　　从上海市公共卫生临床中心出院回家后的第 20 天，经过了一番犹豫和思量，"90后"女孩晓晴（化名）决定接受采访。

　　2 月 1 日，在妈妈已经确诊新冠肺炎入院治疗之后，晓晴也确诊了。她说："那一刻，心里反倒一阵轻松。因为不再焦虑，也因为离妈妈更近了。"

　　2 月 6 日，入院后的第五天。晓晴拿出了笔和纸，在病房里偷偷开始了手绘。在得到了医护的默许后，她更加"勤奋"地坚持起来。至今，已整整画了 20 幅。

　　画画是晓晴的老本行。此刻，她更想做一个记录者。她说，这段时间的经历，并不见得让自己的人生态度发生变化，却会让自己看待事物的角度变得更多。

谎言

今年是晓晴来上海工作的第六个年头。春节前，她特意回老家把妈妈接到上海。

晓晴的爸爸已经过世，妈妈每年总要来上海和她一起住上三四个月，希望"能在生活上照顾一下女儿，别让她受太多苦。"

这次到了上海之后，妈妈有点感冒发烧。起初谁也没往那方面想，但一向身体不错的妈妈吃药、挂水却老不见好。晓晴清楚地记得，那天妈妈在诊室里迟迟没有出来。她心里有种不祥的预感，便将耳朵凑在诊室门口听。当听到医生说出"疑似新冠肺炎"时，整个人就泪崩了。

1月29日，晓晴的妈妈被确诊为新冠肺炎，送往上海市公共卫生临床中心。作为密切接触者，晓晴也被要求前往指定隔离医院。

回家后，晓晴用了20分钟迅速收拾好随身物品。其中包括一支铅笔、两只毛笔、一本本子和水彩颜料。她无法确定自己会离开家多久，想着："万一无法看手机，画画总是可以打发无聊的时间。"

这一天，在流了无数眼泪、接了无数电话后，晓晴发现，自己的嘴唇是干的，嗓子也基本说不出话了。

后来她才知道，这一天妈妈在救护车上也一直哭。妈妈拿到了重症的通知，特别担心"万一自己不在了，晓晴该怎么办？"

妈妈确诊后，晓晴也出现了鼻子不通，嘴巴没味道等身体症状。

在医院焦虑的等待中，核酸检测结果出来了：阳性。

2月1日，在她被救护车送往市公卫中心的途中，妈妈打来了电话。她犹豫了一下，接了。妈妈的声音听上去有点虚弱："你怎么样……隔离解除就可以回家了吧？"她顿了顿，对妈妈撒了个谎："妈妈，还要再观察几天。你好好养病吧。"

放下电话，慢慢地，晓晴想通了一个问题：与其痛苦纠结在无法改变的现实中，不如暂且不想，为未来而生活下去。

入院

刚住进医院的时候，晓晴觉得周围的一切有些恍惚：白花花的墙，穿着厚重防护服不停忙碌的医生、护士，还有以前见也没见过的沉重仪器……她配合着各种检查，有时候夜里还要实时监测，心里有个念头倒异常清晰：医护人员太辛苦了，不要给他们添麻烦。

这时候，一些知道情况的亲朋好友也不断地给她打来电话，询问、安慰、鼓励的都有。晓晴一边听着，一边不断给自己做心理建设。她知道，心里有些阴影是无法很快触碰的，这需要时间。

直到两天后，也许是太累了，她沉沉地睡了一个安稳觉。

有位朋友给她打电话的时候问了一句："笔和本子带了吗？"听到她回答"带了"之后，对方说："那我就放心了。有精力时画点画，说不定可以分散一下你的注意力。"

笔和本子其实就在晓晴身边。但当时她并不想碰它们，没有太强画画的欲望。她躺在病床上，身体的不适倒在其次，心里却充斥着各种担心："妈妈怎么样了？和我接触过的朋友还好吗？千万不要有事啊……"

在医院里，晓晴有生以来第一次抽了那么多血。她觉得值得纪念，掏出手机，问护士："我可以拍张照吗？"护士轻声告诉她："不可以哦。"她只好作罢。

不过，在护士离她很远的时候，晓晴还是偷偷拍下来了她们的背影。"感觉自己有点像'偷窥狂'。"也是有了这张背影照后，她偷偷拿出了笔和纸，坐在病床上画了起来。

没想到还是被护士发现了。晓晴有点紧张："护士小姐姐，我的画不会被没收吧？"护士噗嗤笑了："不会的。你画得真好！再说这些背影，也认不出谁是谁呀。"

得到了默许，晓晴在病房中的手绘正式开始。在医护人员的帮忙了解下，她也知道了同在一个医院，却无法见面的妈妈的情况：2 月 4 日，妈妈的 CT 情况还不太好。

2 月 5 日，妈妈主动给晓晴发来消息："医生说我在好转了，不要着急。"晓晴觉得时机到了，选择了这一天和妈妈视频通话。装作不经意间，她笑着对妈妈说："妈妈，其实我离你很近呀。""你说什么？"视频那头的妈妈明显被惊到了。"放心啊，你女儿症状很轻的，能吃能睡。我们都很幸运，在上海，有中国最好的医生、医疗技术，还有国家的扶持。妈妈，我们一起加油。"

她看到，妈妈有点想哭的样子，但拼命忍住了。

媒介

现在回过头看开始的几幅手绘，晓晴感觉"文字表达中心不明确，明显心中不宁静，堆满了各种情绪。"但到了后来，她的心情逐步平静下来，也开始有了越来越冷静、深刻的记录。

在后来补记的《来到定点医院的第一天》的手绘中，她画了一个穿着防护服、背着仪器的背影。一旁的文字中写道："虽然看不清她们的面容，但从心里觉得她们真的是最美的人。厚重严密的防护服，让她们的行动略有迟缓，甚至还有点可爱。默默在一旁看着她们，突然有点鼻头一酸。她们都是家里的宝贝。在一线的她们，家里的爸爸妈妈看到会有多心疼啊！后来听一位护士小姐姐说，她们要跟着我们一起在医院里'隔离'一个月，不能回家。谢谢你们，可爱的你们。"

值班护士看到她的画，会多停留几秒钟。听到她们夸自己画得好，平常不太害羞的晓晴反倒有些不好意思。因为这一刻的夸赞，比任何时候的夸奖都让她开心百倍。她跟护士说："我想记录在这里的日常，不仅是自己的状态，还有你们的。但我怕影响你们的工作。所以都是偷偷画，画你们的背影，很想画你们的正脸，我知道你们有规定，应该不许吧。"

护士说："我们不许拍照，不许发朋友圈，包括自己的家人也不能告知。主要是怕引起不必要的恐慌。但是没关系，你画得大家都一样，认不出来谁是谁，哈哈哈……"

不过，医护人员们自己还是认得出的。每当晓晴看到，她们高兴地指着其中的一人说："这个就是我呀！""边上这段话不是当时我说的吗？"心里就有说不出的欣慰。

原先，病房里的交流仅限于"抽血了哦""血压正常""氧饱和度怎么样""谢谢，辛苦了""不客气"……却因为"一张画"，一个媒介，把医护和病友的距离神奇地拉近了。大家开始像朋友一样轻松欢快地交谈，后来还轮流给晓晴当模特儿。当然，医生也总不忘提醒她"注意劳逸结合"。

同病房的阿姨感叹："运气真好。旁边有个会画画的小姑娘。"晓晴也使出了平常对付妈妈的招数："那您就一定要多吃点。那样病才好得快哦！"

在医院里，为了让自己更快地好起来，晓晴一直坚持着好好吃饭。她感到自己的体力、胃口都在逐步恢复。后来，还可以慢慢练习深蹲动作。

2月21日，晓晴出院了。她的妈妈，也在6天前从重症转到轻症病房。临走前，她和好几位护士小姐姐都加了微信，说："我会想念你们的。"

回家

　　在回家的路上，晓晴的心情却很复杂。

　　这段时间，她不敢看新闻，刻意去规避一些东西，以至于很多消息都是朋友告诉她的。但有一个消息她却听病友说起过："有些治愈者回家遇到了小区居民的歧视。"

　　坐在车上，她想象着可能遭到排挤的情景，又将要独自面对这一切，十分忐忑。这时候，她接到了顾村居委干部小陈的电话："你好！大概多久能到小区？我们会送你进去的。可以加一下微信。"

　　原来，居委干部已经接到了她将回小区的通知。微信好友通过后，小陈向她交待了居家隔离14天的要求，并告诉她"垃圾每天放门口，会有专门的人来收；如有快递、买菜等生活需求随时告诉居委"等，晓晴也告诉小陈："我是一名青年水彩画家，在医院里画了很多故事，回来后还将继续记录。很感谢你们，添麻烦了。"小陈回："这段时间我们的经历也是一辈子忘不了的。我们互相配合，很快就会过去的。"

　　进大门的时候，居民区书记等人迎了上来，并没有多问她什么。只是让她签了居家隔离14天的保证书，就一起将她送回了家。这让晓晴多少放心了一些。

　　回到家，她没有闲着，进行着各种打扫、收拾。她想在妈妈回家前，把家里打扫得像样些，让妈妈一进门就可以感受到家的温馨和舒适。

　　第二天，居委干部小陈来敲她的门。原来，是晓晴的朋友给她快递了鲜花，小陈和她隔着一米多，将鲜花递了过来，向日葵、百合、月季、梅花都有。各色娇艳的鲜花放在家中，瞬间带来了春天蓬勃的生机。

　　晓晴将这些花画到了回家后的第一幅手绘里。她写道："虽然现在一个人在家，但一点都不孤独，亲爱的朋友们一直在我的身边，我们相互守候，生活在慢慢恢复成生活的样子。经过了灰暗，才能真正感知到光的温度。好友说：'你记得，你是向日葵，要阳光。'嗯！我是。愿我也可以成为一束光，即使微小，也可以照亮他人。"

加油

然而，回到家中的她，也有难受的时候。

有一次，她在一个大群里无意透露了曾经患病的信息，马上有人警觉起来，说的话也不中听。她特别伤心，只能努力在心里过滤掉这些信息。

晓晴的朋友们就像约好了一样，每天都有人不断地给她快递各种美食、物品。另一个群里闪动的信息也从未间断，那是居委干部们特意为她建的对接群，取名"加油"。

除了日常的报告体温和生活用品取送，居委干部一直鼓励她："不需要太在意别人的目光，过好自己的生活，珍惜身边的人才最重要。"她们告诉她，其实这段时间做社区工作也遇到了形形色色的人，有的人很讲道理，有的人看到居委干部也躲得远远的，说怕"感染病毒"。"你说我们能不伤心吗？但只能不那么在意。非常时间大家都不容易，只能互相理解鼓励，才能共渡难关。"晓晴不在家期间，曾有卫生部门等工作人员前来消毒，居委也主动提出帮她换了门锁。

晓晴感动之余，将居委干部的背影也画在了手绘里。她写道："非常6+1+N，这是从小陈姐的工作日志中看到的。一个主任书记＋六个

居委工作人员 +N 个来自各领域的志愿者，这就是此次抗疫战斗中的所有成员。他们只有上班没有下班，一支连基础设备有时候都要自制的队伍！他们坚守在自己的岗位上，用职责和爱心保护着我们！"

她将这幅手绘发给了居委干部，对方发来一个感动到哭的表情。晓晴说："你们确实打破了我印象中的居委大妈形象。原来居委干部中也有这么多小姐姐，很辛苦，也很可爱。"

感恩

盼着盼着，晓晴终于迎来了妈妈病愈出院的这一天。

3 月 2 日，晓晴妈妈在居委干部的陪同下走进了家门。一个半月没见的母女，哭了，又笑了。

可接下来的几天，母女俩"争执"不断。

一大早，晓晴妈妈开始起来打扫卫生、收拾屋子，然后忙着烧饭烧菜。晓晴急了："妈，你身体还没恢复，干吗要这么累！我会弄的啊。再说我把家里都弄干净了呀。"妈妈一边忙活一边回答："动动也好，在医院躺那么久了，我这个人闲不下来。"

劳动了一会儿，晓晴听到妈妈叹了口气："唉，生了这场病，力气是大不如前了。""叫你不要忙，你偏要忙！"晓晴提高嗓门，开始发火了。

晓晴也变得十分警觉，有时候正在画画，听到厨房里有点响动："妈妈，你又在干吗？""没有……"

还有一次，晓晴在床上躺着休息，妈妈以为她睡着了，又偷偷地打扫起卫生来。晓晴腾地一下坐起来："妈妈，你还是一个有时要吸氧的人！"

只听妈妈停下来，有些泪眼婆娑："我来你这里住，就是想把你养胖的。谁知道，反而给你添麻烦了……"晓晴赶紧有点"冷酷"地安慰她："好了好了，别哭。你什么都别想，不想添麻烦，就听话。"

晓晴也确实勤快了很多。打扫、洗衣、烧饭、做菜，样样抢着做，目的只有一个："不让妈妈受累。"

3月6日，本是晓晴结束14天居家隔离的日子，但因为妈妈回家，她将陪妈妈继续隔离。

三八妇女节这一天，她点了10杯奶茶快递到居委会。她对小陈说："只是一点心意。你们天天帮我送东西太辛苦了。"

送奶茶也是晓晴考虑后的决定："这段时间确实非常麻烦居委干部，想表达感谢，又怕做过头了引起别人的不适，送些奶茶聊表寸心或许是可行的方法。"

到3月16日，就是晓晴母女俩都解除隔离的日子了。晓晴也早已在家开始了工作。

她说，这段时间，她和妈妈的心情都像是坐了一次过山车，现在已渐渐趋于平静。希望今后，人们对于新冠肺炎治愈者，可以用更普通的眼光来看待。也特别感恩这段时光里，遇到的每一位善良的你。

内容来源：上观新闻　文：周楠

用画笔、用视频……莘莘学子为前线抗疫"打 call"

面对突如其来的新冠疫情，无法预料的开学日期，万千学子在居家学习之余，也忧心着前线奋战的医护人员。这些"00后"、"10后"，用画笔、用相机，表达着独属于年轻人的关心之情。

高校学子以图达意，以画聚心

· 同济大学

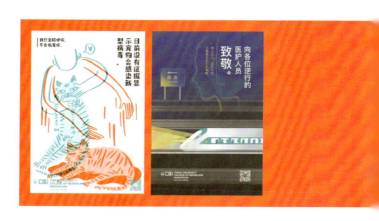

这个春节，同济大学设计创意学院的学生们自发设计了许多与疫情防控相关海报。

同济大学设计创意学院研一涂小涵的海报灵感来源于在武汉封城之后各省市的医疗骨干们相继前往灾区提供支援的壮举。"他们当中有在家中与亲人团聚被紧急召唤义不容辞的，也有自愿前往提供支援的。这些医护人员从祖国各个方向赶来，他们的决心能照亮疫情的黑暗。希望借这张海报向最美逆行者们致敬，也希望大家能铭记他们的奉献，更加尊重与爱护医护人员。"

·华东理工大学

为动员更多艺术学院师生力量发挥专业优势，宣传防控知识、维系精神纽带、凝聚社会共识，1 月 26 日，华东理工大学艺术设计与传媒学院就面向全院征集"凝聚设计力量，以艺战'疫'攻克难关——共同战'疫'主题作品"。截至 2 月 3 日，共收到三十余件作品，其中包括漫画、海报、vlog、小动画等多种形式，用设计的力量致敬奋战在疫情防控一线的白衣天使和有关工作人员们，为武汉加油！

我不知道你是谁，但我知道你为了谁！许亚男说，微信朋友圈里满是武汉一线医生护士们不畏病毒为病人治疗的照片，于是，她就用笔将他们画下来做成抖音上传为他们加油！其中，有钟南山院士，也有最普通的医护人员工作的样子。

· 华东师范大学

华东师范大学美术学院 2018 级硕士高书冉在扇面上创作了名为《春暖花开》的中国画白描作品。在看到武汉抗疫一线医护人员的故事，还有那句"我们会一直坚持下去，直到春暖花开"，高书冉非常动容，所以以武汉比较有代表性的花卉樱花为背景，主体为抗疫一线人员，融为一体，表达对抗疫的信心和致最美丽的天使，敬最坚强的战士！

华东师范大学美术学院 2018 级现当代艺术专业硕士生赵晋冀创作了插画《鼠年平安》。"这件作品是在新年来临之际所做的，当新年的钟声与愈发严重的疫情一起来临的时候，我想不到其他的祝福语，只希望大家都能够平安健康，这最重要！"

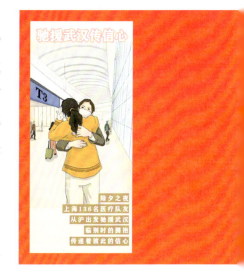

· 上海师范大学

凛冬将去，雪融草青，人间温情终将战胜"疫"情！上海师范大学和上海学联的微信公众号同时出现了一副《人间温情胜"疫"情》的原创手绘作品。

上海师范大学茅卉荟、卫卓然和王幸钰三位学生，通过举例坚守在战疫工作岗位上的部分群体，以场景重现刻画其对疫情防控做出的贡献，体现在疫情面前全民战"疫"、众志成城的情形。旨在引导大家相信人间处处有温情。

初中生拍摄短片盼医护人员归来

"谨以此片奉献给奋战在抗击疫情一线的医护人员们……"今天，上海市卢湾中学八年级的黄彦祺拍摄的视频短片《盼归》在学校的公众号上正式发布。而为了拍摄这个视频，他前前后后忙活了一个星期。"我就是想通过这个视频，让人们提高对这个病毒的重视，并为医护人员加油。"黄彦祺说。

寒假里的一天，卢湾中学八年级的黄彦祺被一条"一名在一线奋战的医生因感染病毒而牺牲了"的新闻震撼了。于是，这个初二学生就想做一个视频，让更多的人能更充分地了解新型冠状病毒，提高对病毒的重视程度。

戴好口罩、做好防护之后，黄彦祺背上相机走上街头开始拍摄。早出晚归拍摄了整整三天之后，黄彦祺又花了两天时间从 10 个 G 的素材中挑选内容剪成了一个不到 3 分钟的小视频。

在科威特留学的上外学子赶工 4 天完成 10 国友人"加油视频"

"中国并不孤单，我们和你们在一起"，听着外国友人一句句对中国医护人员、普通民众说的话，让上海外国语大学阿拉伯语系大三学生王志明感到特别热血沸腾。这名"95 后"上海学生说，"我希望这个视频能够告诉中国留学生们，还有国内与病毒奋战的所有中国人们，世界正与我们一起加油！"

王志明现在大三，拿过国家奖学金，目前正公派在科威特最大的公立大学科威特大学留学。疫情爆发以后，他一直通过各种渠道关注最新的消息。

想到要拍摄这次视频，和这次疫情的全球关注度有关。"疫情舆论在中国爆发后的第二天，阿拉伯老师就在课上问起中国疫情的情况，并很真挚地祝愿中国能够顺利战胜病毒。"

王志明当时很惊讶于国际舆论传播之快。随后一段时间里，在学校、在市场，甚至在星巴克，当地人知道他是来自中国，无一例外都会把话题延伸向这次的疫情。让他没想到的是，绝大多数时候，周围的人都会向他送来祝福。其中的两次，真的让他感到非常温暖。

一次是在当地的市场，一位女士得知他是中国留学生以后，突然深吸一口气。王志明想，这大概是想让他快点离开的意思，但是没想到，对方紧接着补充道"I am really sorry about the recent condition in China, my heart is with all of you.（我很遗憾目前中国发生的情况，但我的心与你们同在。）"

还有一次是在课堂上。"在讨论疫情的时候，非常可爱的土耳其小姐姐（视频里也有出现）对我们中国留学生说，土耳其政府已经为中国送去了大量物资，希望能快快好起来。"

不过，王志明在网络上依旧看到一个接一个的新闻，报道在其他国家的中国人受到了舆情的攻击、当地人的歧视，以及国外媒体对于中国病毒治理能力的质疑。

　　"这和我一段时间以来被外国同学和当地人关心温暖的感觉大相径庭。我最终决定要制作这样一个外国人视角的采访视频，不仅是对国内士气的鼓舞，也希望能够尽到自己作为小语种专业学生的最大责任。"王志明说道。

　　王志明说，自己并不希望这只是一个加油视频，因而，他把该视频的大标题定为"全世界都在注视着中国"。

　　"我想通过这个视频，让我自己、也让国人了解，外国媒体传递给世界的信息是什么。"

　　王志明说，疫情期间，医护人员逆行的身影和奋战的故事、那些发生在每个家庭的故事，他自己好几次都是看哭了的，也是情感使然，他很想听听在外国人眼里医护人员是什么样子的。因此，视频一半的内容着重于"对医护人员们想说的话""对中国想说的话"，那些站在最前面的人，那些需要我们守护的人。

　　在收集素材阶段，他能明显感到，有几位外国同学也很动容，看得出他们对于中国医生的敬佩和赞赏。"我想，如果这些跨越国界又有强烈共鸣的情感是如此真实的，一定也能够顺利传达我因情绪使然的那一点私心，希望能够鼓励到一些人、守护到一些人。"

　　"身处阿拉伯国家，宗教氛围浓厚，拍摄难度不小。但大家还是

传达对中国人民、对整个中华民族予以祝福。"在剪辑视频的过程中，王志明发现，他们对于镜头表达的眼神，都极其坚定，无论是希望医护人员也要为自己多休息一下的叮咛，还是对中国人民一定能战胜病毒的祝愿，那是温暖、那是力量。

赶工四天，从采访到剪辑，其中仅剪辑就花了15小时。王志明坦言，完工后，自己反复看了好多遍，"觉得这个视频和我以前的视频都不一样吧，是有灵魂在其中的。"

王志明将视频放在B站播放。在他看来，在那里，受众大多为青年，被自己采访也大多为青年，因此，他也特意设置了一个相对轻松的问题——"你想对在家好多天的年轻人们说些什么？"

内容来源：青年报·青春上海

文：刘昕璐、刘春霞、顾金华

尾声

为祖国和人民绽放青春之我

"广大青年用行动证明，新时代的中国青年是好样的，是堪当大任的！"习近平总书记在 3 月 15 日给北京大学援鄂医疗队全体"90 后"党员的回信，让"青春战疫人"心潮澎湃。在新冠肺炎疫情防控斗争中，在 4.2 万多名驰援湖北的医护人员中，有 1.2 万多名是"90 后"，其中相当一部分还是"95 后"甚至"00 后"。初生牛犊不怕虎、越是艰险越向前的他们和在一线英勇奋战的广大疫情防控人员一道，冲锋在前、舍生忘死，彰显了青春的蓬勃力量。

自疫情发生以来，一个个青春战"疫"的故事跃然纸上、网端、心间："我最年轻，我上！""此时此刻，我们只是想为这个城市做点什么。""穿上防护服，我就不是个孩子了。""没有生而勇敢，只有选择勇敢。"他们的青春战疫独白袒露了他们的奋斗初心，一个个闪亮的名字，构成了新一代人的英雄群像。

来自各条战线的他们，青春心向党，每个人都是一面旗。在上海援鄂的 1649 名医护人员中，"90 后"共产党员有 140 多位。他们说："抗疫一线，是考验入党初心的大熔炉。"接过父辈们手中的旗帜，他们用实际行动极力证明自己配得上"共产党员"这个光荣身份，全力诠释什么是对党忠诚、对人民忠诚。还有更多的青年在战疫中递交了"最美入党申请书"，前辈的言传身教"真正的共产党员原来是这样的"，更激励着他们加入到党的队伍中，以一言一行追求信仰，用一笔一划写下成长。

来自各级团组织的他们，充分发挥出了生力军和突击队的作用。"天使白"毅然"逆行"，用年轻的身躯支撑起生命的希望；"警察蓝"筑起铜墙，用慨然斗志让申城人民心安无恙；"社工橙"奔走一线，用社区无小事的悉心密织联防联控网。还有 9.8 万颗青春洋溢的"七彩志愿心"，在上海之门担纲"城市守护人"，在社区一线变身"第一响应人"。

来自新时代的他们，更用自己这一代的活泼方式为战疫输送源源不断的正能量。在生活中也爱吃爱闹爱搞笑的"90 后"医护，会隔空向胡歌借"老婆"称呼一用为自己减压，会在防护服上画一杯想念的乐乐茶来"满格回血"，会许下"回去后求组织分配一个男朋友"的美好心愿，为苍白惶恐的病房注入一缕轻松和温暖。

经此一疫，"一夜长大"的青年们正在渐渐走向时代舞台的"C位"。正如习近平总书记在回信中指出，"青年一代有理想、有本领、有担当，国家就有前途，民族就有希望"。"破茧成蝶"的年轻人深知，时代的答卷不能停笔，奋斗的脚步不能停歇，最重要的不是"几零后"，而是"努力后""奋斗后"，能够到祖国最需要的地方去，能够为国家做贡献、为人民服务，才是实现人生价值的最好途径，才能让青春锻造出最美芳华。

在"战疫"中被点燃的昂扬斗志和青春热血，也将在未来时日为国家发展和建设而拼搏的青春前行中持续燃烧。以青春的活力、专业的能力、有效的行动，为祖国赢得全面小康、为复兴之梦早日实现而矢志奋斗。一代人有一代人的青春，一代人有一代人的长征，唯有把青春最蓬勃的力量，只争朝夕奉献给祖国和人民最需要的地方，这样的青春才不负韶华。我们坚信，经过疫情洗礼和淬炼后的他们，必能成长为中国的脊梁，"在党和人民最需要的地方绽放绚丽之花"。

内容来源：青年报·青春上海　评论员　陈诗松

编后记

　　新冠肺炎疫情是新中国成立以来在我国发生的传播速度最快、感染范围最广、防控难度最大的一次重大突发公共卫生事件。2020年初，在以习近平同志为核心的党中央坚强领导下，新冠肺炎疫情防控阻击战全面打响，上海青年和全国人民一起风雨同舟、勇毅前行，在抗击疫情的过程中充分展现了新时代青年的责任与担当。

　　在共青团上海市委员会的组织策划下，我们广泛收集各主要新闻媒体发表的青春战疫报道近百篇，集结出版，充分展现上海青年医务工作者、青年突击队、青年志愿者等群体在新冠肺炎疫情防控阻击战中的动人事迹和精神图谱。

　　本书的创作和出版得到了上海报业集团旗下解放日报、文汇报、新民晚报、澎湃新闻、新闻晨报、新民周刊、东方体育日报，以及新华社、央广网、中新网、中国青年报、东方网等新闻媒体和记者的大力支持和帮助。作为团属媒体的青年报社记者和编辑积极参与编辑出版工作，上海三联书店为本书的出版提供了全面支持。同时，在本书的编辑过程中，还得到了华东师范大学团委以及全市各级团组织的大力协助。在此一并表示感谢。

　　本书编著时间有限，难免存在疏漏与不足，敬请广大读者批评指正。

编者

2020 年 5 月

图书在版编目（CIP）数据

　　青春战疫/共青团上海市委员会编著. —上海：
上海三联书店，2020.5
　　ISBN 978-7-5426-7019-9

　　Ⅰ.①青… Ⅱ.①共… Ⅲ.①医药卫生人员—先进事
迹—中国—2020 Ⅳ.①K826.2

　　中国版本图书馆CIP数据核字(2020)第064020号

青春战疫

编　　著 / 共青团上海市委员会

责任编辑 / 姚望星
装帧设计 / 贾英华
监　　制 / 姚　军
责任校对 / 王凌霄

出版发行 / 上海三联书店
　　　　　 (200030) 中国上海市漕溪北路331号A座6楼
邮购电话 / 021-22895540
印　　刷 / 上海展强印刷有限公司

版　　次 / 2020年5月第1版
印　　次 / 2020年5月第1次印刷
开　　本 / 710×1000　1/16
字　　数 / 245千字
印　　张 / 28.75
书　　号 / ISBN 978-7-5426-7019-9/K·579
定　　价 / 98.00元

敬启读者，如发现本书有印装质量问题，请与印刷厂联系021-66366565